Studien des Frankreich-Zentrums der Universität Freiburg
Band 5

ISBN 3-87061-874-4

Axel T. Paul (Hrsg.)

Ökonomie und Anthropologie

BERLIN VERLAG
Arno Spitz GmbH

Die Deutsche Bibliothek – CIP-Einheitsaufnahme

Ökonomie und Anthropologie / Axel T. Paul (Hrsg.). - Berlin: Berlin Verl. A. Spitz, 1999
   (Studien des Frankreich-Zentrums der Albert-Ludwigs-Universität Freiburg ; Bd. 5)
   ISBN 3-87061-874-4

© 1999

BERLIN VERLAG Arno Spitz GmbH ·
Pacelliallee 5 · 14195 Berlin

Umschlaggestaltung: Bettina Erzgräber

Inhalt

Axel T. Paul
    Einleitung 7

Jean-Marie Vincent
    Critique de l'économisme et économisme chez Marx 23

Paul Dumouchel
    Emotions, échange et différentiation sociale 37

Philippe Chanial
    Le don comme paradigme et comme problème
    L'exemple de l'histoire de la protection sociale en France 49

Jachen C. Nett
    Kooperation, Reziprokation und institutioneller Wandel 65

Jens Beckert
    Ökonomische Rationalität
    und die Einbettung wirtschaftlichen Handelns 89

Axel T. Paul
    Wirtschaft als Gesellschaft
    Über den geldwirtschaftlichen Kern der Luhmannschen Systemtheorie 103

Gunnar Heinsohn, Otto Steiger
    Euro-Franc oder Euro-Mark? 123

Klaus Reeh
    Mark und Franc im 20. Jahrhundert 149

Über die Autoren 181
Ausgewählte Literatur 183

Einleitung

von Axel T. Paul

Nicht wenigen wird die Paarung oder auch nur die Zusammenstellung der Disziplinen Ökonomie und Anthroplogie befremdlich anmuten. Denn die Ökonomie, so wird weithin argumentiert, das sei die Welt der Produktion, des Tauschs und des Konsums, insofern auch ein Teil dessen, was Menschen tun und stets taten, zumindest heute aber ein Bereich der systemischen Zwänge, den zu verstehen es keiner besonderen Menschenkenntnis bedürfe. Die Anthropologie hingegen, das sei die Wissenschaft vom Werden und Wesen des Menschen, die erforsche und uns darüber belehre, was ihn vom Tier unterscheide, welchen Bedingungen seine Existenz unterliege und welche (evolutionären) Möglichkeiten diese ihm biete; eine Wissenschaft folglich, die zwar um die Not und die basalen Techniken des Menschen wisse, sich zu reproduzieren, der jedoch das Verständnis dessen, was eigentlich Wirtschaften heißt, und vor allem, wie die moderne Ökonomie funktioniert, abgehe. Gewiß, so mag man konzedieren, es gebe die Wirtschaftsanthropologen, aber selbst die zeigten doch, daß primitive, archaische oder vormoderne Gesellschaften eine aus heutiger Sicht zu Recht ‚Wirtschaft' genannte, das heißt einer spezifisch wirtschaftlichen Logik gehorchende Sphäre überhaupt nicht kennten.[1] Daraus folgt zwar nicht zwingend, daß das Studium vormoderner Wirtschaftsweisen nichts zum Verständnis moderner – und damit meine ich kapitalistischer oder geldwirtschaftlicher – Verhältnisse beizutragen hat, nichtsdestotrotz aber wird die-

---

1   Geprägt wurde der Term ‚Wirtschaftsanthropologie' durch Melville J. Herskovits – oder auch seine Lektoren. Jedenfalls erschien die zweite Auflage seines 1941 erstmalig aufgelegten Buches *The Economic Life of Primitive Peoples* unter dem Titel *Economic Anthropology* (New York, Knopf, 1950). Sachlich geht allerdings weder die These, daß Wilde vom Wirtschaften nichts verstünden, noch die Thematisierung vormoderner Produktions- und Tauschformen überhaupt auf Herskovits zurück. Cf. außer den weiter unten im Text genannten Autoren insb. Karl Bücher, *Die Entstehung der Volkswirtschaft. Vorträge und Aufsätze. 1. Sammlung*, Tübingen, Laupp, [17]1926. Einen Überblick über die nach 1945 geführte Diskussion geben Raymond Firth (ed.), *Themes in Economic Anthropology*, London, Tavistock Publications, 1967; George Dalton (ed.), *Tribal and Peasant Economies. Readings in Economic Anthropology*, Austin/London, University of Texas Press; Sutti Ortiz (ed.), *Economic Anthropology, Topics and Theories*, Lanham et al., Universitiy Press of America, 1983.

ser Schluß, sei es aus Naivität oder mit Absicht, nicht selten gezogen. – Kurzum, Ökonomie und Anthropologie gelten weithin als recht weit voneinander entfernte Fächer.

Es liegt nahe, daß ich diese Auffassung als Herausgeber des vorliegenden Bandes nicht teile. Und auch die Autoren der folgenden Texte, ganz gleich, ob sie Ökonomen, Anthropologen oder keins von beidem sind, halten die Gegenüberstellung, Begegnung oder gar Mischung der beiden Disziplinen – wenn auch aus ganz verschiedenen Gründen – für ein lohnendes Unterfangen. Außenstehende, aber auch Ökonomen und Anthropologen könnten uns dennoch, ja, ich vermute, die meisten der in letzten Jahrzehnten ausgebildeten Ökonomen dürften uns tatsächlich für Exoten halten, deren Fragen vielleicht zwar interessant, deren Erkenntnisse in Hinblick auf die theoretische wie praktische Bewältigung der wirklich großen Probleme unserer Zeit – und ich erwähne hier nur das Ende der Arbeit und die Zukunft des Geldes – aber unerheblich seien.

Ich meine jedoch, daß eine Wissenschaft wie die Ökonomie, die die härteste der Sozialwissenschaften zu sein beansprucht[2] und die – ob gewollt oder nicht, sei hier einmal offen gelassen – allmählich die Politik zu ersetzen scheint,[3] – daß eine solche Wissenschaft gut daran tut, sich des ihr zugrunde liegenden Menschenbildes und damit immer auch normativen Anspruchs bewußt zu werden und zu stellen,[4] wie umgekehrt die Anthropologie nicht kulturalistisch verengt werden darf,[5] indem sie die Frage, wie Gesell-

---

2   Oder sich gar als Naturwissenschaft begreift: «Ökonomie ist Wissenschaft im Sinne des englischen Begriffs von *science*; sie ist keine politische Rhetorik. Das bedeutet, sie findet statt, wo präzis und gründlich nachgedacht wird, wo empirische Befunde und nicht vorgefaßte Meinungen zählen, wo exakte, insbesondere mathematische Methoden angewendet werden», schrieb 1987 beispielsweise Carl Christian von Weizsäcker anläßlich der Nobelpreisverleihung an Robert Solow in der *Zeit* (Nr. 45, 30.10. 1987, zit. n. Bernd Biervert, Josef Wieland, «Gegenstandsbereich und Rationalitätsform der Ökonomie und der Ökonomik». In: *Sozialphilosophische Grundlagen ökonomischen Handelns*, ed. Bernd Biervert et al., Frankfurt/M., Suhrkamp, 1990, p. 7-32, hier p. 7).
3   Wie schon Gunnar Myrdal in *Das politische Element in der nationalökonomischen Doktrinenbildung* (Hannover, Verlag für Literatur und Zeitgeschehen, 1963) zeigt, gewinnen ökonomische Theorien in genau dem Maße an politischem Einfluß, in dem sie leugnen, politisch zu sein.
4   Für James Stuart Mill war beispielsweise noch klar, daß die politische Ökonomie stets «von Annahmen und nicht von Fakten» ausgeht. Solange dafür Sorge getragen werde, «daß die in jedem einzelnen Fall gemachte Annahme» den Lesern ökonomischer Traktate «in ihrem gesamten Umfang vor Augen gestellt wird», sieht er darin allerdings – und zwar zu Recht – kein Problem («Über die Definition der politischen Ökonomie und die ihr angemessene Forschungsmethode». In: Idem, *Einige ungelöste Probleme der politischen Ökonomie*, Frankfurt/M./New York, Campus, 1976, p. 145-184, das Zitat p. 167).
5   Eine Entwicklung, die auf das Konto der amerikanischen Kulturanthropologen um und nach Franz Boas sowie des Lévi-Strauss'schen Strukturalismus geht. Die kulturalistische Wende und der *linguistic turn* waren gleichwohl notwendig, um die Anthropologie wie die Sozialwissenschaften insgesamt aus den Fesseln eines allzu borniert, sei es biologischen, sei es ökonomischen, Materialismus zu befreien.

Einleitung

schaften ihre materielle Reproduktion gewährleisten und organisieren als immer schon geklärt und damit nebensächlich übergeht.[6] Tatsächlich sind diese Forderungen weder neu noch sonderlich originell.

Ein Blick in die Theoriegeschichte belehrt darüber, daß es einen die Konstitution und Geschichte der Ökonomie als autonomer Wissenschaft begleitenden Protest gegen die Ausklammerung und Verdrängung sowohl der sozialen Grundlagen wie der politischen Dimension allen Wirtschaftens gab und – wofür etwa der Erfolg Vivianne Forresters Buch über den *Terror der Ökonomie* zeugt[7] – immer noch gibt.

Die wichtigsten Etappen dieses Protests lassen sich schnell rekapitulieren. Gemeinhin gilt Adam Smith wenn nicht als Begründer der Nationalökonomie, so doch als derjenige, dem es als erstem gelang, die wirtschaftlichen Erscheinungen und Vorgänge theoretisch zu systematisieren und auf wenige Begriffe, namentlich die Arbeit und die Arbeitsteilung, zu reduzieren. Wenigstens im *Wohlstand der Nationen* (1776) schien er es darauf abgesehen zu haben, ökonomische «Gesetze» zu formulieren, ohne sich weiter um die Bedingungen und Umstände zu kümmern, unter denen allein sie Geltung beanspruchen dürfen. Bekanntlich war Smith sich der Relativität der von ihm entdeckten «Gesetze» in Wahrheit sehr wohl bewußt. Und seit Louis Dumonts ebenso minutiöser wie brillanter Analyse zentraler Passagen des *Wohlstands der Nationen*[8] ist es nicht einmal mehr nötig, mit Smiths *Theorie der moralischen Gefühle* (1759) zu argumentieren, um dessen Wissen um die – frei nach Durkheim – nicht-ökonomischen Voraussetzungen der Ökonomie zu beweisen. Rezipiert hingegen wurde in erster Linie der nomologische Smith.

Vor allem in Deutschland bemühte man sich darum, Smith und die an ihn anschließende Nationalökonomie als ahistorisch und theoretisch anmaßend zu kritisieren.[9] Wer die zeitlose Gültigkeit ökonomischer Gesetze behaupte, so ging die Rede, ignoriere

---

6   Die ökonomische Dimension der Kultur oder des Symbolischen entdeckt und ins Zentrum der Analyse gestellt zu haben, ist in erster Linie das Verdienst des Pioniers Thorstein Veblen (vgl. seine *Theorie der feinen Leute. Eine ökonomische Untersuchung der Institutionen*, München, Deutscher Taschenbuch Verlag, 1972) und seines theoretischen Erben Jean Baudrillard (vgl. *La Société de consommation. Ses mythes, ses structures*, Paris, Gallimard, 1970; *Pour une critique de l'économie du signe*, Paris, Gallimard, 1972; *Der symbolische Tausch und der Tod*, München, Matthes & Seitz, 1982).

7   Wien, Zsolnay, 1997.

8   Cf. Louis Dumomt, *Homo aequalis I. Génèse et épanouissement de l'idéologie écomomique*, Paris, Gallimard, 1977, p. 110-122 et 219-235.

9   Cf. Wilhelm Treue, «Adam Smith in Deutschland». In: Werner Conze (ed.), *Deutschland und Europa. Historische Studien zur Völker- und Staatenordung des Abendlandes, Festschrift für Hans Rothfels*, Düsseldorf, Droste, 1951, p. 101-133; allgemeiner, aber mit vielen weiterführenden Literaturhinweisen Harald Winkel, *Die deutsche Nationalökonomie im 19. Jahrhundert*, Darmstadt, Wissenschaftliche Buchgesellschaft, 1977.

nicht nur die je spezifische Wirtschaftsweise dieses oder jenen Volkes, sondern betreibe zugleich das Geschäft der Konkurrenten oder Gegner Deutschlands. Denn insofern die Lehren der politischen Ökonomie auf eine Apologie des Freihandels hinausliefen, spielten sie zwangsläufig den Interessen der den Welthandel dominierenden Engländer in die Hände. Erst am Beginn der Maschinenproduktion stehenden und noch stark agrarisch geprägten Ländern wie Deutschland sei vielmehr eine protektionistische, mit Schutzzöllen operierende Wirtschaftspolitik angemessen. Prominentester Vertreter dieser frühen, eher nationalistischen als historistisch aufgeklärten Kritik an Smith, Ricardo und anderen Autoren der Klassik war Friedrich List, dessen *Nationales System der politischen Ökonomie* (1861) in den siebziger und achtziger Jahren unseres Jahrhunderts nicht von ungefähr von Vertretern der entwicklungspolitischen Dependenztheorie wiederentdeckt wurde.[10]

Bei aller Kritik, die am Nationalismus sowohl der historischen Schule als auch ihrer heutigen Schüler geübt werden muß, gebührt ihr das Verdienst, auf die Notwendigkeit, die Modelle der Klassiker zu historisieren und ihre Aussagekraft am empirischen Material zu überprüfen, zumindest hingewiesen zu haben. Programmatisch hat die Wirtschaftsanthropologie hier ihren Ursprung. Allerdings teilt sie auch nach über 100 Jahren konkreter Forschung häufig noch die theoretische Schwäche des Historismus, den Entwürfen der Wirtschaftswissenschaft nicht kompatible Tatbestände oder Verhaltensweisen zwar aufzulisten, diese vielleicht sogar zu typologisieren, nicht aber begrifflich zu durchdringen. Schematisch formuliert: während es Klassik und Neoklassik an Gespür für die begrenzte Reichweite ihrer Theorien fehlt, mangelt es den Historisten und Wirtschaftsanthropologen an theoretischer Schärfe.

Marx war der erste, der eine Synthese aus Theorie und Geschichte versuchte. Sein gesamtes ökonomisches oder ökonomiekritisches Werk ist eine einzige Anstrengung, die historische Relativität des Kapitalismus zu beweisen, und das heißt nicht bloß seine Entstehung nachzuvollziehen, sondern auch und vor allem, sein Ende aus den ihm eigenen «Gesetzen» zu entwickeln.[11] Ich habe Zweifel, ob Marx die Dynamik oder den Akkumulationszwang des Kapitalismus mit den Mechanismen der Konkurrenz und Konzentration hinreichend erklärt hat, und auch die Zwangsläufigkeit, die Marx der Geschichte unterstellt, ist mir suspekt, aber dennoch machte man es sich gewißlich zu

---

10 Cf. z.B. Ulrich Menzel, Dieter Senghaas, *Europas Entwicklung und die Dritte Welt. Eine Bestandsaufnahme*, Frankfurt/M., Suhrkamp, 1986.
11 Auch auf die Gefahr hin, allgemein und Altbekanntes zu zitieren: Wie Marx im Vorwort zur ersten Auflage des *Kapitals* schreibt, geht es ihm darum, «den Naturgesetzen der kapitalistischen Produktion», «diesen mit eherner Notwendigkeit wirkenden und sich durchsetzenden Tendenzen» nachzuspüren, ja, es sei «der letzte Endzweck dieses Werkes, das ökonomische Bewegungsgesetz der modernen Gesellschaft zu enthüllen» (Karl Marx, Friedrich Engels, *Werke [MEW]*, vol. 23, Berlin, Dietz, 1982, p. 11 et 15sq.).

Einleitung

leicht, hielte man seine Prophezeiung, daß der Kapitalismus an seinen inneren Widersprüchen zerbrechen werde, allein deshalb für widerlegt, weil 1989 die Markt- über die Planwirtschaft gesiegt hat und nicht etwa umgekehrt.[12] Nicht aber die Trefflichkeit oder Triftigkeit der Marxschen Prognosen soll uns hier interessieren, sondern sein Beitrag zum Thema «Ökonomie und Anthropologie».

Viel Tinte ist darüber vergossen worden, welches Menschenbild der Marxschen Lehre zugrunde liegt, ob Marx der Auffassung war, daß es so etwas wie das Wesen des Menschen überhaupt gebe, ob man in dieser Hinsicht zwischen dem frühen und dem späten Marx unterscheiden müsse und schließlich inwieweit der Marxismus einer Anthropologie erst noch bedürfe. Die Probleme verkomplizieren sich, sobald man danach fragt, was Anthropologie eigentlich meint: die Beschreibung und Deutung des Verhaltens des oder der Menschen, so wie sie sich dem Beobachter unter gegebenen Verhältnissen nun einmal präsentieren oder die quasi-transzendentale Reflexion auf die immer und überall unhintergehbaren Bedingungen und grundsätzlichen Möglichkeiten menschlicher Existenz. Ich kann diese Fragen hier nicht detailliert verhandeln. Nach den Arbeiten Heinrich Popitz', Hannah Arendts, Jürgen Habermas', Louis Dumonts, Marshall Sahlins'[13] dürfte allerdings feststehen, erstens, daß das einerseits von Adorno und Horkheimer, andererseits – und paradoxerweise[14] – von Althusser über den Marxismus verhängte Anthropologie-Verbot durch die Schriften Marx' nicht gedeckt wird; zweitens, daß Marx als einer der ersten in der abendländischen Geistesgeschichte eine «negative» Anthropologie entwarf, das heißt den Menschen als offenes, sich in Gemeinschaft mit anderen je erst bestimmendes Wesen zu denken versuchte; und drittens, daß er schließlich doch der anthropologischen Fiktion des *homo oeconomicus* aufsaß, die zu zerstören er ausgezogen war.

Exemplarisch für dieses Schwanken, für diese Ambivalenz, sind zwei kurze programmatische Texte, von denen der eine, die *Auszüge aus James Mills Buch ‚Elémens d'économie politique'* (1844), den Frühschriften zuzurechnen ist, während der andere, die *Einleitung in die Kritik der politischen Ökonomie* (1859) als Produkt des reifen

---

12 Cf. Robert Kurz, *Der Kollaps der Modernisierung. Vom Zusammenbruch des Kasernensozialismus zur Krise der Weltökonomie*, Frankfurt/M., Eichborn, 1991; *Die ökonomische Theorie von Marx – was bleibt? Reflexionen nach dem Ende des europäischen Kommunismus*, ed. Carmilla Warnke et al., Marburg, Metropolis 1998.
13 Cf. Heinrich Popitz, *Der entfremdete Mensch. Zeitkritik und Geschichtsphilosophie des jungen Marx*, Darmstadt, Wissenschaftliche Buchgesellschaft, 1967; Hannah Arendt, *Vita activa oder Vom tätigen Leben*, München, Piper, ^{9}1997, insb. p. 98-160; Jürgen Habermas, *Erkenntnis und Interesse*, Frankfurt/M., Suhrkamp, 1973, p. 36-87; Louis Dumont, *Homo aequalis,* op.cit., p. 137-218; Marshall Sahlins, *Kultur und praktische Vernunft*, Frankfurt/M., Suhrkamp, 1994, p. 183-234.
14 Paradoxerweise deswegen, weil Althussers Marx-Interpretation sich – wenn auch indirekt – der strukturalen Anthropologie verdankt.

Marx gilt. Zwei Zitate mögen illustrieren, wie er sich zum einen gegen die nationalökonomische Verwechslung des Menschen mit dem *homo oeconomicus* auflehnt und sie gleichzeitig doch akzeptiert: «Die Nationalökonomie», so kritisiert er in den Exzerpten aus Mill, «faßt das Gemeinwesen des Menschen [...] unter der Form des Austauschs und des Handels auf. [...] Man sieht, wie die Nationalökonomie die entfremdete Form des geselligen Verkehrs als die wesentliche und ursprüngliche [...] fixiert.» Auf der anderen Seite jedoch gilt ihm als ausgemacht, daß «der Austausch sowohl der menschlichen Tätigkeit innerhalb der Produktion selbst, als auch der menschlichen Produkte gegeneinander [...] = der Gattungstätigkeit» ist.[15] Wer nun glaubt, zur Rettung Marxens zwischen Gattungstätigkeit einerseits und individueller Produktion andererseits unterscheiden zu können, wird in der *Einleitung in die Kritik der politischen Ökonomie* eines besseren belehrt. Zwar heißt es dort: «Je tiefer wir in der Geschichte zurückgehen, je mehr erscheint das Individuum, daher auch das produzierende Individuum, als unselbständig, einem größeren Ganzen angehörig.» Letztlich aber, so schreibt er über das allgemeine und damit zeitlos gültige Verhältnis von Produktion, Verteilung und Konsum, sei alle «Produktion [...] Aneignung der Natur von Seiten des Individuums innerhalb oder vermittelst einer bestimmten Gesellschaftsform».[16]

Marx ist und bleibt ichtig, weil er seinem Ökonomismus zum Trotz deutlich gespürt hat, daß eine Gesellschaft, die das Tauschprinzip zum zentralen Mechanismus der Verständigung und des Interessenausgleichs erhebt, an Zusammenhalt einbüßt und letztlich sogar in ihrem Bestand bedroht ist. Das begriffliche Instrumentarium, diese Entwicklung anders denn als Entfremdung zu titulieren, genauer gesagt: das Neue des marktvermittelten Tauschs von anderen, älteren Formen des Austauschs abzuheben, hat ihm gleichwohl gefehlt.

Man sieht schon, worauf es mir ankommt: auf die Unterscheidung nämlich von Gabe und Tausch. Bekanntlich hat Mauss den Gabentausch nicht entdeckt – oder besser gesagt: wiederentdeckt –, wohl aber theoretisch gestaltet und fruchtbar gemacht.[17] Die Wiederentdeckung des Gabentauschs geht vielmehr auf das Konto Malinowkis und Thurnwalds,[18] und es spricht Bände, daß die Reziprozitätsnorm der Wissenschaft zu

---

15 Karl Marx, «Auszüge aus James Mills Buch *Elémens d'économie politique*». In: *MEW*, Ergänzungsband 1, Berlin, Dietz, 1973, p. 445-463, hier p. 450sq.
16 Karl Marx, «Einleitung zur Kritik der politischen Ökonomie». In: *MEW*, vol. 13, Berlin, Dietz, 1961, p. 615-642, hier p. 616 et 619.
17 Cf. Marcel Mauss, «Die Gabe. Form und Funktion des Austauschs in archaischen Gesellschaften». In: Idem, *Soziologie und Anthropologie*, vol. 2, Frankfurt/M., Fischer, 1989, p. 11-144. Zum Kontext cf. Axel T. Paul, *FremdWorte. Etappen der strukturalen Anthropologie*, Frankfurt/M./New York, Campus, 1996, p. 58-65.
18 Cf. Bronislaw Malinowski, *Die Argonauten des westlichen Pazifik. Ein Bericht über Unternehmungen und Abenteuer der Eingeborenen in den Inselwelten von Melanesich-

Einleitung

Beginn unseres Jahrhunderts zunächst als bizarre Verhaltensweise der Wilden, nicht aber als Grundlage und Bedingung noch des rationalen Handelns in den Blick geriet. Auch Mauss schrieb im wesentlichen über längst vergangene oder gerade versinkende Kulturen, doch er zeigte zugleich, daß die Gabe auch in modernen Geselschaften nicht «tot» ist, ja, mehr noch: daß es uns nicht frei steht, nicht zu geben. Richtig ist, daß er nicht dagegen gefeit war, die Gabe zu romantisieren und von vergangenen oder erst noch kommenden Zeiten zu träumen, da sie sich nicht bloß gegen den Handel behauptet, sondern diesen vielmehr regiert – Zeiten, die, wie etwa die Arbeiten Georges Batailles zeigen,[19] weniger «lustig» waren oder wären, als man zunächst vielleicht dachte –; dennoch gebührt ihm das Verdienst, die Gabe als anthropologisches Faktum und Problem ausgewiesen zu haben.

Problematisch ist die Gabe in wenigstens zweierlei Hinsicht. Erstens: warum gibt es sie überhaupt, was nötigt uns phylo- wie ontogenetisch dazu, immer wieder zu geben, zu nehmen und zu erwidern, und woher rührt ihre eigentümliche Ambivalenz, freiwillig und obligatorisch auf einmal zu sein? Ohne im Rahmen dieser Einleitung ins Detail gehen zu können, will ich immerhin behaupten, daß die meiner Ansicht nach gelungensten Versuche, Licht in dieses Dunkel zu bringen, sprachtheoretischer Natur sind und einerseits von Jürgen Habermas und Karl-Otto Apel und andererseits von Jacques Lacan und René Girard stammen.[20] Der Ehrgeiz der an diese Autoren anschließenden Forscher richtet sich allerdings nicht allein, ja, vielleicht nicht einmal in erster Linie auf die Klärung des besagten «transzendental-pragmatischen» Problems,[21] sondern ebensosehr auf

---

Neuguinea, Frankfurt/M., Syndikat, 1984; Richard Thurnwald, «Gegenseitigkeit im Aufbau und Funktionen der Gesellungen und deren Institutionen». In: Idem, *Grundfragen menschlicher Gesellung. Ausgewählte Schriften*, Berlin, Duncker & Humblot, 1957, p. 82-103.

19 Cf. Georges Bataille, *Die Aufhebung der Ökonomie*, München, Matthes & Seitz, 1985.
20 Cf. Jürgen Habermas, «Arbeit und Interaktion. Bemerkungen zu Hegels Jenenser ‚Philosophie des Geistes'». In: Idem, *Technik und Wissenschaft als ‚Ideologie'*, Frankfurt/M., Suhrkamp, [16]1995, p. 9-47; idem, «Moralbewußtsein und kommunikatives Handeln». In: Idem, *Moralbewußtsein und kommunikatives Handeln*, Frankfurt/M., Suhrkamp, [6]1996, p. 127-206; Karl-Otto Apel, «Das Apriori der Kommunikationsgemeinschaft und die Grundlagen der Ethik». In: Idem, *Transformation der Philosophie*, vol. 2, *Das Apriori der Kommunikationsgemeinschaft*, Frankfurt/M., Suhrkamp, 1976, p. 358-435; René Girard, *Das Heilige und die Gewalt*, Zürich, Benzinger, 1987, insb. p. 9-61. Was Lacan anbelangt, so ist der Hinweis auf einen resümierenden Aufsatz oder eine einschlägige Passage der ebenso offenen wie hermetischen Form seiner Texte wegen schwierig. Wichtig sind in unserem Zusammenhang jedenfalls «Die Bedeutung des Phallus» (in: Jacques Lacan, *Schriften*, vol. 2, Weinheim/Berlin, Quadriga, [3]1991, p. 119-132), «Subversion des Subjekts und die Dialektik des Begehrens» (ibd., p. 165-204) sowie der Band *Die Ethik der Psychoanalyse. Seminar. Buch VII*, Weinheim/Berlin, Quadriga, 1996.
21 Der Begriff ‚Transzendentalpragmatik' stammt von Apel und soll die Reflexion auf die kollektiven und damit kommunikativen, also letztlich sprachlichen Bedingungen des Ver-

die weder von Marx noch von Mauss bewerkstelligte theoretische Integration von Gaben- und Warentausch. Es geht, mit anderen Worten, um die Frage, ob und inwieweit ein theoretisches Paradigma skizziert werden kann, daß sowohl die je spezifische Logik des Gaben- und des Warentauschs als auch die prinzipielle wie historisch konkrete Transformation des einen in den anderen zu erklären vermag.

Die Lösung dieses zweiten großen mit der Gabe verknüpften Problems kann natürlich auch negativ ausfallen. Negativ nicht in dem Sinne, daß man keine Antwort wüßte, sondern vielmehr insofern, als daß der Versuch, die beiden genannten (und möglicherweise noch andere) Verhaltensweisen und Handlungstypen in eine Theorie zu integrieren, sich als vergeblich herausstellt. Nun beschäftigt die Forschung sich nicht erst seit gestern mit diesem Problem, und soweit ich sehe, lassen sich in Hinblick auf die Frage, ob eine allgemeine, das heißt Epochen und Wirschaftsweisen übergreifende, Theorie der Ökonomie möglich ist, drei Schulen oder, besser vielleicht, Typen von Antwort unterscheiden.

Da wären zunächst die Monisten, die davon ausgehen, daß ein Prinzip alle Ökonomie, alles Produzieren und Tauschen, beherrscht. Und zwar gehören sowohl die Vertreter des «wirtschaftlichen Prinzips» wie die Anhänger einer auch noch den Kapitalismus erklärenden Theorie des Gabentauschs in diese Gruppe. Was so unterschiedliche Autoren wie Marx und Mauss, Gary Becker[22] und Jean Baudrillard in meinen Augen verbindet, ist einerseits ihr Anspruch, eine Zeit und Raum überwindende Theorie der Wirtschaft formuliert zu haben, andererseits aber der Versuch, eines der beiden großen Prinzipien gegen das jeweils andere auszuspielen. Stets läuft diese Gruppe Gefahr, sich in logische Schwierigkeiten zu verstricken oder aber am empirischen Material zu vergehen.

Die zweite Gruppe nenne ich die der Historisten. Damit meine ich nicht nur, ja, nicht einmal unbedingt die Vertreter der historischen Schule der Nationalökonomie des 19. Jahrhunderts – denn schließlich wird die Bestimmung des Verhältnisses von Gabe und Tausch erst in unserem Jahrhundert theoretisch virulent –, sondern alle Autoren, die ein exklusives Neben- oder Nacheinander, vielleicht noch eine Stufenfolge verschiedener Wirtschaftsweisen postulieren, in der Geschichte jedoch keinesfalls die Entfaltung eines einzigen Prinzips am Werke sehen. Es handelt sich mit anderen Worten um die Gruppe derjenigen, die dem Evolutionismus mißtrauen oder ihn rundheraus ablehnen. An erster Stelle wären hier natürlich Polanyi und seine Schüler zu nennen, die bekanntlich strikt

---

nunftgebrauchs bezeichnen. Habermas zieht es vor, von Universal- anstatt von Transzendentalpragmatik zu sprechen, um noch die letzten metaphysischen Reminiszenzen aus dem Begriff zu tilgen. Der Sache nach ist jedoch dasselbe gemeint.

22 Cf. Gary S. Becker, *Der ökonomische Ansatz zur Erklärung menschlichen Verhaltens*, Tübingen, J.C.B. Mohr (Paul Siebeck), 1993.

Einleitung

zwischen Reziprozität, Redistribution und Markt unterscheiden.[23] Zweifellos läßt sich das historische und ethnographische Material mit Hilfe dieser Typologie nicht nur ordnen, sondern auch ein gut' Stück weit theoretisch erschließen, aber dennoch gelingt es Polanyi nicht, den Übergang von der einen zur anderen Form des Wirtschaftens plausibel zu machen. Seine Erklärung des Kapitalismus oder genauer: der Durchsetzung des Marktprinzips durch den mit der Erfindung und dem Gebrauch der Dampfmaschinen gesetzten Zwang, die nun massenhaft produzierten Güter auch loszuschlagen,[24] ist z.B. schlicht unzureichend.

Allerdings vedanken wir einem seiner Schüler wesentliche Fortschritte in Richtung einer Theorie des wirtschaftlichen Wandels – präziser gesagt: einer um die Dimension der Geschichte bereicherten Wirtschaftsanthropologie. Gemeint ist natürlich Marshall Sahlins' wegweisende Studie *On the Sociology of Primitve Exchange* sowie die anderen in dem Band *Stone Age Economics*[25] versammelten Aufsätze. Gleichwohl zögert Sahlins, eine universale Theorie des Wirtschaftens zu entwerfen, ja, wie man aus seiner Arbeit über *Kultur und praktische Vernunft* wird folgern müssen, hält er eine solche Theorie für unmöglich.

Dasselbe behauptet die Eigentumstheorie aus der Feder Otto Steigers und Gunnar Heinsohns.[26] Ähnlich wie Polanyi und Sahlins unterscheiden sie zwischen Stammes-, Feudal- und Eigentumsgesellschaften, attestieren dabei jedoch allein den letztgenannten so etwas wie Wirtschaft überhaupt zu kennen und zu betreiben. Ich brauche das Argument hier nicht auszuführen, da die Autoren die Grundlagen ihrer Theorie im Abschnitt 4 ihres unten folgenden Aufsatzes selber erläutern. Fragen aber läßt sich schon hier, ob die Eigentumstheorie (wie der Historismus) im allgemeinen in ihrem zweifellos angezeigten Bemühen, Prinzipien oder Typen der Ökonomie zu unterscheiden und getrennt zu untersuchen, nicht auch Gefahr läuft, das diesen vielleicht Gemeinsame oder deren mögliches Bedingungs- und Mischungsverhältnis aus den Augen zu verlieren. Kann es nicht sein, so wäre beispielsweise zu überlegen, daß der Tausch zwar die Gabe voraus-

---

23 Cf. Karl Polanyi, *The Great Transformation. Politische und ökonomische Ursprünge von Gesellschaften und Wirtschaftssystemen*, Wien, Europaverlag, 1977; idem, Conrad M. Arensberg et al., *Trade and Market in the Early Empires*, Glencoe, Ill., The Free Press, 1957. Die in diesem Band enthaltenen sowie andere Aufsätze Polanyis sind auf deutsch unter dem Titel *Ökonomie und Gesellschaft* (Frankfurt/M., Suhrkamp, 1979) erschienen.
24 Cf. Karl Polanyi, *The Great Transformation*, op.cit., p. 62sq.
25 New York, Aldine de Gruyter, 1973; der erwähnte Beitrag p. 185-275.
26 *Eigentum, Zins und Geld. Ungelöste Rätsel der Wirtschaftswissenschaften* (Reinbek, Rowohlt, 1996) lautet der Titel ihres jüngst erschienenen, die Vorarbeiten zusammenfassenden Buches.

setzt, einmal etabliert, diese jedoch in ihrem Wesen verändert, ihr die Ambivalenz nimmt und sie ins Geschenk transformiert?[27]

Es ist klar, daß jede positive Antwort, wie immer sie im einzelnen auch ausfallen mag, ein allgemeines, den Historismus in all seinen Varianten übersteigendes Paradigma voraussetzt. Und ich nenne diejenigen, die es sich zur Aufgabe gemacht haben, ein entsprechendes Paradigma zu formulieren oder die bereits mit einer allgemeinen Theorie des Wirtschaftens operieren, Universalisten. Nun folgt aus der Tatsache, daß es Universalisten gibt, selbstverständlich nicht, daß diese sich im Unterschied zu den Monisten und Historisten auf ein bestimmtes Paradigma verständigt hätten. Vielmehr sehe ich zumindest drei Kandidaten, die zwar der Vorsatz verbindet, eine allgemeine Theorie vielleicht nicht nur der Ökonomie aufzustellen, deren jeweilige Entwürfe sich gleichwohl deutlich voneinander unterscheiden. Ich denke an Godeliers universalgeschichtliche Theorie der Wirtschaftsformen, die schon erwähnte Schule der psychoanalytisch inspirierten Ökonomen und die Luhmannsche Systemtheorie.[28] In der Tat lassen sich das Insistieren auf dem Primat der Produktionsverhältnisse, die Annahme eines universellen Opfermechanismus und die Beobachtung der Beobachtung sozialer Systeme nur schwer in einen kohärenten Diskurs übersetzen. Trotzdem ließe sich die Gruppe der Universalisten nicht allein hinsichtlich ihres Vorhabens, sondern ebensosehr hinsichtlich der ihr gemeinsamen Schwierigkeiten definieren. Der Anspruch der Universalisten, das Ganze der Ökonomie in den Blick zu bekommen, so könnte man meinen, bestimme zugleich den Maßstab ihrer theoretischen Skizzen: invers zum Historismus gerieten vielleicht entscheidende Differenzen zu bloßen Details und sachliche Präzision würde einem leeren Formalismus geopfert.

Am ehesten trifft dieser Einwand meines Erachtens die Systemtheorie. Von der Godelierschen Theorie hingegen wäre zu fordern, sich erst noch am Material, und zwar vor allem an der modernen Ökonomie zu bewähren. Und was schließlich die opfertheoretische Schule betrifft, so scheint mir, daß das ihr zugrunde liegende Menschenbild oder, genauer gesagt, ihre triebtheoretischen Prämissen zumindest weiterer Klärung bedürfen. Jedenfalls wird sie sich dem Vorwurf zu stellen haben, ein nicht weniger simples und deswegen verzerrtes Menschenbild als das des *homo oeconomicus* zu vertreten.

---

27 So lautet – ein wenig geschönt – die in *Schenken. Zur Anthropologie des Gebens* (Frankfurt/M./New York, Campus, 1996) entwickelte These Helmuth Berkings. Cf. dazu meinen Aufsatz «Gabe – Ware – Geschenk. Marginalien zur Soziologie des Schenkens». In: *Soziologische Revue*, 20, 1997, p. 442-448.
28 Cf. Maurice Godelier, *Natur, Arbeit, Geschichte. Zu einer universalgeschichtlichen Theorie der Wirtschaftsformen*, Hamburg, Junius, 1990; Paul Dumouchel, Jean Pierre Dupuy, *L'Enfer des choses, René Girard et la logique de l'économie*, Paris, Seuil, 1979; Michel Aglietta, André Orléan, *La Violence de la monnaie*, Paris, Presses Universitaires de France, ²1984; Niklas Luhman, *Die Wirtschaft der Gesellschaft*, Frankfurt/M., Suhrkamp, ²1996.

Einleitung

Daß ich, um die Vorschläge, Gabe und Tausch zu relationieren, ein wenig zu ordnen, zwischen Monisten, Historisten und Universalisten unterscheide, bedeutet natürlich nicht, daß keine andere Einteilung möglich und sinnvoll wäre. Es wird dem aufmerksamen Leser nicht entgangen sein, daß ich das Geld, das heißt die theoretisch zentrale Rolle, die ihm von einzelnen der genannten Autoren zugewiesen wird, nicht erwähnt oder nicht berücksichtigt habe. Ich habe mir dieses Versäumnis zuschulden kommen lassen, nicht weil ich der Auffassung wäre, daß Phänomen und Begriff des Geldes die Wirtschaftsanthropologie nichts angingen, sondern vielmehr um dem Geld abschließend ein paar gesonderte Überlegungen zu widmen.

Fragt man danach, welche Theorie das Geld überhaupt thematisiert oder gar ins Zentrum ihrer Aufmerksamkeit rückt und welche nicht, dann ergibt sich eine Verteilung, welche die Gruppen der Monisten, Historisten und Universalisten gleichsam der Reihe nach durchschneidet. Ohne Anspruch auf Vollständigkeit zu erheben, sind es vor allem Marx, Heinsohn und Steiger sowie Aglietta und Orléan, die in der Durchsetzung und im Gebrauch des Geldes ein, wenn nicht das entscheidende Kriterium sehen, «gebende» von «tauschenden», mehr oder weniger statische von unwiderruflich dynamischen oder, um an Lévi-Strauss' treffendes Bild zu erinnern, kalte von heißen Gesellschaften zu unterscheiden. Die Systemtheorie nimmt in dieser Hinsicht eine Sonderstellung ein, insofern sie zwar um die der Erfindung von Medien nachrangige Ausdifferenzierung sozialer Teilsysteme weiß, es sich allerdings fragt, inwieweit ihr begriffliches Instrumentarium nicht «bloß» der avancierten Organisationsforschung entlehnt und damit für das Verständnis vormoderner Wirtschaftsprozesse nur bedingt tauglich ist.

Wie erwähnt, sah Marx, auch ohne es zu einem Begriff von Gabe zu bringen, daß das Geld die alten Bande sprengt, die Menschen zwar erneut voneinander abhängig macht, zugleich jedoch isoliert. Und es war eben dieser Befund, den er wirtschaftstheoretisch fruchtbar zu machen versuchte. Nur, so weiß man seit Keynes, ist ihm das nicht wirklich gelungen: welche Rolle das Geld als Geld für den kapitalistischen Wachstumszwang spielt, was Banken und Börsen leisten und warum der Zins über Wohl und Wehe ganzer Volkswirtschaften entscheidet, bleibt auch nach der Lektüre seiner Arbeiten unklar.[29] Seine insgesamt spärlichen und meist kryptischen Bemerkungen zur Wertform jedoch haben nicht nur etliche Regalmeter kaum weniger kryptischer Kommentare nach sich gezogen, sondern auch das beachtliche Werk Alfred Sohn-Rethels inspiriert.[30] Ich denke, daß jede Diskussion nicht unbedingt der ökonomischen Rationalität, wohl aber der Ver-

---

29 Cf. dazu konzis Michael Heine, Hansjörg Herr, «Der esoterische und der exoterische Charakter der Marxschen Geldtheorie – eine Kritik», In: *Politische Ökonomie im Wandel. Festschrift für Klaus Peter Kisker*, ed. Andreas Schikora et al., Marburg, Metropolis, 1992, p. 195-207.
30 Cf. Alfred Sohn-Rethel, *Das Geld. Die bare Münze des Apriori*, Berlin, Wagenbach, 1990.

nunft überhaupt gut daran tut, sich der These Sohn-Rethels (und in gewisser Weise natürlich auch der Simmels) zu stellen, daß erst das Geld die Philosophie auf den Plan ruft.

Steiger und Heinsohn nehmen sowohl die erwähnten Defizite der Marxschen Geldkritik als auch und vor allem das Ungenügen der Neoklassik, Geld theoretisch zu fassen, zum Anlaß, die seit Adam Smith geläufige Herleitung des Geldes aus dem Tausch einer grundsätzlichen Kritik zu unterziehen. Für sie entspringen Geld und Zins vielmehr dem Kreditverhältnis aus den Fesseln des Feudalismus befreiter Eigentümer.[31] Geld und Zins seien das zwangsläufige Resultat der Verwandlung von Besitz, also faktischen Verfügungsrechten, in Eigentum, das heißt in abstrakte Rechtstitel. Es sei diese vordergründig unscheinbare, in Wahrheit jedoch revolutionäre Umstellung, welche die Prinzipien der Reziprozität und Redistribution außer Kraft setze und die Gesellschaft in Gläubiger und Schuldner zerteile. Die Pointe ihrer Argumentation liegt darin, daß es zum Handel nur komme, weil die Schuldner gezwungen seien, ihre immer schon in Geld gehaltenen Schulden mittels der Produktion und des Verkaufs im Grunde beliebiger Güter allererst zu erwirtschaften, kurz, daß das Geld den Markt erzwinge und nicht etwa umgekehrt der Geldgebrauch sich mehr oder weniger zwanglos aus dem Tauschhandel ergebe. Diese zumindest für die Ohren orthodoxer Ökonomen ungewöhnliche These wird gewiß nicht ohne Widerspruch bleiben. Ergiebiger als programmatische Grabenkämpfe auszufechten, dürfte es allerdings sein, zu untersuchen, wie sich die eigentumtheoretische Deutung der Genese und Funktion des Marktes im Lichte der historischen und soziologischen Forschung ausnimmt.[32]

Was schließlich André Orléan und Michel Aglietta als letzte der hier anzusprechenden Geldtheoretiker mit Steiger und Heinsohn verbindet, ist ihr Bemühen, die Ökonomie insgesamt vom Vorrang des Geldes – und nicht der Produktion oder des Tauschs, der Arbeit oder des Nutzens – her zu begreifen. Was sie als Universalisten allerdings vom Historismus trennt, ist ihre Behauptung, eine den verschiedenen Prinzipien der Ökonomie beziehungsweise eine allgemeine, noch der Ökonomie zugrunde liegende Handlungslogik identifizieren zu können. Mit René Girard gehen sie davon aus, daß nicht die Gabe, sondern das Opfer der allen Gesellschaftsformen gemeine, ja, der Ge-

---

31   Cf. Gunnar Heinsohn, Otto Steiger, «Geld, Produktivität und Unsicherheit in Kapitalismus und Sozialismus». In: *Leviathan,* 9, 1981, p. 164-194.
32   Daß das Geld wesentlich für die Entfaltung und Dynamik des Kapitalismus verantwortlich ist, ist auch die These Fernand Braudels; cf. dessen *Sozialgeschichte des 15. – 18. Jahrhunderts,* 3 vol., München, Kindler, 1990, insb. vol. 2, *Der Handel.* An nicht notwendig umfassenderen, wohl aber detaillierteren und vor allem begrifflich schärferen Untersuchungen zur Geschichte des Marktes fehlt es allerdings weiterhin. Aus soziologischer Perspektive cf. zur Orientierung Klaus Kraemer, *Der Markt der Gesellschaft. Zu einer soziologischen Theorie der Marktvergesellschaftung,* Opladen, Westdeutscher Verlag, 1997; Michael Callon (ed.), *Laws of the Market,* Oxford, Blackwell, 1998.

Einleitung

sellschaft überhaupt erst konstituierende Mechanismus sei. Der Gabentausch ist für sie nicht anders als die Geldwirtschaft lediglich eine seiner möglichen Gestalten. Nicht interpersonale Schuldverhältnisse, sondern der gesellschaftliche Zwang, der der paradigmatisch von Hegel entfalteten Dialektik der Anerkennung entspringenden Gewalt Herr zu werden, konstituiert ihnen zufolge die Ökonomie im Sinne eines mehr als bloß reproduktiven Umgangs mit Ressourcen. Die Geldwirtschaft sei zwar ein spezifischer, weil die Funktion des Opfers, die Gewalt zu kanalisieren, verschleiernder Typus von Ökonomie, im Kern jedoch nichts anderes als die moderne Form des Opfers selbst. Deutlich werde dies in der Krise. Denn Inflationen und platzende Spekulationsblasen lehrten, daß das Geld den Kampf um Anerkennung nicht notwendig zivilisiert. Ohne die im engeren Sinne ökonomischen Funktionen des Geldes aus den Augen zu verlieren, insistieren Orléan und Aglietta zu Recht auf dessen sozialen Bedingungen und politischen Dimensionen. Ob sie derweil jedoch die Besonderheiten der Geldwirtschaft wie vor allem deren Wachstumszwang unterschätzen oder gar übersehen, ob und inwiefern ihr anthropologisches Modell zu abstrakt bleibt oder ist, scheint mir noch nicht entschieden.

Mit dieser Frage – einer weiteren – schließe ich meinen Überblick über Themen und Theorien der Wirtschaftsanthropologie. Denn gerade Probleme sollten deutlich machen können, daß es nicht bloß Berührungspunkte zwischen ökonomischen und anthropologischen Fragestellungen gibt, daß beide sich vielmehr ständig kreuzen und überschneiden, daß die Ökonomie der Anthropologen und die Anthroplogie der Ökonomen bedarf, um Selbstverständliches neu zu befragen, daß, mit anderen Worten, die Wirtschaftsanthropologie wenn auch keine neue Fundamentalwissenschaft, so doch mehr als eine weitere Zwitterdisziplin ist.

Diesem Anspruch versuchen die folgenden Beiträge auf je eigene Weise gerecht zu werden. Hervorgegangen sind sie aus einer Tagung, die am 26. und 27. Juni 1998 am Frankreich-Zentrum der Albert-Ludwigs-Universität Freiburg stattfand.

Jean-Marie Vincent thematisiert und vertieft die oben bereits aufgeworfene Frage, inwieweit Marx ein Opfer des von ihm selbst kritisierten Ökonomismus ist. Er argumentiert, daß Marx, obwohl es diesem im Kern um eine Kritik der politischen Ökonomie und nicht deren wie auch immer geartete Reformulierung gegangen sei, letztlich doch eine nomothetische Lesart der Geschichte vorgeschlagen und damit die Dimension des Politischen nicht wirklich verstanden habe. Auch Paul Dumouchel geht der Rolle der Ökonomie oder besser des Marktes in der Geschichte nach. Er zeigt auf, daß soziale Differenzen abnehmen können, während die soziale Differenzierung zunimmt. Seine These lautet, daß erst und gerade der Markt die beiden Differenzierungsmodi unabhängig voneinander werden läßt.

Philippe Chanial zeigt, daß und inwiefern das Mauss'sche Gabentauschparadigma sich für das Verständnis und die Beurteilung der Sozialpolitik fruchtbar machen läßt. Er stellt einer utilitaristisch-vertragstheoretischen eine gabentauschtheoretische Interpretation des Sozialversicherungswesens entgegen, kritisiert die Gleichsetzung von Solidarität und Äquivalenz und plädiert für einen am Dritten orientierten Begriff der Gerechtigkeit. Demgegenüber verwirft Jachen C. Nett den von Mauss und anderen als anthropologisches Faktum und analytische Kategorie ins Spiel gebrachten Begriff der Rezipozität als zu unspezifisch und schlägt statt dessen die Unterscheidung von Reziprokation und Kooperation vor. Die theoretische Triftigkeit dieser Kategorien wird am Beispiel von Markt- und Organisationsverhalten deutlich gemacht.

Jens Beckert untersucht die Grenzen der ökonomischen Rationalität. Er widerspricht der These, daß «die Wirtschaft» in modernen im Unterschied zu traditionalen Gesellschaften nicht länger in nicht-wirtschaftliche Zusammenhänge eingebettet sei. Allerdings dürften die (entscheidungstheoretischen) Einsichten der Wirtschaftswissenschaften nicht leichtfertig zugunsten eines abstrakten Soziologismus verspielt werden. Vielmehr, so Beckert, komme es darauf an, den von Polanyi geprägten Begriff der Einbettung zu historisieren und nach den je spezifischen Formen des Zusammenspiels von Wirtschaft und Gesellschaft zu fragen. Daß und wie eben dieses Verhältnis die soziologische Tradition dominiert, diskutiert Axel T. Paul am Beispiel der Systemtheorie. Er zeigt, daß noch das Werk Luhmanns, dessen Bemühen zum Trotz die Soziologie als Theorie der bürgerlichen Gesellschaft zu überwinden, den funktionalen Primat der Ökonomie begründet. Die Systemtheorie Luhmannscher Provenienz wird von ihm nicht des Ökonomismus geziehen, wohl aber als Theorie der Geldwirtschaft gelesen.

Klaus Reeh einerseits und Otto Steiger und Gunnar Heinsohn andererseits schließlich schlagen die Brücke zu Problemen der aktuellen Währungspolitik. Letztere diskutieren die Frage nach der Stabilität des neuen europäischen Geldes im Rahmen der von ihnen entwickelten Eigentumstheorie. Bemerkenswerterweise kommen sie trotz ihrer vehementen Kritik am theoretischen Kern der gegenwärtigen Wirtschaftswissenschaft zu dem Ergebnis, die bisherige Stabilitätspolitik der Deutschen Bundesbank nicht nur gutzuheißen, sondern diese auf europäischem Niveau – entgegen dem, was tatsächlich geschieht – noch einmal verschärft sehen zu wollen. Reeh, obwohl der Eigentumstheorie nahe, prophezeit dem Euro eine weniger düstere Zukunft. Sein Durchgang durch die deutsch-französische Währungsgeschichte der vergangenen 100 Jahre zeigt vielmehr, wie oft politische Faktoren über das Schicksal von Mark und Franc entschieden haben. Beide Texte werden – wie der Euro selbst – ihre Feuerprobe erst noch bestehen müssen.

Mein Dank gilt dem Frankreich-Zentrum der Universität Freiburg für die finanzielle Unterstützung der Tagung sowie der Publikation dieses Bandes, Rasmus Hoffmann und

Einleitung

Wolfgang Reinbold für die organisatorische Vorbereitung und Begleitung des Treffens, Beate Gamer, Markus Gerlach und Dietmar Wetzel für die formidable Simultanübersetzung der Beiträge, Marina Allal und Julien Wahlther für das Lektorat der französischen Texte sowie Martin Hofmann und Sibylle Niekisch für die von ihnen geleistete redaktionelle Arbeit.

Freiburg, im Februar 1999

Critique de l'économisme et économisme chez Marx

de Jean-Marie Vincent

On reproche souvent à Marx d'avoir conçu son œuvre de critique de la société capitaliste dans une perspective économiste en sacrifiant, en particulier dans ses écrits de la maturité, à un paradigme de la production. La réalité sociale serait ainsi réduite à la production de la vie et au travail comme activités d'auto-réalisation. L'économique deviendrait par là la clé pour comprendre la constitution des sociétés. Pour prendre un exemple contemporain de ces critiques, on peut se référer à Jürgen Habermas qui croit pouvoir discerner chez Marx une sous-estimation préjudiciable de la communication et de son rôle dans les rapports sociaux, en même temps qu'une surestimation des aspects instrumentaux et cognitifs dans l'agir humain. Il est vrai que, pour avancer de telles vues, Jürgen Habermas peut s'appuyer sur la tradition marxiste elle-même, sur ces innombrables commentaires, traités, manuels qui ont ressassé la prédominance de l'économie, du travail et ont interprété le passage à un autre type de société comme fondamentalement lié à une réorganisation de l'économie.

Pourtant si l'on veut bien se donner la peine de lire Marx avec attention, sans dévotion, ni déférence, mais aussi sans prévention, on peut trouver chez lui des mises en question explicites de l'économisme propre aux sociétés contemporaines. On peut d'abord constater qu'il refuse d'hypostasier le travail, et d'en faire une sorte de relation instrumentale transhistorique des hommes à la nature et à leur environnement. Le travail dont il parle n'est pas une donnée anthropologique, une activité de production qui se caractériserait essentiellement par ses prolongements techniques (les instruments de travail, les outils de production) et par ses résultats observables (produits, services). Ce n'est donc pas au premier chef une activité (ou un ensemble d'activités coordonnées), c'est un rapport social, un agencement social spécifique d'activités. Il explique inlassablement dans les *Grundrisse*, comme dans le *Capital*, que le travail concret des individus dans la production est le support du travail abstrait qui alimente le renouvellement et l'extension du capital. En d'autres termes, le rapport social de travail est un mode de captation d'une part essentielle des activités humaines au bénéfice d'une immense machinerie sociale (le mouvement des capitaux). Le travail dans la société capitaliste n'est en aucun cas dominé par la recherche de valeurs d'usage ou par une logique de la consommation, mais bien par une logique de la production pour la production de valeurs (capitaux et marchandises). L'économisme est inhérent à la société capitaliste, il est fondé sur l'autonomisation des mouvements de valorisation par rapport à ceux qui en sont porteurs, à savoir les travailleurs salariés qui voient leur échapper les conditions de production, et les capitalistes qui ne sont guère plus que des fonctionnaires du capital. Le rapport social de travail n'est pas une confrontation directe, immédiate entre capitalistes et salariés, il est surtout rapport entre des capitaux, rapport entre les différentes composantes du capital, capital constant et capital variable, absorption du travail vivant par le travail mort.

C'est tout cela que Marx se propose d'élucider et de déconstruire en mettant en évidence les aveuglements de l'économie politique. Dans les *Théories sur la plus-value*, il s'efforce notamment de montrer les faiblesses de la théorie de la valeur-travail de Ricardo. Pour ce dernier il s'agit essentiellement d'une théorie de la mesure par le temps de travail et les quantités de travail. Or, avant même de mesurer, il faut savoir ce que l'on mesure et se demander, comme dit Marx, ce qui constitue la substance du travail, et bien sûr, de la valeur. Pour cela, on doit se garder de faire appel à des référents naturels, mais au contraire on doit analyser des formes sociales en mouvement, et des dynamiques qui donnent forme à des relations sociales. Le travail comme activité n'est pas spontanément une réalité homogène, et pour qu'il puisse devenir la partie variable du capital, il faut qu'il subisse toute une série de conditionnements et de métamorphoses. Il faut en particulier qu'il y ait conditionnement de la capacité d'agir et de travail des salariés pour en faire une force de travail, c'est à dire un mode d'intervention répétitif et estampillé (qualification, formation) dans la production. Le temps de travail, en ce sens, ne relève pas d'une temporalité naturelle, il est une résultante des métamorphoses du capital (le retour à lui-même après des transformations successives). Ces substances, le travail et la valeur, sont en ce sens des substances en mouvement qui passent de formes en formes et il serait vain de vouloir les étalonner à partir d'instruments de mesure simples, statiques et fixés une fois pour toutes. Comme le fait observer Marx contre Ricardo, la journée de travail n'est jamais identique à elle-même, et partagée selon les mêmes proportions entre travail nécessaire et survaleur.[1]

Il y a en fait une dialectique complexe de la captation du travail vivant par le travail mort (la machinerie capitaliste). Les travailleurs salariés sont une réalité vivante, plastique qui est elle-même confrontée aux changements incessants des rythmes de l'accumulation du capital. Des ajustements, des adaptations, voire des mutations des relations entre les processus du capital et les processus de travail sont en permanence à l'ordre du jour. Les rapports entre capital et travail ne sont ainsi jamais vraiment au repos. C'est pourquoi il faut bien voir que l'objectivité de la valeur (et de la dynamique de

---

1   Cf. Karl Marx, *Theorien über den Mehrwert*, vol. 2, Berlin, Dietz, 1959, p. 401.

la valorisation) qui s'impose à tous les agents économiques est de nature processuelle. Marx le signale en faisant remarquer que la valeur doit organiser sa propre représentation (*Darstellung*) et développer ses propres instruments de mesure à travers la valorisation. Il écrit de façon caractéristique, toujours dans les *Théories sur la plus-value* que la grandeur de valeur n'est que la forme de la valeur ou la forme de la marchandise[2] et que, pour saisir l'économique, il faut recourir à ses déterminations formelles ou encore déployer sa «déterminité formelle» (*Formbestimmheit*). Ce langage peut sembler obscur de prime abord, il s'éclaire assez vite, si l'on admet comme Marx que la dynamique économique autonomisée et dominante par rapport aux autres activités sociales passe par-dessus la tête des hommes. Les rapports économiques sont, certes, produits et reproduits par les agents économiques, mais ils se présentent essentiellement comme des rapports sociaux entre des choses.

Pour employer un autre langage, on pourrait dire que la socialité est comme déposée dans les formes de la valorisation et que les représentations objectivantes que ces derniers produisent sans discontinuer éblouissent et aveuglent les individus. Cela a pour effet d'occulter des aspects importants de l'exploitation, notamment ses aspects collectifs, ce que Marx appelle l'exploitation du travail combiné (ou encore de la journée de travail combinée) et qui, au delà de la coopération dans les entreprises, joue sur toutes les interdépendances et synergies dans la production sans les reconnaître. Pour le capital il n'y a pas en effet de travail social (ou de travaux socialisés), mais seulement des porteurs de force de travail isolés les uns par rapport aux autres, et cela bien que les salariés constituent ensemble un travailleur collectif multiforme en constante évolution. De ce point de vue, l'exploitation, au delà des dépenses d'énergie consenties par les salariés individuellement, se manifeste comme négation sans cesse renouvelée des liens et des échanges qui ont lieu dans la production. La plus-value, comme la grandeur de valeur, est donc avant tout une forme sociale qui dépouille le travail de son caractère social alors même qu'elle le quantifie. Elle est à la fois appropriation et expropriation appropriation particulariste de forces collectives et expropriation des connexions sociales que développent les individus dans le procès de travail. C'est ce que Marx exprime avec force dans le livre I du *Capital*, lorsqu'il dit que le capital s'incorpore les puissances sociales et intellectuelles de la production. C'est ce qu'il essaye de faire comprendre à certains économistes socialistes d'inspiration ricardienne qui réclament pour les travailleurs le droit au produit intégral du travail. Le problème qu'il faut affronter n'est pas seulement de démontrer qu'il y a du travail non payé dans le procès de production, mais aussi de démonter la dynamique des formes économiques autonomisées.

---

2   Ibid., p. 168.

On voit par là la grande originalité de la critique de l'économie politique que Marx voulait promouvoir. Elle ne pouvait se contenter de critiquer telle ou telle thèse d'Adam Smith ou de Ricardo: il lui fallait élucider également le rapport que l'économie en tant que réalité sociale, en tant que construction sociale de représentations et en tant qu'ensemble symbolique opaque et contraignant. Les grands économistes classiques ont été capables de mettre en lumière un certain nombre des forces motrices du capitalisme commençant, comme la faim de travail du capital, la concurrence des capitaux, la division du travail, la logique de l'accumulation, mais, selon Marx, ils n'ont su mettre au point un appareil catégoriel susceptible de cerner, derrière la superficie, les lois du mouvement de l'économie. Ils se sont souvent égarés dans des inconsistances, ont confondu des niveaux d'analyse. Lorsqu'ils ont voulu cerner des catégories comme le salaire, le profit, la rente foncière, ils se sont empêtrés dans les contradictions et les solutions boiteuses. En fait, leur conceptualisation est restée linéaire en cherchant à aplanir les discontinuités et à établir des connexions immédiates là où il aurait fallu mettre au point des médiations. En fonction de tout cela, ils ont inévitablement oscillé entre généralités vides et empirisme à courte vue, sans pouvoir stabiliser leur discipline. Leurs successeurs ont, eux, purement et simplement renoncé à aller au delà des apparences, et ont limité leur ambition à donner une formulation doctrinaire aux représentations (*Vorstellungen*) ordinaires sur l'économie.[3] C'est bien pourquoi la critique de l'économie politique doit mettre en question le mode de travail théorique propre à l'économie politique classique, autrement dit sa façon de penser son objet et de choisir son terrain de travail.

Pour les économistes classiques, l'objet à connaître est en quelque sorte immédiatement donné: il est d'élucider les conditions d'une activité de production rationnelle. Ils n'ont ainsi pas de besoin de s'interroger sur la spécificité du mode de produire dans lesquels ils sont immergés. Ce qui les intéresse fondamentalement, c'est d'arriver à comprendre les obstacles qui s'opposent au développement continu de la production et non les rapports sociaux qui s'expriment et se renouvellent à travers la production. En raison de ces impensés, ils acceptent, sans s'en rendre compte, comme évidentes les cristallisations d'automatismes de représentations et de pensées dans les formes économiques, ce que Marx appelle les formes de pensées objectives (*objektive Gedankenformen*) ou encore les abstractions réelles (*Realabstraktionen*). Ils ne peuvent en conséquence pénétrer le capital et le travail comme hiéroglyphes sociaux, comme fantasmagorie socialement déterminée, d'une relation purement instrumentale et technique à la production; ils pensent en définitive à l'ombre du capital, en succombant au fétichisme des formes économiques. Il en découle que la critique de l'économie politique ne peut être une meilleure théorie économique ou encore la recherche des lois positives de

---

3   Ibid., vol. 3, p. 499.

Critique de l'économisme

l'économie. Cette critique ne peut être qu'une autre façon de penser l'économie et plus encore une autre façon de penser les rapports entre activité théorique et société. Il lui faut réfléchir ses propres conditions d'exercice, penser ce qu'elle fait en pensant et son positionnement par rapport aux relations sociales. Elle n'aspire pas à une vaine neutralité sociale sous couvert d'objectivité scientifique, mais pour autant elle ne se laisse pas prendre aux pièges de la condamnation morale et du refus éthique du capitalisme. La tâche fondamentale qu'elle se fixe, c'est de mettre fin à des conceptualisations qui ne font qu'épouser les objectivités sociales sans les questionner et, qui par là même, ignorent superbement les obstacles et les barrières que rencontre le travail de connaissance.

Dans la recherche d'une nouvelle conceptualisation, la critique marxienne de l'économie ne prend pas à proprement parler le contrepied des concepts de l'économie classique; elle les déplace et les insère dans d'autres problématiques. Il ne s'agit plus de bâtir un système ou une axiomatique, mais de suivre des enchaînements de formes économiques (c'est à dire sociales), de rendre les médiations qui conduisent de la marchandise au capital porteur d'intérêt en passant par la monnaie. Il faut toutefois faire attention que cette conceptualisation prend à chaque pas des distances avec ce qu'elle conceptualise, qu'elle ne fait pas que théoriser des changements de forme, mais aussi des passages aux extrêmes, des déséquilibres et des crises. C'est ce qui explique l'affinité de cette conceptualisation avec la conceptualité hégélienne. Comme Hegel, Marx veut combler le fossé entre l'intellect et l'objectivité en détruisant des systèmes de représentations et l'on comprend que la grande logique puisse exercer sur lui une telle fascination. Pour autant la dialectique marxienne ne conduit pas à la réconciliation apaisée de l'Esprit, du monde et de la société. Elle thématise au contraire la dialectique des formes sociales comme une dialectique des séparations sans cesse renouvelées et des unifications de processus toujours précaires. Ce sont les abstractions réelles qui mènent la danse dans un mouvement qui relève de la fuite en avant. Le capital se reproduit en multipliant les dégâts et sans se laisser arrêter par les catastrophes humaines que cela suscite. Les choses ne peuvent changer que si la nouvelle conceptualité critique se fait force sociale et politique, pour remettre la société sur ses pieds et changer les modalités des activités humaines (notamment leur subsomption réelle sous le commandement du capital).[4]

L'entreprise critique de l'économie politique ainsi conçue est interminable, du moins tant que dure le règne d'un capital toujours en train de se transformer. Elle ne peut donc rester identique à elle-même et se présenter comme achevée et maîtrisant au préalable

---

4 Cette reprise et cette transposition de la dialectique hégélienne ne se limite pas à une coquetterie, mais elle n'a rien à voir avec le développement d'une philosophie de l'histoire.

les changements de l'économie. Or, on peut douter que Marx ait été parfaitement conscient de cette constellation théorique. Le 10 octobre 1868 il écrit à Engels qu'il faut transformer l'économie politique en science positive,[5] et les préfaces au *Capital* vont également dans ce même sens. Marx, il est vrai, n'entend pas la science dans un sens positiviste (à la même époque les références à Hegel sont toujours très nombreuses). On le sent toutefois pressé de damer le pion aux grands économistes et à leurs épigones (à cette économie vulgaire qui recherche la complétude). Il est en effet persuadé que le dépassement du capitalisme est à l'ordre du jour (il est contemporain des révolutions de 1848 et de la Commune de Paris) et il est convaincu qu'il lui faut livrer à un mouvement ouvrier en plein essor une arme théorique acérée, la formulation définitive des lois du mouvement de l'accumulation capitaliste, en vue d'affrontements plus ou moins imminents. Alors qu'il refuse des lois générales de l'histoire, il semble implicitement admettre que le sort du capitalisme est déjà scellé par ses contradictions économiques, d'ailleurs appelées à s'exacerber. La crise économique prend, dans ce contexte, une valeur emblématique: elle est le nœud où tout doit se dénouer. C'est vraisemblablement cela qui explique les longs développements sur la baisse tendancielle du taux de profit en fonction de l'élévation de la composition organique du capital.[6] Marx, apparemment, ne s'aperçoit pas qu'en s'engageant sur cette voie, il se montre infidèle à ce qu'il dit par ailleurs sur la préséance de la forme par rapport à la mesure. Ce sont de fait les grandeurs de valeur qui prennent le dessus sur la valeur comme substance-mouvement dans cette loi présumée. On peut faire des remarques analogues à propos du problème de la transformation des valeurs en prix de production. Dans les formulations de Marx, les calculs des valeurs et des prix de production, de la plus-value et des profits doivent être tout à fait congruents et compatibles entre eux en tant que grandeurs (quantités) sans tenir compte de la variabilité des mesures dans le mouvement des formes, sans tenir compte du fait que valeurs et prix ne renvoient pas à des référents naturels. On serait tenté de dire que dans cette entreprise impossible, Marx s'est laissé prendre dans les filets de Ricardo.

Il serait faux évidemment de dire que cet économisme est affirmé et consciemment assumé. Bien des textes de Marx, en particulier les textes historiques, montrent qu'il ne néglige pas la dimension culturelle ou politique des problèmes qu'il aborde. Pourtant cet économisme, même s'il reste latent, a des effets tout à fait négatifs. Il restreint l'horizon de Marx, il l'empêche en particulier d'entrevoir toutes les conclusions à tirer de ses analyses sur le rapport social de travail, sur la captation de l'essentiel de l'activité des

---

5   Karl Marx, Friedrich Engels, *Ausgewählte Briefe*, Berlin, Dietz, 1953, p. 245.
6   Voir à ce sujet les remarques critiques de quelqu'un qui se situe dans une filiation marxienne: Robert Brenner, «The Economics of Global Turbulence». In: *New Left Review*, numéro spécial, May-June 1998, p. 11sq.

salariés qu'il entraîne. Il est frappant de constater qu'il ne s'interroge guère sur les conséquences du passage obligé de la socialité par les abstractions réelles, par ces objectivités sociales non maîtrisées qui imposent leur dynamique aux relations sociales. Il fait bien remarquer dans les *Grundrisse* que la société n'est pas composée d'individus, mais de rapports de rapports. Il n'essaye pourtant pas de savoir si cela n'aboutit pas à faire du rapport social quelque chose d'extérieur, de surimposé aux échanges entre les individus et entre les groupes sociaux. C'est pourquoi il lui est très difficile de saisir que les rapports sociaux ne sont pas là pour le déploiement des activités et des échanges humains, et que ce sont au contraire ces derniers qui sont là pour le déploiement des rapports sociaux. La socialité n'est pas proximité, elle est à distance, elle se profile comme une seconde nature dans laquelle il faut trouver sa place et s'assurer un minimum d'espace à travers la concurrence et les affrontements. Dans ce cadre, les liens sociaux et la sociabilité ne sont jamais donnés une fois pour toutes, ils doivent en fait être conquis contre un environnement hostile, contre les rapports de valorisation-dévalorisation, d'appréciation-dépréciation dans ce que les hommes font les uns avec les autres, les uns contre les autres. Marx en a plus ou moins conscience et il lui arrive de mentionner ce type de problèmes. Mais il ne les met pas au centre de ses préoccupations.

On peut de même constater qu'il s'intéresse assez peu au sort que le rapport social capitaliste réserve à l'individuation. Il serait, bien sûr, injuste de lui reprocher d'ignorer les phénomènes d'oppression et d'exploitation auxquels les individus sont confrontés. Dans son œuvre, les dénonciations de la misère, des injustices et des souffrances infligées à la classe ouvrière, particulièrement aux femmes et aux enfants, sont très nombreuses. Il appelle de ses vœux une société où les individus seraient libérés des chaînes qui les asservissent, où le développement de chacun serait la condition du développement de tous. Dans les *Grundrisse* par exemple, il évoque l'apparition ou l'éclosion d'un individualisme multilatéral, fort de la multiplicité de connexions permises par l'extension des échanges et des communications. Il s'inquiète toutefois assez peu des conditions qui seraient nécessaires pour qu'un tel individualisme puisse voir le jour. Il insiste sur l'importance d'une libération de la temporalité et il estime indispensable de mettre fin aux phénomènes de séparation par le travail associé. En même temps il admet implicitement que les individus sont de plain-pied avec leur subjectivité, et ne sont donc pas clivés comme disent les psychanalystes, c'est à dire partagés entre l'adaptation aux contraintes sociales et la recherche de relations libres, entre la recherche de la jouissance dans l'affrontement avec les autres et la pacification des relations interindividuelles, et plus profondément encore partagés dans leur affectivité, amour et haine de soi, hypertrophie et atrophie du moi. Dans le rapport social capitaliste, l'économie des relations affectives est ainsi très clairement marquée par la cumulation des déséquilibres et une profonde instabilité dans la perception des expériences et la mise au point des perspectives de vie. L'individualisation est en définitive paradoxale; dans la société capitaliste, elle s'achète au prix d'une incapacité à utiliser pleinement et dans la réciprocité les connexions au monde et à la société: elle ne constitue pas un fondement solide pour la libération et des individus et de la société.

Cela revient à dire que les individus, avec leurs ambigüités, leurs ambivalences, et les faiblesses de leurs subjectivités participent de la reproduction des rapports sociaux, notamment parce qu'ils n'épargnent pas leurs efforts pour reproduire leur individualité paradoxale. Chacun essaye de défendre des acquis ou de conquérir de nouvelles positions dans le champ de la valorisation. Les «fortes» personnalités qui sont telles parce qu'elles peuvent s'appuyer sur l'activité de beaucoup d'autres sans avoir à le reconnaître cherchent, bien entendu, à être des hommes d'élite, voire des démiurges qui «réalisent» par-dessus la tête du commun des mortels. Ils sont prêts pour cela à se couler dans tous les mouvements de la valorisation et à favoriser les asymétries de pouvoir dans les rapports sociaux. Ceux qui sont placés en position d'infériorité, parce qu'ils sont du côté du travail salarié, tentent soit d'échapper à leur condition, soit d'améliorer une situation précaire en faisant mieux que le voisin. Très souvent, c'est l'échec qui sanctionne ces efforts, en laissant derrière lui des sentiments d'impuissance et de résignation, mais aussi de l'amertume et du ressentiment qui peuvent être projetés contre les plus faibles.

Même si l'on admet qu'on peut toujours trouver de la révolte – au delà de l'adaptation et de la résignation qui prédominent – cette révolte n'est pas par elle-même un mouvement social, pas plus qu'elle ne permet forcément d'accéder à une connaissance adéquate de ce qui se passe, surtout si l'on prend en compte les mécanismes de la subsomption réelle sous le commandement du capital, pour utiliser la terminologie de Marx. Les connaissances sont en effet produites socialement et les intelligences individuelles ne peuvent s'abstraire de ce que Stephen Toulmin appelle l'écologie de l'esprit,[7] de l'organisation spatio-temporelle des échanges symboliques, c'est-à-dire des rapports sociaux de connaissance. Il serait, certes, absurde de postuler que les pratiques cognitives sont à sens unique et qu'elles ne traduisent pas des pluralités de points de vue et de grandes diversités sub-culturelles. Il faut néanmoins ne pas fermer les yeux sur le fait qu'elles sont fortement aimentées et polarisées par les activités de valorisation qui induisent des divisions et cloisonnements du travail intellectuel, ainsi que des modalités différentielles de circulation et d'élaboration des informations. Comme le dit encore Stephen Toulmin, les idées sont des institutions et sont très souvent sélectionnées parmi les productions cognitives en fonction des contributions qu'elles peuvent apporter aux stratégies de recherche. Les idées, en conséquence, sont dépendantes des relations de

---

7   Stephen Toulmin, *Kritik der kollektiven Vernunft*, Frankfurt/M., Suhrkamp, 1972.

Critique de l'économisme

pouvoir et des inégalités dans la répartition des ressources cognitives. Toutes les interrogations et toutes les argumentations n'ont pas le même poids dans la production cognitives. Certains savoirs deviennent légitimes, d'autres au contraire ne sont pas reconnus, voire purement et simplement refoulés à partir de critères qui ne sont pas toujours transparents (par exemple les savoirs pratiques des opérateurs dans l'industrie).

Les notations, les ébauches d'élaborations théoriques sur ces thèmes sont nombreuses chez Marx. Dans le *Capital*, il parle de la captation des puissances intellectuelles de la production par la machinerie sociale capitaliste, il critique avec beaucoup d'acuité la fétichisation des formes sociales dans les pratiques quotidiennes et dans les pratiques théoriques. Il dé-construit avec beaucoup de virtuosité les catégories de salaire, de profit, de rente de l'économie classique pour éclairer les formes économiques et sociales. Mais, de façon surprenante, il s'arrête en cours de route! Il abandonne en particulier un certain nombre de ces acquis théoriques, lorsqu'il est question de la lutte des classes et de l'analyse des classes. Sans qu'il le dise jamais explicitement, la classe ouvrière est posée par lui comme une entité forte, comme une sorte de structure qui produit des effets puissants sur ceux qui y sont inclus. L'exploitation économique (le travail non payé dans la consommation productive de la force de travail par le capital) est censée être le point de départ de phénomènes majeurs de résistance et de solidarité, puis d'organisation et de la lutte politique. Les seuls obstacles que Marx envisage sont soit la concurrence sur le marché du travail et les pesanteurs idéologiques, obstacles qui, à la longue, ne doivent pas empêcher le passage de la défense des intérêts immédiats (la vente de la force de travail dans de bonnes conditions) à la promotion des intérêts historiques et à la libération du travail. Il n'examine donc pas la réalité de la classe ouvrière dans tout ce qu'elle peut avoir de contradictoire, de complexe et surtout d'oppressif. Les formes de vie dans lesquelles les ouvriers doivent organiser le conditionnement de leur force de travail, sa mise à disposition du capital et sa reproduction ne sont rien moins que transparentes. Pour les individus, elles sont à la fois familières et opaques, rassurantes et pleines de menaces. Elles ont toutes les apparences du naturel et de l'horizon indépassable, mais elles ne donnent pas les moyens de pénétrer les mécanismes de la socialisation capitaliste et de comprendre comment elle codifie et enferme les activités humaines en les séparant les unes par rapport aux autres. Cela n'interdit pas qu'il y ait des résistances aux pressions du capital, ni non plus que la coalition gréviste se prolonge en solidarité syndicale et en activité politique pour certains. Cela n'autorise pas à tirer la conclusion que formes de résistance et formes d'organisation mettent fin à la subordination des formes de vie aux formes de la valorisation. On y est d'autant moins autorisé que les pratiques syndicales et politiques bureaucratisées s'insèrent parfaitement dans la compétition économique et politique propre aux sociétés capitalistes accordant un minimum de libertés démocratiques.

Au fond Marx s'illusionne lui-même et cède à une véritable pétition de principe, lorsqu'il attribue un très haut degré d'expressivité et de prise de conscience à un enchevêtrement de formes sociales et de formes de vie comme la classe ouvrière de son temps. Il surestime la capacité des groupes sociaux et des individus opprimés à bousculer aussi bien les structures cognitives et culturelles que les limitations des pratiques sociales. Cela le conduit à transfigurer, voire à sacraliser le travail salarié qui, avant même tout processus de transformation du rapport social de travail, devient l'incarnation emblématique de l'émancipation. C'est cela qui le conduit à faire de la crise économique un élément essentiel de préparation à la transformation révolutionnaire de la société, un peu comme si la crise de surproduction et de suraccumulation mettait entre parenthèses des aspects fondamentaux de la domination capitaliste. La révolution, dans cette perspective, se fait apocalypse et parousie, comme si elle était éclatement des contradictions et illumination d'une scène jusqu'alors dans la pénombre. La révolution ne transforme, évidemment, pas la société comme par un coup de baguette, elle enlève à l'ancienne classe dominante les instruments de coercition et ouvre, par là, la voie à la transformation des rapports de production. Il serait, certes, injuste d'affirmer que Marx réduit la transformation révolutionnaire à ce seul aspect des choses. Les *Gloses marginales au programme de Gotha* et *La guerre civile en France*, si riches en aperçus sur les problèmes juridiques, sur les problèmes de la démocratie font la démonstration du contraire. On ne peut cependant se départir de l'idée qu'il y a chez lui une tendance à la simplification et à la réduction des thèmes à soulever. La notion de travail associé qui fonctionne comme l'indicateur principal de la transformation des rapports sociaux n'est jamais élaborée analytiquement et reste en conséquence métaphorique. Plus grave encore, Marx ne s'interroge pas suffisamment sur les relations de pouvoir dans les rapports sociaux, ce qui hypothèque lourdement sa conception de la politique (et des phénomènes de violence qu'elle comporte).

Cela est tout à fait perceptible à travers certaines de ses incertitudes et de ses sauts théoriques. Il parle tantôt de dictature du prolétariat, tantôt de voie pacifique et parlementaire vers la transformation sociale, sans que cela corresponde à des théorisations très poussées. L'activité politique, en réalité, n'est pas véritablement questionnée, décortiquée dans ses articulations et ses applications aux pratiques sociales fondamentales. Elle correspond à des échanges entre les groupes sociaux et les individus sur les orientations à suivre au niveau des institutions. Elle est de ce point de vue confrontation sur les équilibres à créer ou à défendre dans les relations sociales, ce qui veut dire qu'elle ne peut s'affranchir par décret des rapports de pouvoir préalablement existants, en particulier des rapports de pouvoir passant par les automatismes sociaux et les mécanismes étatiques. En apparence, il peut y avoir égalisation des inégalités de pouvoir grâce à la représentation politique. En réalité cette dernière est tout à fait perméable aux

Critique de l'économisme

pressions et contre-pressions venant des rapports économiques et cela d'autant plus que les groupes sociaux et les individus doivent se valoriser (ou se dévaloriser) les uns par rapport aux autres. La politique est par suite une compétition inégalitaire où l'on a peu de chances de s'affirmer quand on dispose de peu de ressources économiques et culturelles. Il y a comme une sorte de droit d'entrée en politique à tarifs plus ou moins prohibitifs que beaucoup ne peuvent payer. Autrement dit, on ne naît pas au politique, on y accède par des processus complexes sans pouvoir jamais lui donner l'extension et la profondeur nécessaires pour intervenir sur les rapports sociaux. La politique n'est pas la puissance de multitudes articulées, mais l'organisation d'une circulation limitée et hiérarchisée des pouvoirs dans la société.

Cette limitation de la politique et du politique constitue inévitablement un obstacle à toute transformation sociale d'ampleur. Il faut, en conséquence, changer d'abord la politique pour pouvoir changer véritablement la société, cela signifie concrètement qu'il faut faire travailler la politique sur elle-même, en vue de modifier la composition et la répartition des pouvoirs dans la société, en vue également de modifier peu à peu les relations de concurrence et de violence dans les rapports sociaux et interindividuels. Or, il apparaît bien que Marx ne cherche pas à formuler ce complexe de problèmes, qu'il ne peut, pour cette raison, approfondir. Il propose des modalités concrètes de perfectionnement de la démocratie, de gestion des affaires publiques en les coiffant de grands principes généraux. Les perspectives qu'il esquisse, restent vagues et floues (par exemple le dépérissement de l'État) et la négation du capitalisme (et de la politique dont il est porteur) ne dépasse pas le stade de la négation abstraite. Marx, qui est si profondément hostile aux grandes constructions utopiques abstraites, se révèle ici incapable d'ouvrir la voie à la négation déterminée de l'ordre établi et des pratiques qui lui sont spécifiques, incapable, par conséquent, de tracer les contours de pratiques en voie de transformation au niveau politique, comme au niveau du quotidien. En prenant cette orientation, il est vrai, il laisse ainsi involontairement la porte ouverte à des constructions mythologiques; mythologie de la révolution, mythologie de la conscience de classe prolétarienne qui doit dire le sens de l'histoire, mythologie du parti révolutionnaire, incarnation privilégiée de la conscience de classe. De fait, cette faille dans le dispositif théorique marxien sera à l'origine de toute une série d'errements catastrophiques du mouvement ouvrier et surtout du mouvement communiste tout au cours du vingtième siècle.

Ces dérapages marxiens, dans le domaine de la théorie politique ont, comme on vient de le montrer, quelque chose à voir avec l'économisme, un économisme qui relève de la présence d'un impensé dans la critique de l'économie politique, c'est à dire d'une pensée qui ne maîtrise pas son propre mode de penser. Le Marx qui se débat avec la dialectique hégélienne en tant que confrontation du penser avec le monde et la société, a certainement une perception intuitive de failles ou de manques dans le fonctionnement de la raison ou dans l'affirmation de la rationalité. Pourtant il n'explicite jamais ses intuitions et, entre autres, ne se demande pas quels sont les pièges que l'activité de pensée doit éviter dans le cadre des rapports sociaux de connaissance et quels outils critiques elle doit se forger pour ne pas se leurrer elle-même. C'est pourquoi il lui est quasiment impossible de se prémunir et de prémunir ceux qui viendront après lui contre des dérives a-critiques dans la conceptualisation. Marx veut croire que la théorie peut s'emparer des masses et que les masses peuvent s'emparer de la théorie en corrigeant ses abstractions. Il ne semble pas se douter que les conditions du travail théorique ne permettent pas facilement de dégager une perspective simultanée de désenclavement de la théorie et de transformation des pratiques. La pensée critique elle-même n'est pas immunisée contre les changements de conjoncture intellectuelle, contre les tangages et les roulis théoriques suscités par les mouvements de la valorisation, contre les effets d'hypnose et de fascination qui naissent du jeu des abstractions réelles. Pour elle il est impératif de prendre conscience que les processus de pensée sont, sans discontinuer, partagés entre la tendance à coller à ce qui donne, immédiatement pour le réel, et la tendance à produire du fantasme, de l'idéal ou de l'illusion. C'est ce que Nietzsche appelle la pensée nihiliste qui, pour s'écarter de son positivisme, fabrique des idoles et suit des lignes de fuite vers de faux dieux. Comme le monde de la marchandise, la pensée saisie par le nihilisme se doit d'exhiber sans cesse de la nouveauté et se faire amnésique en laissant derrière elle des cimetières conceptuels.

C'est dire que la pensée critique n'a pas seulement besoin de prendre ses distances avec elle-même et de faire preuve de réflexivité, mais qu'elle doit s'interroger sur les conditions sociales de possibilité de la réflexivité pour arriver à ce qu'Adorno appelle la réflexion seconde. Le rapport social de connaissance doit devenir lui-même champ d'investigation, investigation des échanges intellectuels collectifs et de la production collective des connaissances. C'est ce que pressent Marx dans les *Grundrisse*[8] en faisant référence à un *general intellect* appelé à contrôler le travail social. Manifestement il ne conçoit pas ce *general intellect* comme une sorte de super-cerveau qui aurait à réagir centralement les processus sociaux. Il pense plutôt à des échanges intellectuels multiples, interdépendants qui mobilisent et font circuler des savoirs au bénéfice de tout le monde. L'idée, à peine esquissée est séduisante, mais il faut voir qu'aujourd'hui le *general intellect* est d'une certaine façon passif, c'est-à-dire soumis aux dispositifs de la valorisation et de la division intellectuelle du travail. Aussi, si l'on veut mettre en œuvre une véritable révolution intellectuelle, faut-il se fixer comme objectif l'élucidation des conditions d'un autre fonctionnement du *general intellect*, d'une activation des échan-

---

8   Karl Marx, *Grundrisse der Kritik der politischen Ökonomie*, Berlin, Dietz, 1953, p. 594.

Critique de l'économisme

ges cognitifs et des échanges sur les rapports sociaux à établir. L'usage de l'intelligence ne doit plus être un privilège et il faut donc se demander comment pourrait apparaître une autre division intellectuelle du travail et d'autres rapports au savoir. En allant dans cette direction, il deviendra possible de se poser autrement le problème de la transformation sociale, sans succomber à la tentation d'en faire une idole. A l'heure de la mondialisation (*Globalisierung*) cela n'a rien d'académique.

Zusammenfassung

Der Aufsatz zeigt, daß es bei Marx eine grundlegende, wohlfundierte, aber oft übersehene Kritik des Ökonomismus gibt. In seinen reifen Werken kritisiert Marx Smith und Ricardo, weil und insofern sie die Ökonomie als zweite Natur auffassen und die Arbeitswerttheorie fetischisieren. Gleichzeitig aber gibt es bei ihm einen heimlichen Positivismus, das heißt eine Tendenz, seine eigenen methodologischen Entdeckungen zu vernachlässigen, und dazu den Willen, mit den klassischen Ökonomen auf deren eigener Basis zu wetteifern.

Émotions, échange et différentiation sociale

de Paul Dumouchel

Le concept de différentiation sociale me semble jouer un rôle fondamental dans le débat sur les liens entre anthropologie et économie, et ceci de deux façons au moins. Premièrement, au sein de la querelle au sujet de l'économie substantive et de l'économie formelle; querelle dont l'œuvre de Karl Polanyi peut être considérée comme constituant le moment central, ainsi que les réflexions de Louis Dumont sur l'*homo oeconomicus* qui en est l'expression la plus récente.[1] En effet, la différence entre ces deux formes d'économie est souvent conçue comme la différence entre les sociétés où l'économie est enchâssée au sein des autres activités sociales (religion, politique, formes de la parenté, etc.) et les sociétés où, au contraire, l'économie a pris une indépendance à l'égard de ces divers domaines pour former une réalité autonome, soumise à des lois et à des règles qui lui sont propres. La distinction en est donc une qui passe essentiellement entre deux niveaux, deux formes de différentiations sociales ou entre deux étapes au sein d'un processus historique de différentiation. C'est-à-dire entre, d'une part, un monde où le sacrificiel, le politique, la production économique, la guerre, le rituel, et le commerce restent encore relativement indifférenciés, indistincts et, en un sens, difficilement séparables, un monde où il est difficile de savoir si la royauté par exemple est premièrement une institution religieuse ou une institution politique, et, d'autre part, un monde où ces différentes réalités ont donné naissance à des institutions particulières, séparées les unes des autres et autonomes. Quel que soit le jugement que l'on porte sur le phénomène de différentiation, que l'on préfère la chaleur des sociétés traditionnelles à l'anomie des sociétés modernes plus différentiées, ou que l'on choisisse au contraire l'individualisme contemporain contre le conformisme social plus étroit et plus rigide qui règne dans les sociétés où les fonctions restent plus indistinctes, il est clair que la différentiation so-

---

1 Cf. Louis Dumont, *Homo aequalis. Genèse et épanouissement de l'idéologie économique*, Paris, Gallimard, 1977; idem, *Essais sur l'individualisme*, Paris, Seuil, 1983.

ciale constitue le cœur de l'opposition, ce que tant Mauss que Durkheim ou Hocart avaient pour leur part déjà clairement reconnu.[2]

Deuxièmement, dès Adam Smith la question de la différentiation sociale, bien que d'une manière particulière, est placée au cœur de la pensée économique. En effet, celui-ci, dans *La Richesse des nations* (1776),[3] fait de l'échange le moteur de la division du travail, et donc en un sens de la différentiation sociale, qu'il lie du même coup avec la richesse et le progrès économique. Pour Smith, et pour toute la réflexion économique classique à sa suite, l'échange apparaît comme la condition sine qua non de la différentiation sociale, à la fois directement en encourageant les producteurs à se spécialiser et, indirectement, en permettant, grâce à l'augmentation de la richesse, l'apparition de groupes de non-producteurs dont les activités sont soit consacrées à la gestion de l'ordre social, soit dépendantes des besoins créés par la complexification croissante de la société. Simultanément une certaine différentiation sociale préexistante est postulée comme la condition de possibilité de l'échange. Entre la différentiation sociale et l'échange s'établit alors dans la pensée économique moderne un lien de causalité circulaire.

Ainsi, dans le débat qui les oppose, les tenants de l'économie formelle et les promoteurs de l'économie substantive se révèlent d'accord sur un point au moins. Les uns et les autres postulent un lien directement proportionnel entre la croissance de la différentiation sociale et le développement de l'économie. Certes, ils ne comprennent pas la chose de la même manière, ni l'évaluent pareillement. Ils partagent néanmoins une intuition fondamentale au sujet de la place de la différentiation sociale dans le développement économique. Celle-ci constituerait une condition indispensable à celui-là. A l'opposé, et cela peut sembler étonnant, les uns et les autres font des hypothèses contraires au sujet du lien inverse, celui qui va du développement économique, moderne du moins, vers la différentiation sociale. Pour les tenants de l'économie formelle, comme on vient de le rappeler, de même que la différentiation sociale est nécessaire au développement économique, le progrès économique engendre une différentiation sociale toujours plus grande. Les défenseurs de l'économie substantive perçoivent au contraire la croissance économique moderne, et les progrès de l'égalité et de l'individualisme qui l'accompagnent, comme un processus d'indifférentiation, un phénomène destructeur des différences sociales. Comme si, au delà d'un certain seuil de croissance, le développement économique se retournait contre le processus de différentiation sociale dont il avait été auparavant le moteur. Dans la suite de cette communication, c'est à cette apparente

---

2   Cf. Marcel Mauss, «Essai sur le don». In: Idem, *Anthropologie et sociologie*, Paris, PUF, 1969, p. 144-279; Emile Durkheim, *De la division du travail social*, Paris, PUF., 1978; Arthur M. Hocart, *Rois et courtisans*, Paris, Seuil, 1978.
3   Adam Smith, *The Wealth of Nations*, London, Everyman's Library, 1977.

Emotions

contradiction qui conçoit l'économie à la fois comme créatrice et comme destructrice des différences sociales que je vais m'intéresser.

1. La différentiation sociale

Mais qu'est-ce que la différentiation sociale? Un survol rapide de la littérature révèle que le terme est beaucoup plus souvent employé que défini. Chacun l'utilise comme s'il allait de soi, comme s'il était transparent et sans aucune ambiguïté. Et la plupart l'utilise, comme je viens de le faire, de façon à peu près interchangeable avec un certain nombre de termes apparentés: les différences sociales, la division du travail, etc. Qu'en est-il véritablement? Tous les auteurs qui parlent de différentiation ou de différence sociale renvoient-ils au même phénomène? Peut-on mesurer la différentiation sociale? Est-ce un phénomène distinct de la division du travail? La question se pose de savoir si nous devons répondre à toutes ces interrogations ou si nous pouvons, au contraire, nous satisfaire de l'espèce d'intuition vague que chaque lecteur croit partager avec les auteurs? Intuition suivant laquelle nous avons généralement tendance à ranger par ordre de complexité croissante les différentes sociétés. Série que viendrait couronner la nôtre, la plus différenciée et la plus complexe de toutes. Ou faut-il, au contraire, se méfier comme de la peste de cet historicisme en puissance et de cet évolutionnisme trop facile?

Je propose Maurice Hocart comme guide pour traverser ce champ de mines. Dans un court chapitre au début de *Rois et courtisans*, il compare la différentiation sociale à l'apparition en biologie d'organes spécialisés pour remplir une fonction déterminée. La thèse de Hocart est que la différentiation sociale constitue le processus par lequel certaines fonctions sociales, qui, dans un premier temps, étaient plus ou moins accomplies par tous, ou pouvaient être accomplies par tous, deviennent le fait de groupes ou d'institutions particuliers. La thèse n'est pas fonctionnaliste au sens qu'a généralement ce terme en sociologie. Hocart ne suppose pas que toutes les institutions sociales ont une fonction par laquelle elles s'expliquent. Il postule simplement que certaines activités au sein d'une société peuvent être décrites de façon fonctionnelle, par exemple les mécanismes de résolution des conflits. Il attire alors l'attention sur la différence entre les sociétés où ces activités apparaissent comme un aspect ou une dimension d'autres activités, par exemple des activités rituelles, et les sociétés où elles existent de façon séparée et qui sont la prérogative des groupes spécialisés dans leur accomplissement. La différentiation sociale ainsi comprise est donc un processus de différentiation interne et de spécialisation des fonctions sociales. L'administration, le gouvernement, la religion, la production économique, la justice, l'art, la solidarité sont progressivement pris en charge par des organes sociaux spécialisés et relèvent du même coup de la responsabilité particulière de certains. Cette thèse, qui suppose qu'à un certain moment les fonctions spécialisées étaient accomplies par la société toute entière, sous formes de fonctions générales, ne doit pas être comprise comme excluant l'apparition de fonctions nouvelles et d'organes leur correspondant. De même qu'une fonction biologique comme la locomotion, favorise en se spécialisant, par exemple dans la natation, l'apparition de nouveaux organes, les nageoires, et de nouvelles fonctions, comme exemple maintenir l'équilibre dans un milieu liquide, il n'y a pas de raison de penser que les fonctions sociales ne donneront pas naissance, en se spécialisant, à de nouvelles fonctions et à de nouveaux organes. Ainsi comprise, la différentiation sociale est un phénomène historique, un processus dynamique qui suppose pouvoir distinguer entre un avant et un après, entre un état moins différencié et un autre qui l'est plus.[4] Même, une telle conception suggère que l'on doit pouvoir suivre le passage de l'un à l'autre, peut-être en exhibant des états intermédiaires, et fournir des hypothèses au sujet de cette évolution. L'hypothèse de Hocart, que l'on retrouve aujourd'hui quoique de façon différente dans l'œuvre de René Girard,[5] est que toutes les institutions trouvent leur origine dans le rituel.[6]

Or on doit, je crois, distinguer la différentiation sociale ainsi comprise de trois autres phénomènes avec lesquels on la confond souvent. Le premier c'est celui de la différentiation externe, ou de la distinction entre la société et son Autre, entendu comme ce qui n'est pas elle, le Sacré, les Morts, la Nature, mais aussi les autres sociétés, les ennemis ou ceux des îles lointaines avec qui l'on trafique. Cette différentiation n'est externe que dans un sens relatif et par comparaison avec ce que j'ai nommé plus haut la différentiation interne, puisque cet Autre peut très bien exister à l'intérieur de la société, sous la forme des Ancêtres ou du Sacré par exemple. Il est clair de plus qu'entre ces deux phénomènes, différentiation interne et différentiation externe, il y a des rapports. D'une part parce que les relations avec cet Autre constituent une des nombreuses fonctions

---

4   C'est donc dans le concept même de différentiation sociale qu'est inscrit l'apparence d'historicisme et d'évolutionnisme dont il a été question tout à l'heure. Je dis l'apparence d'historicisme, parce que, contrairement à ce que postule la critique popperienne de l'historicisme, le processus dont il est question ici n'est pas nécessairement unique.
5   Cf. René Girard, *La Violence et le sacré*, Paris, Grasset, 1972.
6   Cette différence entre Hocart et Girard renvoie à la note précédente. Selon Hocart, qui est diffusioniste, l'origine doit être conçue comme un phénomène ou un événement unique, lequel eut lieu une seule fois, à un seul endroit. En conséquence, pour lui, tous les phénomènes de différentiation sociale constituent des moments d'un unique processus continu depuis l'origine jusqu'à nous. Pour Girard, à l'opposé, l'origine renvoit non pas à un unique phénomène, mais à un même phénomène ou événement maintes fois répété. En conséquence, les différents exemples historiques de différentation sociale ne constituent que les moments d'un unique processus. Ils appartiennent à une même classe de processus plutôt qu'à un processus unique. Dès lors, la position girardienne évite la critique popperienne de l'historicisme conçu comme un processus singulier, au sujet duquel il serait donc impossible de faire des énoncés généraux.

sociales qui se spécialisent par la suite dans le processus de différentiation interne. D'autre part parce que cette différentiation qui est aussi une identification, nous le verrons bientôt, est inséparable du rituel que Girard et Hocart placent à l'origine du processus de différentiation sociale.

Le second phénomène que l'on peut nommer sont les différences sociales entendues comme différences entre les agents plutôt que comme différences entre les fonctions sociales.[7] Conceptuellement, il n'y a pas de difficulté à distinguer entre différences sociales et différentiation sociale. En pratique la confusion entre ces deux réalités vient de ce que, dans de nombreuses sociétés, la différentiation sociale fonde plusieurs des différences entre les personnes, ou inversement semble prendre appui sur la division entre les personnes. Ainsi, lorsque la spécialisation des fonctions devient inséparable de la division en groupes distincts et exclusifs, comme dans certaines sociétés de caste, les différences entre individus paraissent refléter immédiatement la différentiation des fonctions sociales. Cependant la coïncidence n'est jamais parfaite. En aucun cas les différences entre les agents ne se réduisent à, ou même ne découlent simplement des différences entre les fonctions sociales qu'ils remplissent. Par exemple, toutes les distinctions entre les personnes qu'imposent les systèmes de parenté ne fondent jamais, ni ne correspondent jamais exactement à des différences de fonctions. Mais il y a une autre raison de penser que différences sociales et différentiation sociale ne sont pas des phénomènes identiques. En effet, l'apparente contradiction au sujet des rapports entre l'économie et la différentiation sociale que j'ai rappelée au début de ce texte peut s'interpréter comme signifiant que différences sociales et différentiation sociale parfois évoluent de concert, et parfois cheminent à rebours les unes des autres; les différences sociales se réduisant au fur et à mesure qu'augmente la différentiation sociale.

Enfin le troisième phénomène qu'il faut distinguer de la différentiation sociale est celui de la division du travail. Même en tenant compte du fait, trivialement vrai, que tout travail remplit une fonction sociale, il ne s'ensuit pas que toute division du travail corresponde à une fonction sociale différente. Bien au contraire, la division du travail signifie qu'à l'intérieur d'une même fonction sociale les activités peuvent être divisées et séparées de plus en plus finement. La division du travail est, selon moi, un phénomène qui se déroule à une échelle plus fine que la différentiation sociale et qui est plus sensible qu'elle à l'innovation technologique.[8] Pour le dire dans un langage qui

---

7 J'emploierai aussi parfois le terme de classification sociale. Il faut se souvenir cependant que ce dernier terme a une signification plus étroite puisqu'il renvoie aux différences sociales en tant qu'elles peuvent être représentées comme un tout organisé ou réduites à une ou quelques règles (algorithme) permettant de les générer. Ce qui n'est pas toujours le cas.

8 Il est vrai que ce que je nomme la différentiation sociale ressemble assez à ce que Durkheim appelait la division du travail social. Mais, justement parce que la division du travail

rappelle Durkheim, il n'est pas évident que toute division du travail corresponde à ce qu'il visait sous le terme de division du travail social, et cela même s'il est certain que les deux phénomènes exercent des influences l'un sur l'autre.

2. L'échange

Ces précisions étant apportées, l'interprétation que je propose est que l'apparition de l'économie de marché moderne correspond ou coïncide avec le moment où la différentiation sociale s'autonomise par rapport aux différences sociales. Le choix des termes, et l'hésitation entre correspond et coïncide, indiquent que dans un premier temps la thèse que j'avance ne dit rien au sujet de la causalité au sein de ce phénomène d'autonomisation et se borne à remarquer une correspondance temporelle. Plus précisément, ce que j'avance se limite à la réinterprétation d'un phénomène connu: l'autonomisation de l'économie de marché. Quels avantages découlent de cette réinterprétation? J'espère démontrer par la suite qu'elle permet de relier des phénomènes à première vue indépendants les uns des autres, et qu'elle jette de ce fait une lumière intéressante sur certains aspects de notre histoire. Mais son avantage le plus immédiat est d'offrir une solution toute simple et naturelle à l'apparente contradiction avec laquelle nous avons commencé, à savoir: que le développement de l'économie engendre tout à la fois une différentiation toujours plus grande des fonctions sociales et une destruction des différences sociales, une indifférentiation croissante. En effet, si différences sociales et différentiation sociale sont deux processus distincts, il est aisé de concevoir que ceux-ci ne vont pas toujours évoluer de façon parallèle. Si de plus, l'économie moderne correspond à une séparation des deux phénomènes qui jusqu'alors avaient été étroitement liés, l'apparente contradiction disparaît.

La meilleure manière de rendre plausible cette thèse de la séparation de deux processus jusqu'alors attachés l'un à l'autre consiste à comparer l'échange moderne, tel qu'il est conçu par les économistes et l'échange traditionnel tel qu'il nous est présenté par les anthropologues.[9] On connaît bien la fable d'Adam Smith qui fait de la propension, naturelle chez l'homme, à troquer et à échanger le fondement de la richesse et de la division

social comme l'entend Durkheim ne doit pas être identifiée à la division du travail, au sens où Adam Smith et les économistes utilisent le terme, il est, je crois, préférable pour des raisons analytiques d'adopter une expression qui rend moins faciles les glissements entre l'un et l'autre phénomène.

9   Pour les anthropologues je m'inspirerai essentiellement de Hocart (op.cit.) et de travaux récents de Daniel de Coppet. Cf. «La monnaie dans la communauté Aré'aré. Les relations sociales en forme de totalité». In: Michel Aglietta, André Orléan (ed.), *Souveraineté, légitimité de la monnaie*, Paris, Association d'économie financière, Caisse des dépôts et consignations, 1995, p. 215-250, particulièrement p. 242sq.

du travail. Contre cette image naïve des uns échangeant leur trop de moutons contre les surplus d'haricots des autres, les anthropologues rappellent que les échanges traditionnels ne se déroulent jamais ainsi. Depuis l'*Essai sur le don*, nous savons que les échanges traditionnels ne sont pas libres mais socialement contraints. De plus, ceux-ci n'ont pas lieu entre des producteurs indépendants intervenant sur un marché, mais entre des agents en tant qu'ils appartiennent à différents groupements sociaux. En ce sens, il y a une ressemblance entre les échanges économiques et, par exemple, ce que l'anthropologie des systèmes de parenté nomme les rapports entre preneurs et donneurs de femmes. L'économie ne constitue pas une forme d'activité différente des autres types de relations sociales. Il y a aussi dans l'échange traditionnel un rapport particulier entre un produit et les producteurs qui l'échangent. Ainsi, la monnaie de perles utilisée par les Aré'aré est fabriquée par les Langa'langa qui ne l'utilisent pas eux-mêmes, mais la troquent contre des produits de l'élevage et de l'agriculture, activités qu'ils ne pratiquent pas, de même que les Aré'aré ne fabriquent pas la monnaie rituelle de perles qui est indispensable à leur vie sociale et religieuse.[10] Ce qui me semble important dans ces exemples que nous rapportent les anthropologues, c'est que la spécialisation productrice est inséparable des différences classificatoires qui déterminent l'identité des agents. Comme l'avait déjà vu Hocart, et comme l'a bien montré à sa suite Lévi-Strauss,[11] les différences sociales sont ici inséparables d'un processus d'identification par lequel l'individu, ou le groupe, est associé à une entité extérieure à la société, entité naturelle et/ou mythique[12]. C'est par cette identification, que Lévi-Strauss définit comme une mise en rapport entre deux types de classifications, une classification naturelle et une classification sociale, que la différence sociale, selon lui, acquiert sa stabilité. Les individus et les groupes dans l'échange traditionnel sont très souvent associés par des différences classificatoires aux produits qu'ils échangent. Dans des cas comme ceux-ci, entre différentiation sociale et différences sociales, le lien est simple et étroit. Les échanges traditionnels sont inséparables, non seulement de la spécialisation et de la différentiation des fonctions sociales, ce qui va de soi, mais aussi du processus d'identification à l'Autre par lequel les individus et les groupes se distinguent. On peut alors penser que ce n'est pas la propension naturelle à troquer et à échanger qui est première, mais plutôt que ce sont les prescriptions rituelles obligeant les clans à chasser un animal ou à produire la plante totem tout en leur interdisant d'en consommer qui bien souvent forcent les hommes à échanger.

---

10 Cf. ibid., p. 242sq.
11 Claude Lévi-Strauss, *Le Totémisme aujourd'hui*, Paris, PUF, 1962.
12 Ce qui indique qu'il y a un lien étroit, comme on pouvait s'en douter, entre ce que j'ai nommé la différentiation externe et les différences sociales.

C'était, on s'en souvient, l'hypothèse de Hocart, qui voyait dans le rituel l'origine unique dont s'étaient peu à peu détachées les différentes institutions réalisant des fonctions sociales déterminées. Cette différentiation progressive étant, selon lui, le résultat de ce qu'on peut considérer comme une hypothèse nulle. C'est-à-dire que, du point de vue de Hocart, un système social abandonné à lui-même devrait évoluer vers une plus grande différentiation. En effet, si l'état original est celui où les différences sociales et la différentiation sociale se recoupent presque parfaitement, il n'y a pas lieu de penser que celui-ci est stable. Car si on comprend aisément comment une première classification des différences entre les groupes et les agents a pu être l'occasion de la différentiation primitive des fonctions sociales, tout porte à croire que l'approfondissement de celle-ci n'épousera pas spontanément la structure de la classification préexistante. La raison en est que ces divisions étaient à l'origine rituelles, mais qu'elles seront par la suite exploitées et développées en fonction de leur propre intérêt par ceux qui en ont hérité.[13] Selon Hocart, c'est ce processus renvoyant à l'intérêt particulier des groupes et des personnes qui a amené la spécialisation des tâches que nous connaissons aujourd'hui et qui a détruit l'hérédité des charges. La spécialisation des fonctions sociales, selon lui, n'a cependant jamais entièrement rompu les amarres avec les différences sociales; les différentes charges religieuses, administratives, politiques conservant une valeur symbolique qui continue à s'attacher à ceux qui les occupent.

Or, il suffit de lire un texte comme *La Richesse des nations* pour reconnaître que l'économie de marché moderne effectue une rupture radicale entre les classifications, les différences sociales et la différentiation des fonctions. Toutes les critiques que Smith adresse aux corporations, ou aux lois sur les pauvres, lesquelles condamnent les indigents à ne pouvoir travailler que dans leur paroisse d'origine, de même que celles qu'il formule à l'encontre des privilèges royaux ou traditionnels, associant certains labeurs et certains métiers à des groupes déterminés, peuvent et doivent être comprises comme des plaidoyers en faveur de la rationalisation de l'économie. Néanmoins, elles constituent aussi une rupture définitive avec les anciennes coutumes qui maintenaient un lien entre la classification sociale et les divisions de la production et de l'échange. Dorénavant, l'échange, plutôt que de refléter une classification sociale pré-existante, deviendra lui-même, par le biais de la richesse, le moteur de la classification sociale. Il est clair qu'il en résulta une transformation du sens et de la valeur de la monnaie qui, de simple signe qu'elle était, devint créatrice de ce dont elle était le signe. Le marché du travail s'il exige, comme on l'a souvent remarqué, la libre circulation des travailleurs dans l'espace physique, requiert aussi que soient démantelés les liens qui attachent divers groupes à des produits particuliers, ou à des professions et à des occupations précises. Ces liens

---

13   Pour Hocart, en effet, les premières classifications étaient héréditaires.

Emotions

doivent peu à peu perdre leur force d'obligation, pour ne plus exister que comme correspondance statistique, relevant de facteurs qu'on qualifiera parfois historiques ou traditionnels. Facteurs qui ne constitueront plus à proprement parler un empêchement, mais simplement l'explication d'une distribution statistique particulière.

3. Les émotions

Or, l'époque de l'apparition de l'économie de marché moderne est aussi le moment où s'opère une redéfinition de la problématique des passions et des émotions;[14] au plan strictement philosophique d'une part, mais aussi dans leurs dimensions éthiques et politiques. Je m'explique: jusqu'aux 17ème et 18ème siècles les passions jouent, par rapport au politique et au moral, un rôle tout à fait différent de ce qu'il deviendra après. A travers toute l'antiquité, c'est, dans une large mesure, sous la catégorie de la rhétorique qu'est pensée la dimension politique et sociale des passions. En effet, les émotions sont vues comme les moyens ordinaires de l'activité politique et la rhétorique comme la technique par excellence à la disposition de l'homme d'action afin de les utiliser et de les mobiliser à son avantage.[15] C'est à cette compréhension des passions que fait écho la réaction stoïcienne, laquelle lie les émotions à l'activité publique et justifie le refus de l'engagement politique par le souci de la tranquilité de l'âme, comme on peut le voir par exemple au début du traité *De la république* de Cicéron.[16] Dans cette tradition, les passions sont essentiellement sociales et publiques. Elles sont partagées, et c'est justement à ce partage des émotions avec les autres que le Stoïcien est invité à renoncer en abandonnant les affaires publiques. Mais si les émotions sont inséparables de la vie politique, elles ne sont pas vues pour autant comme un obstacle à son juste fonctionnement. Comme le montre clairement la lecture du livre VIII de la République, selon Platon, ce ne sont pas les passions qui détruisent les régimes politiques, mais les mauvais régimes qui se reconnaissent à ce qu'ils favorisent la multiplication des passions viles et basses.[17]

---

14 A ce sujet cf. Susan James, *Passion and Action. The Emotions in Seventeenth-Century Philosophy*, Oxford, Clarendon Press, 1997. Le livre de Remo Bodei, *Géométrie des passions. Peur, espoir, bonheur: de la philosophie à l'usage politique*, Paris, PUF, 1997, témoigne aussi, quoique de façon indirecte, de ce phénomène.

15 Malgré leur modernisme, c'est dans une large mesure à cette manière de comprendre les passions que se rattachent encore des auteurs comme Machiavel ou François Guichardin. Leur différence essentielle par rapport à l'antiquité réside dans l'importance beaucoup moins grande qu'ils accordent à la rhétorique. Réduction de l'importance de la rhétorique qui s'explique, en grande partie, par des raisons liées aux différences de structure politique entre les cités antiques et les villes de la renaissance italienne.

16 Cicéron, *De la république*, Paris, Garnier-Flammarion, 1965.

17 Platon, *La République*, Québec, Bélisle, 1964.

Indissociables de la vie publique, les passions ne posent pas au pouvoir des problèmes insolubles. Elles ne mettent en danger ni sa stabilité, ni sa légitimité.

A partir du 17ème siècle on commence à trouver, chez des auteurs comme Hobbes ou Spinoza, une toute autre conception des conséquences politiques et morales des passions. Hérités d'une tradition de moralistes religieux, active depuis environ le début de la Réforme, les penseurs politiques du 17ème siècle vont voir dans les passions et les émotions des obstacles à la paix civile. Même si certains divisent parfois les passions en mauvaises et en bonnes, c'est-à-dire passions nuisibles et passions utiles à la vie en société, ces dernières ne le sont généralement que par leur convergence avec ce qu'enseigne la raison. Car la dichotomie qui prend le devant de la scène au 17ème siècle est l'opposition entre les passions et la raison, laquelle remplace l'ancienne distinction entre les diverses parties de l'âme héritées du platonisme. Sans m'attarder sur les raisons théologiques, ainsi qu'aux bouleversements du paysage philosophique qui expliquent en partie cette transformation, je veux surtout attirer l'attention sur le changement qu'elle représente au niveau de l'évaluation politique des passions. Premièrement, de publiques et contagieuses qu'elles étaient, les émotions ont tendance à devenir des événements privés et individuels, des défauts de la personne, plutôt que des caractéristiques de la vie publique dont on peut se protéger en se retirant d'elle.[18] Deuxièmement, ces défauts, marques de la finitude humaine et signes de notre échec à être parfaitement rationnels, constituent des obstacles à la vie en société, des tendances individuelles universelles qu'il faut courber et dompter afin de la rendre possible.

Un siècle plus tard, l'évaluation changera de nouveau et les sentiments moraux deviendront les fondements de la vie morale et sociale. Les passions violentes seront remplacées par des sentiments plus doux. La sympathie, ou la bienveillance, deviendront le paradigme de l'affect et l'étalon à laquelle mesurer son influence sur la vie sociale. Les sentiments sont conçus au 18ème siècle comme des dispositions universelles des agents, sur lesquelles se construit l'ordre politique, alors que les passions étaient vues au siècle précédent comme des caractéristiques individuelles communes qui au contraire menaçaient sa stabilité. Nonobstant cette différence, les deux époques partagent l'idée que l'ordre social repose sur une certaine économie des passions ou des émotions (ou des sentiments) conçues comme des dispositions individuelles universelles. Toutes deux

---

18 Il est clair que cette transformation a été progressive. Des auteurs comme Montaigne et Hobbes appartiennent clairement encore en partie à la tradition ancienne. Le premier, parce qu'il considère, comme les anciens, que les passions sont des accidents de la vie publique dont il n'est meilleure façon de se protéger que de vivre une vie recluse. Le second parce qu'il continue dans une large mesure à catégoriser les passions comme des événements publics et collectifs, catégorisation qui est implicite dans la rhétorique antique, mais à l'opposé d'elle, il fait des passions des menaces à la vie politique.

ont abandonné la conception antique des passions comme des accidents normaux de la vie publique, comme des phénomènes sociaux plutôt qu'individuels.

Cette transformation dans la compréhension des passions et des émotions, je l'ai dit, accompagne dans le temps la naissance de l'économie de marché et le processus d'autonomisation de la différentiation des fonctions par rapport aux différences sociales. Or, cette coïncidence historique ne me semble pas tout à fait accidentelle. En effet, dans un livre récent,[19] j'ai proposé l'idée que l'affect constituait un mécanisme de coordination intra-spécifique fondamental à notre existence comme êtres sociaux. Au sein de ce mécanisme, ce que nous nommons les émotions constituent des moments saillants; c'est-à-dire des points forts d'accord – ou désaccord. Les régulations traditionnelles de la vie sociale, celles qui sont liées aux différences sociales, codifient et encadrent ce mécanisme. Dans ces conditions les émotions apparaissent à leur place. Elles surgissent dans un cadre qu'elles ne remettent que fort rarement en cause. Plus précisément, l'affect semble indissociable des situations sociales au sein desquelles il surgit. Dans les interrelations qui, au contraire, se déroulent à l'extérieur de cette discipline traditionnelle, c'est-à-dire dans les relations qui échappent à cette codification des rôles et des fonctions, l'affect et la rationalité apparaîtront comme les seuls moyens de gérer les rapports à l'autre. C'est de la multiplication de ce genre de situation résultant du développement de l'économie de marché moderne que témoigne la nouvelle façon de voir et de comprendre les passions et les émotions qui s'est mise en place à partir des 17ème et 18ème siècles et qui, dans une large mesure, est encore la nôtre.[20]

---

19 Paul Dumouchel, *Émotion. Essai sur le corps et le social*, Paris, Synthélabo, 1995.
20 Cf. aussi Adam B. Seligman, *The Problem of Trust*, Princeton, Princeton University Press, 1998, qui défend une thèse similaire au sujet du rôle de l'économie de marché dans le développement des rapports affectifs dans l'ordre social moderne. Sauf que Seligman ne voit pas le lien en rationalité et émotion.

Paul Dumouchel

Zusammenfassung

Der Text vertritt die These, daß die mit der Entwicklung der Marktwirtschaft einhergehende soziale Differenzierung untrennbar mit einem sich immer deutlicher artikulierenden Rekurs auf die die soziale Ordnung zugleich begründenden wie regulierenden Gefühle verbunden ist. In diesem Sinne sind die wirtschaftliche und politische Rationalisierung sowie der moralische Appell an die Gefühle keine entgegengesetzten Gesichtspunkte, sondern komplementäre Aspekte ein und desselben gesellschaftlichen Transformationsprozesses.

Le don comme paradigme et comme problème
L'exemple de l'histoire de la protection sociale en France

de Philippe Chanial

Quelle pourrait être aujourd'hui la place d'une réflexion fondamentale sur l'économie si ses nécessités, ou plus précisément celles de l'économie de marché, sont pensées comme autant de fatalités? Quelle part pourrait y jouer la réflexion et le savoir anthropologique? Ce fatalisme, cette insistance sur le poids des «nécessités économiques» est à l'évidence indissociable des postulats de base de la pensée néo-classique qui domine le champ économique, notamment le postulat de la naturalité du marché et par là même de l'universalité de la figure de l'*homo oeconomicus* et du calcul utilitaire. A l'encontre de tels postulats fondateurs de l'hégémonie économiste, contre cette myopie propre au regard exclusivement marchand du savoir économique dominant,[1] l'anthropologie a su montrer, il y a bien longtemps déjà – songeons aux travaux de Mauss ou Polanyi –, le caractère historique et singulier de l'économie de marché et de cette figure de l'animal économique.

Néanmoins l'interrogation anthropologique ne saurait se réduire à un anti-utilitarisme exclusivement négatif, au principe d'une critique historiciste ou relativiste des prétentions de notre modernité marchande à l'universalité. Elle ne s'achève pas dans l'opposition tranchée entre la naturalité supposée du marché et la relativité des systèmes économiques, entre une représentation de l'homme d'une part mû par ses seuls intérêts, d'autre part soumis aux effets fusionnels de sa communauté ou soumis aux conditionnements de sa culture.[2]

Au contraire, dans la tradition de Durkheim, Mauss ou même Polanyi, l'interrogation anthropologique vise, par la comparaison des différentes sociétés humaines, à construire une science sociale douée d'une pertinence et d'une validité universelle, une science sociale, suggère Mauss, propre à «dégager le caractère non plus seulement historique mais naturel, inhérent à la nature sociale de l'homme de certaines institutions et modes

---

1 Cf. Jean-Michel Servet, «Monnaie et lien social selon Karl Polanyi». In: Jean-Michel Servet et al., *La Modernité de Karl Polanyi*, Paris, L'Harmattan, 1998, p. 227-260.
2 Cf. Gérald Berthoud, «Repenser le „double mouvement"». In: Ibid., p. 363-381.

de représentations».³ Si cette anthropologie s'oppose à la démarche de l'analyse économique, c'est moins dans les termes de ces confrontations convenues individualisme/holisme, universalisme/relativisme, etc. Sa critique de la démarche économique constitue d'abord une critique de la perspective strictement déductive qui est la sienne. A cette démarche qui pose l'universalité de l'intérêt comme mobile principal de l'action humaine («l'axiomatique de l'intérêt» dans les termes d'Alain Caillé⁴), elle suggère de substituer une démarche inductive qui, partant de l'idée de l'existence d'éléments communs aux sociétés archaïques et modernes, vise à dégager, par la comparaison, les principes propres à la nature humaine, les propriétés universelles de la socialité humaine.⁵

1. De l'homme total au fait social total: le paradigme du don

En ce sens, contre le réductionnisme propre au formalisme économique, cette anthropologie propose d'établir une «vue totale de l'homme»,⁶ rappelant ainsi que cet «homme total»⁷ est un homme complexe, irréductible à la figure simplifiée de l'*homo oeconomicus*. D'où l'hypothèse polanyienne d'un «mélange des motivations» au principe des différents systèmes économiques et, dans le même esprit, l'hypothèse durkheimienne, dans *Les Formes élémentaires de la vie religieuse*, d'une tension irréductible de l'*homo duplex* entre l'idéal moral (ensemble des «sentiments partout réservés à ce qui est divin», de «fins impersonnelles, universalisables», «synonyme de désintéressement, d'attachement à autre chose qu'à nous-mêmes») et le mobile utilitaire («nécessairement égoïste» puisque «son objet n'est que notre individualité seule»).

Mais plus que Durkheim ou Polanyi, c'est Mauss qui a su le plus systématiquement mener cette anthropologie de l'homme total. Ce caractère hybride de la nature et de la sociabilité humaine, Mauss le condense dans ce fait résolument total que constitue le don. Le don pour lui exprime cette tension: il ne se résout ni à une prestation purement libre et gratuite ni à l'échange intéressé de l'utile. «C'est une sorte d'hybride», ne cesse-t-il de rappeler.⁸ S'y mêlent les quatre principes constitutifs de l'action humaine: l'intérêt/le désintéressement, l'obligation/la liberté. Toute la profondeur anthropologique de la découverte de Mauss est ici: dans et par le don s'affirment conjointement

---

3   Marcel Mauss, *Œuvres*, vol. 3, Paris, Editions de Minuit, 1969, p. 182.
4   Cf. Alain Caillé, *Splendeurs et misère des sciences sociales*, Genève, Droz, 1986.
5   Cf. Gérald Berthoud, «„Recomposer le tout". Le pluralisme méthodologique de M. Mauss». In: *La Revue du MAUSS semestrielle*, 10, 2ème sem., 1997, p. 221-240, particulièrement p. 227.
6   Cf. Karl Polanyi, «Our Obsolete Market Mentality». In: *Commentary*, 3, 1947, p. 109-117.
7   Cf. Marcel Mauss, «Essai sur le don». In: Idem, *Sociologie et Anthropologie*, Paris, PUF, 1989; Bruno Karsenti, *L'Homme total. Sociologie, anthropologie et philosophie de M. Mauss*, Paris, PUF, 1997.

Le don comme paradigme

l'autonomie personnelle du sujet et son appartenance sociale; dans et par le don s'articulent la poursuite de l'avantage individuel et l'ouverture à autrui par des actes généreux. Mauss peut ainsi suggérer de constituer la triple obligation de donner, de recevoir et de rendre comme la matrice universelle de toute socialité humaine. «Fondement même du droit», «principe même de la vie sociale normale», «morale éternelle», commune aux sociétés les plus évoluées comme à celles qui le sont moins, avec le don note l'auteur, «nous croyons avoir trouvé ici un des rocs humains sur lesquels sont bâties les sociétés».[9]

Revenons alors à l'économie et poursuivons l'analyse de Mauss. Quelle est ici la valeur heuristique d'une telle démarche? Ce questionnement anthropologique permet d'abord de rendre nos sociétés contemporaines étranges, singulières au regard de l'histoire longue des sociétés humaines. Singularité, explique Mauss, de sociétés fondées sur l'échange marchand, dominées par la figure de l'*homo oeconomicus*: «L'*Homo oeconomicus* n'est pas derrière nous mais devant nous. [...] L'homme a été longtemps autre chose et il n'y a pas bien longtemps qu'il est une machine, voire une machine à calculer». En ce sens la démarche anthropologique participe d'une généalogie de la rationalité utilitaire. Elle nous rappelle que seule la modernité postule la légitimité absolue de l'enrichissement monétaire voire même son caractère obligatoire, que seule la modernité postule la vérité du marché et du calcul utilitaire.

Mais cette enquête ne s'achève pas par cette expérience de l'étrangeté et de la singularité de la modernité occidentale, elle invite à réintégrer nos sociétés dans une continuité anthropologique déniée. Mauss ne cesse de le rappeler: «nous n'avons pas qu'une mentalité de marchands»; «ce sont nos sociétés d'Occident qui ont, très récemment, fait de l'homme un animal économique. Mais nous ne sommes pas encore tous des êtres de ce genre»; «nous sommes heureusement éloignés de ce constant et glacial calcul utilitaire» ...

Bref, les sociétés sauvages (et l'analyse anthropologique) nous permettent de comprendre que nous ne sommes pas et n'avons jamais été totalement «modernes»[10] et qu'il en est bien ainsi. Ou, pour le dire autrement, que les sociétés modernes, marchandes, ne nous livrent pas l'énigme de la nature humaine, une nature intéressée, égoïste que les symbolismes traditionnels auraient tenté de nous dissimuler. La Modernité marchande

---

8   Marcel Mauss, «Essai sur le don», art. cit., p. 267.
9   Ibid., p. 148. S'y exprime utilement l'anti-utilitarisme positif, pratique, des Anciens et des Modernes: «Ainsi, d'un bout à l'autre de l'évolution humaine, il n'y a pas deux sagesses. Qu'on adopte donc comme principe de notre vie ce qui a toujours été un principe et le sera toujours: sortir de soi, donner librement et obligatoirement; on ne risque pas de se tromper.» Ibid., p. 265.
10 Pour reprendre une formule de Bruno Latour (*Nous n'avons jamais été modernes. Essai d'anthropologie symétrique*, Paris, La Découverte, 1991).

ne constitue pas l'expérience d'un dévoilement, mais bien plutôt d'une disjonction de ce que les sociétés traditionnelles s'étaient efforcées de garder lié. Notre «mentalité froide et calculatrice», nous explique Mauss, ne repose-t-elle pas sur la disjonction, la séparation, la polarisation entre le registre de l'intérêt et celui de la gratuité ou du désintéressement, le pôle des personnes et celui des choses (droit personnel/droit réel)? Si la leçon des sauvages mérite encore d'être entendue, c'est avant tout dans la mesure où ils avaient tenté d'articuler ces registres, comme ils liaient ensemble le sacré et le profane, les dieux et les hommes, le politique et l'économique, la splendeur et le calcul.[11] Dans un tel contexte, moderne, de polarisation, le don devient presque impensable. Alors que Mauss nous invite à le constituer en paradigme,[12] il semble constituer avant tout un problème.

Si le savoir anthropologique doit encore jouer sa partie dans la critique de l'hégémonie économiste, il est peut-être nécessaire d'esquisser quelques voies pour sortir d'une telle impasse. Dans ce but, tout en rappelant plus précisément en quoi le don constitue un problème pour les modernes, je souhaiterai en souligner quelques vertus paradigmatiques. Je tenterai de défendre la fécondité du paradigme du don sur une question qui n'est pas immédiatement une question économique, la protection sociale. Pourtant ce qui la menace, hier comme aujourd'hui, c'est justement qu'elle soit pensée et mise en œuvre dans des catégories exclusivement économiques. Si, par la protection sociale, s'exprime ce questionnement permanent des sociétés sur l'énigme de leur cohésion, s'y révèle leur capacité (et leur incapacité) à lier leurs membres au sein d'un espace commun, alors la relativité des dispositifs symboliques et institutionnels qui en jalonnent l'histoire révèle une vérité plus générale sur les fondements du lien social; vérité qui contredit l'axiomatique de l'intérêt.[13] Aucun système de protection sociale n'a pu s'instituer historiquement sur un principe exclusif d'équivalence, sur l'unique registre du calcul utilitaire. Bref, l'histoire de la protection sociale nous rappelle qu'aucune société ne se fonde durablement sur la pure contractualité. C'est en ce sens que je souhaiterai mobiliser le paradigme anthropologique du don pour argumenter une critique de l'hégémonisme économiste.

2. La double inconcevabilité du don pour les Modernes

Cependant une telle entreprise est périlleuse, tant la figure du don, dans la Modernité, constitue une figure presque impensable. Avant de constituer un paradigme possible, le

---

11 Cf. Alain Caillé, *Don, intérêt et désintéressement*, Paris, La Découverte, 1994.
12 Cf. Alain Caillé, «Ni holisme ni individualisme mèthodologique. Marcel Mauss et le paradigme du don». In: *La Revue du MAUSS semestrielle*, 8, 2ème sem., 1996, p. 12-58.
13 Cf. Philippe Chanial, «Donner aux pauvres». In: *La Revue du MAUSS semestrielle*, 7, 1er sem., 1996, p. 12-58.

Le don comme paradigme

don constitue un problème pour les modernes. Comme le montre Alain Caillé,[14] une double injonction faite aux hommes des sociétés modernes, injonction d'être à la fois radicalement égoïstes (travailleurs et accumulateurs, dépensiers et jouisseurs: versant à la fois ascétique et hédoniste de la modernité) et parfaitement désintéressés et généreux (versant altruiste et moraliste). Dans ce contexte de polarisation entre réalisme cynique et idéalisme intransigeant, entre une figure de la subjectivité par définition égoïste et avare, repliée sur soi, «narcissique», et une générosité impossible puisque par définition absolument désintéressée, le don ne peut qu'apparaître inconcevable. Plus précisément, dans une perspective théorique, le don est doublement inconcevable: déduit de la loi de l'intérêt («l'intérêt au désintéressement» selon Bourdieu[15]), le don n'est que simulacre et mensonge social; de déduit de la logique de l'altruisme et de l'agape,[16] il est improbable ou impossible, voire la figure même de l'impossible.[17]

Cette disjonction radicale n'est pas sans conséquence dès lors que l'on se propose de penser les fondements symboliques et les dispositifs institutionnels qui jalonnent l'histoire de la protection sociale sous le paradigme du don. Si le don n'est rien d'autre qu'une illusion, voire une idéologie, le masque généreux de conduites intéressées, alors le secours aux pauvres, sous toutes ses formes, aurait comme ultime vertu de dissimuler des jeux subtils d'intérêts et de pouvoir que l'analyse aurait pour mission de dévoiler. A l'inverse, si l'on privilégie la gratuité du don, l'analyse célébrera avec émotion ces rares et précieux moments historiques d'une générosité sincère à l'égard des pauvres. L'analyse et l'interprétation de l'aumône chrétienne, du don charitable en constitue une expression symptomatique.

La première interprétation, la plus répandue, consiste à dénoncer dans le don charitable une gigantesque hypocrisie. L'«éloge de la charité» propre au Moyen Âge, et sa conséquence, «l'éloge de l'aumône», explique Geremek,[18] n'aurait pour but que d'offrir aux plus riches la possibilité d'obtenir leur salut et de justifier idéologiquement leur richesse. Moyen de salut, résultant d'un calcul utilitaire, comptable et intéressé, l'acte caritatif ouvre les portes du paradis puisque les pauvres en seraient les portiers. Il assure en même temps la justification du nanti. Il est donc indissociablement mystique et mystification de l'asymétrie sociale. Peu de mystères dans cette affaire dès lors que l'on privilégie le pôle de l'intérêt. Toutes les choses sont à leur place: d'un côté le désintéressement du nanti assure le salut de ce dernier, de l'autre la patience du pauvre lui ouvre les portes du ciel. Derrière le don, il faudrait découvrir un véritable «contrat social»

---

14 Alain Caillé, *Don, intérêt et désintéressement*, op.cit.
15 Cf. Pierre Bourdieu, *Le Sens pratique*, Paris, Editions de Minuit, 1980.
16 Cf. Luc Boltanski, *L'Amour et la justice comme compétence*, Paris, Métaillé, 1990.
17 Cf. Jacques Derrida, *L'Impossible*, Paris, Galilée, 1991.
18 Bronislaw Geremek, *La Potence ou la pitié*, Paris, Gallimard, 1987.

entre Dieu et les hommes, contrat par lequel s'échangent richesses terrestres et salut céleste. *Do ut des*. Qui donne aux pauvres prête à Dieu. Existe-t-il des placements plus fructueux?

Il serait absurde de nier cette dimension d'intéressement et de conditionalité au cœur du don charitable, le riche ne donnant que dans la mesure où il compte bien qu'il lui soit rendu, donc qu'à condition que son geste lui rapporte ici-bas et surtout dans le Royaume. Néanmoins, cette logique utilitariste épuise-t-elle la signification du don charitable? Le don charitable est-il réductible à l'économie du salut?

Selon une seconde interprétation, le don charitable peut au contraire participer d'une forme d'inconditionalité et de gratuité radicale. De nombreux historiens ont souligné en quoi la prédilection mystique pour la pauvreté, propre à «cette révolution de la charité» au XIIème siècle, se fondait sur la dévotion au Christ.[19] S'il faut donner au pauvre, c'est parce que le pauvre est la réplique du Christ souffrant. Par ce jeu d'identifications emboîtées, pratiquer la charité, aller à la rencontre des pauvres, c'est aussi rencontrer Dieu, présent dans les autres et plus spécialement dans les plus déshérités, ce Dieu pôle ultime de l'inconditionné. L'aumône apparaît dès lors comme une exigence, un devoir sans limite et sans condition, sans exigence aucune de contrepartie. Le don véritable est un don total. Ainsi Saint François donne tout, jusqu'à se dépouiller entièrement, en plein centre d'Assise, de ses vêtements. Don de tout, mais surtout don de tous à tous. Le Pauvre d'Assise, «débarrassé par son indigence du raisonnement „donnant/donnant", fera l'aumône au riche comme au pauvre, ainsi qu'aux voleurs». Point de contrat social ici entre le riche et Dieu, sur le mode d'un «Donne et je te rendrai». L'aumône est avant tout un geste d'amour inconditionné.

Au lieu de rester prisonnier de cette disjonction proprement moderne, pourquoi, tel est le sens du paradigme du don, ne pas simplement souligner à la suite de Mauss que le dispositif, complexe, du don charitable constitue un mixte de désintéressement et d'intéressement, d'obligation et de liberté, ces quatre principes constitutifs de l'action humaine. Ce dispositif ne peut se définir que comme tension, tension entre le pôle du désintéressement, l'ouverture à autrui par des actes généreux, et le pôle de l'intérêt, cette exigence, également nécessaire, que l'on trouve son compte à donner. Simplement, cette tension, cette hybridation s'opère sous une forme hiérarchique: si le don n'est ni pure gratuité, ni simple masque dissimulant des calculs intéressés, c'est qu'il articule ses deux dimensions en englobant hiérarchiquement la seconde dans la première. Ainsi, si le don charitable a pu perdurer au moins jusqu'au XVIème siècle, c'est moins en vertu de sa fonction idéologique et de sa rentabilité escomptée en terme de salut qu'en raison de l'incitation, non sacrificielle, à donner qu'il a su mobiliser. Le discours chrétien n'a pas

---

19 Cf. André Vauchez, *La Spiritualité du Moyen Age occidental*, Paris, Le Seuil, 1994.

Le don comme paradigme

seulement su «intéresser» les puissants et les riches au sort des pauvres en promettant récompense à qui donne (l'intérêt au désintéressement de Bourdieu). Il a avant tout tenté d'instituer un «Nous»,[20] comme le tenteront, à leur tour, les révolutionnaires, puis les républicains, un espace symbolique où chacun a quelque chose à recevoir des autres et à leur donner, une fraternité où le pauvre bénéficie de droits particuliers. Sa singularité et sa force, c'est d'avoir postulé une solidarité potentiellement sans limite, sous la forme d'une communion universelle, si étrangère aux sociétés antiques ou guerrières.[21]

La figure historique du don charitable – qu'il ne s'agit pas de constituer, normativement, en modèle – exprime ainsi un principe général: la solidarité indispensable à tout rapport et ordre social ne peut émerger que de la subordination des calculs et des intérêts matériels à une règle symbolique (ici religieuse) qui les transcendent, qui les englobent (sans pour autant les négliger). Peut-être retrouve-t-on ici, dans un tout autre contexte, la leçon des sauvages: l'alliance entre les hommes suppose le refus de la stricte équivalence. Et le don, comme figure de ce principe anthropologique de non-équivalence, est peut-être archaïque, mais il ne l'est qu'au sens de son caractère fondamental de l'humanité et de la socialité de l'homme.

3. L'antinomie libérale contre le don: le registre de l'équivalence

La critique que peut offrir l'interrogation anthropologique, ici le paradigme du don esquissé, apparaît peut-être plus clairement. La critique de l'hégémonie de l'économisme constitue moins une critique, moralisante, de l'intérêt que de la primauté accordée à ce principe d'équivalence. Le paradigme du don permet alors de questionner la cécité presque principielle de la «raison libérale» à penser la question sociale.[22] Cette raison libérale est indissociable de l'hégémonie de discours et de pratiques qui posent que l'on a rien sans rien, qu'il n'y a pas de droit sans devoir, que tout mécanisme de redistribution doit obéir à cet ultime commandement libéral du donnant/donnant, du *do ut des*. La structure de la raison libérale est une structure antinomique. Cette antinomie libérale

---

20 Un «Nous» à l'évidence profondément hiérarchisé et assymétrique, comme le souligne bien Georges Duby étudiant *Les Trois ordres de l'imaginaire féodal* (Paris, Gallimard, 1978).
21 Bien sûr, il faudrait montrer, par un travail historique rigoureux, en quoi certaines périodes historiques radicalisent l'une des deux faces du don charitable, pourquoi c'est tantôt l'économie du salut, ou, comme nous l'avons suggéré pour les XIIème et XIIIème siècle, des formes plus généreuses de compassion ou de justice qui priment. La balance peut pencher, alternativement, dans un sens ou dans l'autre, mais jamais, nous semble-t-il, l'équilibre général ne se voit définitivement rompu. Cette rupture, c'est la Modernité libérale qui va l'inaugurer.
22 Cf. François Ewald, *L'Etat providence*, Paris, Grasset, 1986.

prend la forme suivante:[23] Ou bien chacun reçoit l'exact équivalent de ce qu'il donne: c'est alors l'échange, régi par le principe de l'équivalence, ou bien, il y en aura qui recevront plus qu'ils ne donnent et ceux-là, de quelque nom qu'on les désigne, sont des assistés, des parasites.

L'échangisme (donnant/donnant), et la critique du parasitisme, ainsi peut être résumée à grands traits la vieille théorie libérale de la justice. Le «reste» est hors-justice, appartient au domaine de la charité, volontaire. Prévoyance libre et volontaire/bienfaisance bien ordonnée de l'autre: le libéralisme a ainsi explicité parfaitement cette disjonction moderne du registre de l'intérêt (équivalence) et de celui de la gratuité.

La bienfaisance, qu'elle soit publique ou privée, incarne le pôle du désintéressement. Elle constitue une vertu, repose sur un sentiment, voire une grâce: elle doit donc rester volontaire, spontanée, libre. Le XIXème siècle est donc pénétré de ce refus de lier le donateur, surtout lorsqu'il s'agit de l'Etat, du refus de reconnaître le droit du pauvre à l'assistance, c'est-à-dire la dette de la société à son égard. En effet, refuser tout droit au pauvre, c'est refuser que ces secours, obligatoires, ne deviennent autant de primes à la paresse, d'incitations au parasitisme social.

La morale, et la politique libérale de la prévoyance et de la responsabilité individuelle, incarnent le pôle de l'intérêt, de l'équivalence. Désormais chacun est responsable de son sort, nul n'est fondé à se plaindre s'il n'a pris les précautions nécessaires, marques de son attitude responsable. Bien sûr, si la déchéance du pauvre, sa vieillesse, son infirmité est telle qu'il ne peut en aucun cas subvenir à ses propres besoins, alors la charité, particulière ou collective, interviendra et tendra la main au malheureux. Par contre, pour ceux qui ne le peuvent encore, la prévoyance les incitera à s'aider eux-mêmes, le seul devoir de la société étant d'encourager le travail et l'épargne.

Ainsi, si le pauvre fait problème, c'est qu'il réclame sans effort, qu'il exige sans donner. Or tant juridiquement que moralement, dans cette société libérale pour laquelle il n'y a de droit que celui régi par l'échange d'équivalents, le pauvre n'a donc aucun titre de créance à faire valoir.

Cette vieille théorie, et son anthropologie implicite, resurgit aujourd'hui. Tel est le sens de la substitution du *workfare* au *welfare* et plus généralement l'exigence désormais systématique que tout bénéfice de prestation sociale se paie de contreparties. L'échangisme parfait, ça sera pour les uns l'assurance et la prévoyance privée, pour les autres, le *workfare*, le travail obligatoire, seule alternative au parasitisme social. L'humanitaire et la philanthropie associative apportera un supplément d'âme à cette gigantesque comptabilité sociale. Or ce que nous paraît montrer l'histoire, c'est qu'aucun système de protection sociale n'a pu s'instituer historiquement sur un tel prin-

---

23   Cf. Charles Gide, Charles Rist, *Histoire des doctrines économiques*, Paris, Sirey, 1944.

cipe dogmatique d'équivalence (ni de pure générosité d'ailleurs). Chaque période où un tel principe a pu sembler régner – le «temps vertigineux des indulgences» décrit par Jacques Le Goff où l'Eglise s'engage dans cette infernale comptabilité du salut; l'âge d'or de la raison libérale jusqu'au tournant du siècle – a connu sa «grande transformation»:[24] la reconnaissance révolutionnaire du droit du pauvre et de la dette de la société à son égard, puis l'invention de la législation sociale républicaine et principalement du dispositif des assurances sociales des ordonnances de 1945. Pour le dire autrement, même menacé, à chaque étape, de dégradation utilitaire, la force de ces divers systèmes de protection sociale résulte de leur capacité à articuler, hiérarchiquement, intérêt et désintéressement, bref à retourner, selon la formule de Mauss, à /de «l'archaïque».

C'est bien dans une telle perspective que Mauss, dans sa conclusion à l'*Essai sur le don*, interprète le développement des caisses d'assistance, de chômage, des sociétés de secours mutuel, des coopératives de son temps. Ces pratiques collectives, issues du mouvement ouvrier, mais aussi «notre droit en gestation», le droit social et surtout les premières formes d'assurances sociales consistent en effet à «revenir en arrière». Ne s'exprime ici rien d'autre qu'un «retour au droit», à cette morale et à cette sagesse éternelle, celles de l'esprit du don. Mauss note ainsi: «les thèmes du don, de la liberté et de l'obligation dans le don, celui de la libéralité et celui de l'intérêt que l'on a à donner, reviennent chez nous, comme réapparaît un motif dominant trop longtemps oublié».[25]

Je voudrais, pour conclure cette esquisse de problématisation, proposer une interprétation de la législation française des assurances sociales, moins par souci d'historien que pour critiquer les interprétations de la crise contemporaine de la «société assurancielle» et les remèdes que certains lui préconisent.[26]

4. «*Tous pour chacun, chacun pour tous*»: *une lecture maussienne du dispositif des assurances sociales*

Comment interpréter les fondements anthropologiques du système moderne des assurances sociales? Pour l'exprimer plus précisément, pourquoi, par nos cotisations obligatoires, jouons-nous le jeu des solidarités sociales? N'est-ce pas par simple calcul égoïste que nous jouons ce jeu des solidarités? Aujourd'hui bien-portant, ma cotisation est un don aux mal-portants, mais demain, peut-être se révélera-t-elle un placement fructueux. Gratuit ou intéressé, la nature du don est déterminée par les lois de la probabilité. Mais, en aucun cas, la solidarité n'est première, elle n'est en fait qu'une

---

24 Cf. Karl Polanyi, *La Grande transformation*, Paris, Gallimard, 1983.
25 Marcel Mauss, «Essai sur le don», art.cit., p. 262.
26 Cf. principalement Pierre Rosanvallon, *La Nouvelle question sociale*, Paris, Le Seuil, 1995.

conséquence, un effet mécanique, non-voulu de calculs égoïstes. Telle est l'analyse de Pierre Rosanvallon: «l'assurance sociale fonctionne comme une main invisible produisant de la solidarité sans qu'intervienne la bonne volonté des hommes».[27] Cherchant à couvrir mes propres risques, le hasard fait de moi, malgré moi, un donateur généreux. Selon cette interprétation utilitariste, il n'est de don véritable que celui que l'on fait, indirectement, à soi-même. La cotisation n'est pas acquittement d'une dette, mais créatrice de droits de tirage: j'ai cotisé, donc j'ai droit. L'assuré social, dès lors qu'un risque se réalise (maladie, accident, chômage ...), est convié à exiger son dû, le fruit de son placement prévoyant. Laissons agir cette «main invisible de la solidarité» qu'assure cette pure technique de l'assurance. La société assurancielle peut ainsi être pensée sous la figure du marché, une gigantesque caisse d'assurance régie par la loi de l'intérêt et des probabilités.

Une telle analyse est plausible. Notre système de protection sociale ne protège-t-il pas d'abord ceux qui, par leur travail, contribuent à s'aider eux-mêmes en s'ouvrant des droits, résultant de leur contribution? Mais se résout-il pour autant à cette dimension contributive, d'une stricte équivalence, certes probabilitaire, mais qui, ainsi hypostasiée, ne parait guère se distinguer de la prévoyance libérale et du registre de l'assurance privée?

A cette interprétation utilitariste, qui nous est symptomatiquement contemporaine, on peut opposer celle des pionniers de l'assurance sociale sous la IIIème République. Mais plutôt que de rappeler l'argumentaire désormais bien connu des radicaux-socialistes solidaristes français comme Léon Bourgeois et Célestin Bouglé,[28] nous nous proposons de présenter une lecture des assurances sociales dans le camps qui était celui de Mauss, le camps socialiste. Jean Jaurès, on le sait moins, fut l'un des hérauts des assurances sociales modernes, notamment dans le débat interminable de la IIIème République sur les retraites ouvrières et paysannes (loi sur les ROP en 1910). L'analyse de Jaurès nous retiendra dans la mesure où elle nous apparaît profondément maussienne.[29]

Le système assuranciel va être défendu comme une troisième voie, contre la prévoyance et l'assistance. La prévoyance libérale ne constitue rien d'autre qu'une expression de l'échangisme libéral. C'est le principe d'équivalence: *do ut des* une, prestation pour une contre-prestation strictement équivalente. L'assistance ou la charité légale a,

---

27 Ibid., p. 26.
28 Cf. Léon Bourgeois, *Solidarité*, Paris, Colin, 1906; Célestin Bouglé, *Le Solidarisme*, Paris, Giard & Brière, 1907.
29 Nous nous appuyons ici sur divers discours parlementaires de Jaurès ainsi que, plus particulièrement, sur le discours qu'il prononça au 7ème Congrès national de la SFIO, les 7.-9.2. 1910. Cf. Jean Jaurès, *La Classe ouvrière*, Paris, Maspéro, 1976; Madeleine Rebérioux, «Jaurès et la loi sur les retraites ouvrières et paysannes» (1910). In: *Revue française des affaires sociales*, 3, 1996, p. 99-108.

Le don comme paradigme

quant à elle, toutes les caractéristiques du don empoisonné puisqu'il s'agit d'une prestation sans attente de réciprocité, fondamentalement asymétrique, qui écrase son bénéficiaire, en le soumettant à l'Administration. L'assurance incarne un dépassement de ce double registre, mais pour cela il s'agit de justifier un principe nouveau: la cotisation obligatoire, c'est à dire l'obligation de donner. Jaurès défendra une telle obligation, contre les libéraux mais aussi en partie contre son propre camp, pour deux raisons: l'obligation garantit la liberté de chacun et fonde solidairement le droit de tous.

Reprenons ces deux idées. Pour Jaurès, le principe de la cotisation obligatoire est essentiel dans la mesure où c'est cette obligation de donner qui constitue le meilleur rempart contre la servitude de l'assistance, qu'elle soit organisée par de charitables philanthropes ou même par un Etat bienfaisant, fut-il socialiste. Par cette possibilité de donner, le travailleur pourra relever le front, affirmer son égale dignité, son égale citoyenneté: «la vieillesse sera fière». Néanmoins, ce principe de la cotisation ouvrière, Jaurès ne le conçoit pas, conformément au registre libéral de la prévoyance, comme un simple titre de rente. Si le versement d'une cotisation ouvre un droit comparable à un droit de propriété, cette forme de propriété est singulière. Elle est irréductible à la propriété privée bourgeoise: elle est collective, sociale, mutuelle. C'est en effet par le don de chacun pour tous et de tous pour chacun que s'institue solidairement une propriété commune où chacun sera en droit de puiser. L'engendrement d'un tel droit est collectif, il présuppose cette réciprocité des dons. C'est un droit, dit Jaurès, «sanctionné par un sacrifice égal». Il faut donc d'abord donner pour que tous puissent recevoir et parce que tous cotisent chacun pourra recevoir. C'est le principe même de la mutualité («assurance de tous par tous, de chacun pour tous») qu'il s'agit, par l'obligation (l'obligation de donner), de rendre universel. En ce sens, le système assuranciel peut être analysé comme un espace de dons réciproques.

Ne retrouve-t-on pas ainsi ce caractère mixte et hybride du don? L'obligation ne s'oppose pas à la liberté, elle l'engendre. De même, le désintéressement (il faut d'abord donner, sans jamais être certain d'une contre-prestation au moins équivalente) ne contredit pas l'intérêt de chacun. Ce dispositif exige de chacun, pour le dire dans le langage très durkheimien d'un solidariste comme Célestin Bouglé,[30] qu'il perde son intérêt personnel (d'abord donner) pour le retrouver (d'une façon seulement probable) dans l'intérêt du groupe dont il est membre. On retrouve le paradoxe du don (perdre pour gagner) et sa dimension de pari qui le distingue du registre du calcul individuel d'utilité; et, plus généralement, cette donnée anthropologique fondamentale: le lien, la solidarité, la coopération ne s'instituent que d'un don premier, sans garantie. Comme le proposait Mauss, c'est donc bien sur le caractère mixte, sur le mélange, toujours en tension, des

---

30 Cf. Célestin Bouglé, *Le Solidarisme*, op.cit.,

mobiles que repose le don, dont la protection sociale moderne constitue bien un prolongement, comme il le suggérait en conclusion à l'*Essai sur le don*.

Je suis contraint ici à un propos allusif. Pour que celui-ci ne soit pas trop irénique, il faudrait montrer qu'il est des contextes historiques favorables à ce pari du don. Ainsi, ce n'est pas par hasard qu'un tel principe de mutualisation a pu prendre naissance très tôt au sein du monde ouvrier (et pour Jaurès l'assurance participe pleinement de la tradition ouvrière). De même, notre système de Sécurité sociale, universalisant, en partie au moins, ces pratiques, n'aurait jamais pu fonctionner sans une commune reconnaissance d'une égalité de principe, politique et morale, et non statistique, de tous face aux aléas de la vie. Et c'est cet impératif catégorique, ce principe de justice inconditionnel, cette sensibilité, renforcée au lendemain de la guerre à une commune citoyenneté, qui a permis cette révolution qu'a constituée l'institution de la Sécurité sociale. En ce sens, le don solidaire, appelons-le ainsi, n'a fonctionné que dans la mesure où il a su solliciter à la fois le sens social éclairé des citoyens, ses motivations extra-utilitaires, mais aussi, et secondairement, leur intérêt bien compris.[31]

Mais lorsqu'avant de s'engager, avant de donner, on fait déjà les comptes, lorsqu'on envisage de réformer la protection sociale en se demandant à qui elle profite, en stigmatisant celui qui reçoit sans donner, n'est-ce pas cette antinomie libérale qui resurgit aujourd'hui? Dès lors que, dans notre contexte de mondialisation, le registre de l'équivalence n'est plus contenu, réencastré dans un espace de gratuité, qu'il soit religieux ou politique, cette gratuité première du don fait scandale. Désormais on a rien sans rien, donnant/donnant. Qu'imposer alors en échange du bénéfice de la solidarité collective?

5. Crise de la société assurancielle et équivalence généralisée: du welfare *au* workfare

Telle est bien la question qu'affronte Pierre Rosanvallon dans son dernier ouvrage sur lequel nous allons conclure. Le diagnostic d'une crise définitive de la société assurancielle dressé par l'auteur est sans appel. La société assurancielle est sinistrée en raison de l'évolution même du social. Le social ne peut plus désormais s'appréhender unique-

---

31 Pour dire la même chose, mais dans des termes juridiques, nos systèmes de protection sociale doivent leur force à la conjonction de deux principes de justice. Un principe, d'abord, de nature distributive, ouvrant à un système de protection, mais aussi et indissociablement de redistribution entre riches et pauvres, qui vise avant tout à garantir à chacun un minimum vital. S'y greffe une seconde conception de la justice, commutative cette fois, selon laquelle la protection sociale apparaît alors, au même titre que la rémunération directe du travail, comme la contrepartie de l'apport de chacun à la société, comme un système de garantie de revenus tirés de l'activité professionnelle. Mais ces deux conceptions

Le don comme paradigme

ment en termes de risque, de risque assurable. Le risque semble davantage s'individualiser. Ainsi, les phénomènes d'exclusion, de précarité, de vulnérabilité définissent aujourd'hui des états stables, moins réversibles qu'autrefois; de même les progrès les plus récents de la médecine montrent que la maladie ressort davantage de causes organiques prévisibles (génétique médicale) ou de comportements individuels «aggravants» que du simple aléa ou de la malchance. Se déchire ainsi ce «voile d'ignorance», ce principe d'égalité des individus devant la réalisation, toujours aléatoire, des différents risques sociaux. Ce voile déchiré, c'est l'exigence de réversibilité et la logique de mutualisation des risques qui s'effondre: «ceux qui savent qu'ils seront épargnés par telle ou telle grave maladie très coûteuse accepteront-ils de continuer à payer les mêmes cotisations d'assurance-maladie que ceux qui sont génétiquement condamnés à développer cette affection?»; «que se passe-t-il quand on sait qui sont les riches et les pauvres?»[32]

Ce diagnostic brutal mérite d'être questionné. Ce qu'il suppose, c'est que notre système assuranciel n'a jamais fonctionné que comme une gigantesque caisse d'assurance, reposant sur une logique purement mécanique (la «main invisible de la solidarité») et sur un système de motivation sans contenu normatif autre qu'un trivial «j'ai cotisé, donc j'ai droit». Un tel système était voué à périr car, dès lors que l'opacité du social s'effrite, les cotisants font leurs comptes et découvrent qu'ils sont ou risquent d'être floués. Ils ne veulent plus donner. Mais le «voile d'ignorance», sauf à le ravaler à un simple dispositif technique, ne s'est pas déchiré tout seul du seul fait de l'accumulation brute d'informations sur les individus et les groupes. Si le calcul précède le don, si l'impératif républicain de solidarité nous convainc moins, c'est que nous sommes désormais moins sensibles aux exigences d'une commune citoyenneté, c'est qu'il nous est plus difficile de refuser d'accepter a priori toute différence, naturelle ou sociale. Cette dégradation utilitaire, comptable, de la protection sociale s'explique en partie par des raisons financières «contingentes», mais peut-être et surtout en raison du fait que le système des motivations extra-utilitaires où la France républicaine puisait ses réserves de sens semble désormais épuisé.

Le modèle «solidariste» alternatif que suggère Rosanvallon mérite d'être questionné. Ecartant définitivement le paradigme assuranciel, il privilégie une logique de solidarité. Mais, dans le même mouvement, il récuse cette logique inconditionnelle de l'assistance, d'ailleurs à juste titre, comme modèle général de protection sociale. Il lui faut alors redéfinir la solidarité de telle sorte qu'elle puisse trouver un substitut aux contributions qui fondaient le système assuranciel. Or s'il n'y a plus cotisation (dimension conditionnelle de l'assurance), qu'est-ce qui justifie désormais la reconnaissance de droits so-

non seulement se superposent, ce qui spécifie l'architecture de notre système de protection sociale, c'est la primauté de cette première dimension sur la seconde.

ciaux? S'ils ne peuvent plus être considérés comme un «retour de cotisations», ces droits sont ainsi voués à n'être octroyés que sous condition. Bref, dès lors que l'on abandonne le paradigme assuranciel, s'impose l'énorme question des «contreparties» exigées des individus en échange du bénéfice de la solidarité collective. A la comptabilité assurancielle de l'assurance, Rosanvallon substitue ainsi une «arithmétique civique», indissociable, «donnant»/«donnant», d'un système d'obligations conjointes.

Les conséquences pratiques de ce travail de redéfinition pour les exclus et les chômeurs apparaissent clairement: s'il ne peut désormais y avoir de droits sans obligations positives en contrepartie, ces obligations ne peuvent qu'être des obligations de «travail», d'«activité» que l'«Etat actif-providence» est tenu d'offrir. Seule cette obligation donnerait substance au droit des exclus comme un droit – mais n'est-ce pas plutôt un devoir? – à l'insertion, à l'utilité sociale.

Ce retour au langage des devoirs, devoirs de l'homme à l'égard de la collectivité, constitue ainsi pour l'auteur le principal outil de lutte contre l'exclusion et de réaffirmation du lien de citoyenneté. Ce débat n'est pas neuf, comme les perplexités qu'il peut légitimement provoquer. Le préambule de la Constitution française de 1946, qui fait toujours partie de notre droit positif, ne dispose-t-il pas que «Chacun a le devoir de travailler et le droit d'obtenir un emploi»? Deux juristes français de renom, Riveiro et Vedel, avaient déjà, au lendemain de la seconde guerre, pointé les périls de cette double affirmation: «Du droit à l'emploi, entendu comme le droit pour l'Etat d'imposer aux musiciens au chômage l'obligation de réparer les routes, peut facilement naître une autre institution: le service du travail obligatoire. L'interprétation n'est pas forcée: le devoir de travailler, la prise en charge par la communauté de „ceux que la situation économique met hors d'état" de le faire, combiné avec le droit d'obtenir un emploi, aboutiraient facilement à la possibilité pour l'Etat, d'employer des chômeurs à n'importe quoi, n'importe où.»

Ce qui menace le projet de Rosanvallon, c'est paradoxalement moins un abandon à la raison libérale qu'à un solidarisme radical (qui, dans ses conséquences ne s'en distingue guère) selon lequel l'individu n'aurait que des devoirs et non des droits, et que s'il ne travaille pas, ne produit pas, il sera voué à devenir cet être inutile que la société rejettera, tôt au tard, de son sein. Bien sûr, l'auteur est attentif aux risques, au cœur notamment du *workfare* américain, d'une «démocratie de surveillance». Néanmoins sa réinterprétation politique de la protection sociale pourtant nécessaire le conduit à repenser la citoyenneté dans les catégories antipolitiques et utilitaristes de l'obligation de travail et du «donnant/donnant».

---

32 Pierre Rosanvallon, op. cit., p. 55.

Le don comme paradigme

Il exclut ainsi, en le ravalant à un pur dispositif indemnitaire et assistanciel, toute perspective d'un revenu de citoyenneté inconditionnel. Or, le pari d'un revenu inconditionnel, si on ne le caricature pas trop, prétend faire face aux mêmes défis que ceux que l'auteur pointe avec force, à cette même exigence de repolitisation de la question sociale. L'enjeu est bien celui d'une commune citoyenneté, politique et sociale, indissociable d'une dimension d'obligation. Cependant ces deux positions reposent sur deux représentations opposées des formes d'engendrement de l'obligation sociale. La première repose sur la contrainte, corollaire d'une représentation de la société et de la socialisation où l'on a rien sans rien. La seconde suppose un pari sur la liberté. Pari de l'inconditionnalité, pari du don. Selon ce pari, paradoxal, seul celui qui se sait susceptible de recevoir inconditionnellement est capable de donner sans conditions et de participer, parce qu'il n'y est pas tenu, au développement d'activités sociales positives. Cette alternative, bien théorique, tant à la comptabilité assurancielle qu'à l'arithmétique civique, se propose d'investir cette force productive que constitue la solidarité, soit ce fondement extra-utilitaire du lien social et politique. Mais elle rappelle que cette solidarité, l'argent et le pouvoir ne peuvent ni l'acheter ni l'obtenir par la force. Peut-être parce qu'elle est ultimement indissociable de l'esprit du don.

Zusammenfassung

Kann man die symbolischen Grundlagen und institutionellen Rahmenbedingungen des (französischen) Sozialversicherungssystems mit Hilfe des Gabentauschparadigmas erklären? Der Aufsatz argumentiert, daß eine derartige Vorgehensweise – zumindest dann, wenn sie der von Mauss herausgearbeiteten Ambivalenz der Gabe, freiwillig und obligatorisch zugleich zu sein, Rechnung trägt – in der Tat allererst erhellt, um was es in den Diskussionen um das Sozialversicherungssystem eigentlich geht. Gegenüber der heute im Namen der Leistung üblich gewordenen Infragestellung dieses Systems – Stichwort workfare *– läßt sich mit Hilfe des Gabentauschparadigmas deutlich machen, daß die Grundlagen des Sozialen sich nicht im Vertraglichen oder dem Äquivalententausch erschöpfen. Allgemeiner gesprochen geht es darum, die anthropologische Refle-*

xion auf die Ökonomie wiederzubeleben und den «totalen Menschen», so wie er von Marcel Mauss und Karl Polanyi konzipiert worden ist, gegen die unzulässig vereinfachte Figur des homo oeconomicus *auszuspielen.*

Kooperation, Reziprokation und institutioneller Wandel

von Jachen C. Nett

1. Einführung

Konfrontiert mit der Varietät und Komplexität gesellschaftlicher Erscheinungsformen neigt die soziologische Analyse in der Regel zu einer in etwa ähnlichen Vorgehensweise: Es werden zunächst die besonderen Merkmale der zu untersuchenden Beziehungen herausgeschält, deren Unterschiede akzentuiert, um anschließend eine Reihe von Begriffen zu bilden, die ihrem Charakter nach mehr oder weniger dem entsprechen, was Max Weber mit seinem Konzept vom ‚Idealtypus' vorschwebte.[1] Nicht selten hat eine solche Vorgehensweise zum Ergebnis, daß dichotome Kategorien gebildet werden, die die beiden Extreme auf einem Spektrum denkbarer Ausprägungen des fraglichen sozialen Phänomens markieren. Grundsätzlich spricht nichts gegen die Konstruktion von Idealtypen dieser Art. Jedoch setzt dies voraus, daß die Eigenschaften, welche in einer bestimmten Kombination als Kriterium für die Differenzierung zwischen den beiden Idealtypen gewählt werden, nicht beliebig untereinander variieren können. Gerade diese Bedingung wird aber von den meisten und auch prominentesten dichotomisierenden Begriffspaaren, die sich in der sozialtheoretischen Diskussion festgesetzt haben, nicht erfüllt. Dies mag maßgeblich damit zusammenhängen, daß die eingangs erwähnte Komplexität sozialer Erscheinungen in Wirklichkeit nur wenig Spielraum läßt für die Entwicklung dichotomer Konzepte, die den Anforderungen begrifflicher Konsistenz genügen. Die unzureichende Konsistenz wird indes häufig dadurch verschleiert, daß die einander gegenübergestellten Kategorien gewöhnlich geradezu dem Alltagsverständnis zu entspringen scheinen. Ihren Erfolg verdanken sie dementsprechend auch einem weitgehend gleichbleibenden Grundmuster, das in gewisser Hinsicht ein diffuses Unbehagen gegenüber der «Moderne» widerzuspiegeln scheint: Den «urwüchsigen» und «natürlichen» Figuren menschlicher Gesellung, deren Genese analytisch kaum aufgehellt werden kann, werden jene sozialen Strukturen gegenübergestellt, die artifiziell, als Ergebnis planvollen Handelns und konstitutiver Entscheidung entstanden sind.

---

1 Cf. Max Weber, *Gesammelte Aufsätze zur Wissenschaftslehre*, Tübingen, J.C.B. Mohr (Paul Siebeck), 1988, p. 189sqq.

Die hier vorgebrachte Kritik richtet sich nicht nur gegen manche der von Klassikern der soziologischen Theorie eingeführten Dichotomien wie ‚Status' versus ‚Kontrakt',[2] ‚Gemeinschaft' versus ‚Gesellschaft',[3] ‚mechanische' versus ‚organische Solidarität'[4] oder gegen die ebenso verbreitete wie schwammige Differenzierung zwischen «informellen» und «formellen» Gruppen beziehungsweise zwischen «informaler» und «formaler Organisation»,[5] sondern sie schließt insbesondere auch den für die neuere ökonomische Theoriebildung zentralen Dualismus von Markt- und Organisationstrukturen ein. Seit dem Aufkommen des Neoinstitutionalismus in den Wirtschaftswissenschaften wird nämlich der Frage verstärkte Aufmerksamkeit zuteil, ob und inwiefern sich die Austauschbeziehungen zwischen den Akteuren innerhalb eines Unternehmens oder sonstiger Organisationsgebilde von den Beziehungen zwischen autonom handelnden Marktteilnehmern unterscheiden. Im Zentrum dieser Diskussion steht vor allem das theoretische Konzept der «Transaktionskosten». Es wurde entwickelt, um die Marktunvollkommenheiten, welche aufgrund unvollständiger Transparenz der Vorgänge und Gegebenheiten auf realen Märkten immerzu auftreten, in die Modellbildung zu integrieren. Demgemäß werden zu den Transaktionskosten vor allem jene Aufwendungen gezählt, die mit dem Anbahnen, Überwachen und Durchsetzen vertraglicher Vereinbarungen im Zusammenhang stehen.

Oliver E. Williamson, der sich als einer der Pioniere mit der Weiterentwicklung der bereits 1937 von Ronald H. Coase skizzierten Transaktionskostenökonomik befaßt hat,[6] legt bei seinen Analysen der ökonomischen Beziehungen innerhalb wie auch zwischen Märkten und Hierarchien (Organisationen) scheinbar folgerichtig den Akzent auf die Problematik der unzureichenden oder asymmetrischen Ausstattung der Akteure mit Information. Ihm zufolge entscheiden zur Hauptsache die bei der Informationsbeschaffung und -auswertung anfallenden Transaktionskosten darüber, ob die für die Produktion eines Gutes erforderlichen Leistungen durch die organisatorische Internalisierung von

---

2   Cf. Henry Sumner Maine, *Ancient Law*, Boston, Beacon Press, 1963.
3   Cf. Ferdinand Tönnies, *Gemeinschaft und Gesellschaft*, Darmstadt, Wissenschaftliche Buchgesellschaft, 1979.
4   Cf. Emile Durkheim, *Über soziale Arbeitsteilung*, Frankfurt/M., Suhrkamp, 1988.
5   Erstmals in Fritz Jules Roethlisberger, William J. Dickson, *Management and the Worker: An Account of a Research Programm Conducted by the Western Electric Company, Chicago, Hawthorne Works*, Cambridge (Mass.), Harvard University Press, 1964. Zzusammenfassend dazu Hermann L. Gukenbiehl, «Formelle und informelle Gruppen als Grundformen sozialer Strukturbildung». In: Bernd Schäfers (ed.), *Einführung in die Gruppensoziologie. Geschichte, Theorie, Analysen*, Heidelberg, Quelle und Mayer, 1980, p. 51-67.
6   Ronald H. Coase, «The Nature of the Firm». In: *Economica*, N.S., 4, 1937, p. 386-405.

Kooperation

Anbietern sichergestellt oder ob diese über den Markt – also bei autonomen Anbietern – bezogen werden.[7]

Williamsons Kontrastierung von Märkten und Hierarchien hat unter anderem die Kritik des nordamerikanischen Wirtschaftssoziologen Mark Granovetter herausgefordert. Dieser wirft Williamson vor, die Differenz zwischen hierarchisch regulierten Transaktionsbeziehungen einerseits und solchen zwischen autonomen Akteuren auf dem Markt andererseits stark zu überzeichnen.[8] Nach seiner Auffassung ist eine Perspektive angebracht, welche demgegenüber die Tatsache fokussiert, daß Transaktionen immer als in soziale Beziehungen «eingebettet» (*embedded*) zu sehen sind. Folgerichtig rückt Granovetter die Struktur und Eigentümlichkeiten dieser Beziehungsgeflechte (soziale Netzwerke) ins Zentrum seiner Analyse.[9] Hervorgehoben wird in diesem Zusammenhang namentlich die fundamentale Bedeutung, welche das Vorhandensein von Vertrauen für die Konstitution und Kontinuität der meisten Transaktionsbeziehungen besitzt.[10] Damit verweist Granovetter auf eine Dimension menschlicher Beziehungen, der trotz den bereits einige Jahre zurückliegenden Analysen von Niklas Luhmann[11] erst neuerdings ein breit gefächertes sozialwissenschaftliches Interesse entgegengebracht wird.[12] In der Tat erscheint es angemessen, das von Williamson herausgestellte Informationsproblem unter dem Gesichtspunkt der Vertrauensproblematik zu behandeln. Vorhande-

---

7 Cf. Oliver E. Williamson, *Markets and Hierarchies. Analysis and Antitrust Implications. A Study of Internal Organisation,* New York /London, The Free Press, 1975, p. 104sq.
8 Cf. Mark Granovetter, «Economic Action and Social Structure. The Problem of Embeddedness». In: Idem, Richard Swedberg (ed.), *The Sociology of Economic Action*, Boulder/Oxford, Westview Press, 1986, p. 53-81, insb. p. 65.
9 Eine solche Sichtweise liegt grundsätzlich auch dem älteren Konzept des ‚relationalen Vertrags' zugrunde. Cf. Stewart Macaulay, «Non-Contractual Relations in Business. A Preliminary Study». In: Mark Granovetter, Richard Swedberg (ed.), op.cit., p. 265-283; Ian R. MacNeil, «The Many Futures of Contract». In: *Southern Californian Law Review*, 47, 1974, p. 691-816.
10 Cf. Mark Granovetter, art. cit., p. 58-63.
11 Cf. Niklas Luhmann, *Vertrauen. Ein Mechanismus der Reduktion sozialer Komplexität*, Stuttgart, Enke, 1989.
12 Cf. Samuel N. Eisenstadt, Luis Roniger, *Patrons, Clients and Friends. Interpersonal Relations and the Structure of Trust in Society*, Cambridge, Cambridge University Press, 1984; Victor J. Vanberg, «Markt, Organisation und Reziprozität». In: Klaus Heinemann (ed.), *Soziologie wirtschaftlichen Handelns, Kölner Zeitschrift für Soziologie und Sozialpsychologie, Sonderheft,* Nr. 28, Opladen, Westdeutscher Verlag, 1987, p. 263-279; James S. Coleman, *Grundlagen der Sozialtheorie,* vol. 1, *Handlungen und Handlungssysteme*, München/Wien, Oldenbourg, 1995; Diego Gambetta, *Trust. Making and Breaking Cooperative Relations*, New York/Oxford, Blackwell, 1988; Jeffrey L. Bradach, Robert G. Eccles, «Price, Authority, and Trust. From Ideal Types to Plural Forms». In: *Annual Review of Sociology*, 15, 1989, p. 97-118; Janet Tai Landa, *Trust, Ethnicity and Identity. Beyond the New Institutional Economics of Ethnic Trading Networks. Contract, Law and Gift-Exchange*, Ann Arbor, University of Michigan Press, 1994.

nes Vertrauen vermag auf der einen Seite gerade die bei einem unzureichenden Informationsstand auftretende Entscheidungsunsicherheit zu kompensieren.[13] Auf der anderen Seite stellt sich das Vertrauensproblem regelmäßig angesichts der Beurteilung der Qualität erlangter Information beziehungsweise hinsichtlich der Bewertung der Zuverlässigkeit der jeweiligen Informationsquellen. Prüft man unter diesem Gesichtspunkt die von Williamson behauptete Verschiedenartigkeit der Bedingungen hierarchischer und marktvermittelter Transaktionen, kann man nicht umhin, sich Granovetters Urteil anzuschließen. Denn nichts spricht zwingend dafür, daß als Folge der Einbindung von Leistungserbringern in eine festgefügte Entscheidungshierarchie bessere Voraussetzungen für tragfähige Vertrauensbeziehungen geschaffen werden als unter Bedingungen, bei denen sich die Transaktionspartner mit vollständiger Verhandlungsautonomie gegenübertreten. Stellt man plausiblerweise zudem das Vorhandensein von Reputationseffekten in Rechnung, dann ist die These, wonach sich in Hierarchien die Überwachung von Transaktionen effizienter gestaltet als unter Marktbedingungen, noch schwieriger aufrecht zu erhalten.

Die Schwachstellen in Williamsons theoretischer Analyse liegen eindeutig darin begründet, daß er bei der Gegenüberstellung marktspezifischer und organisationsspezifischer Transaktionsstrukturen den nicht-hierachisch organisierten Assoziationen zuwenig Aufmerksamkeit schenkt.[14] Dies hat zur Konsequenz, daß die Besonderheiten organisierten Handelns, welche gemäß seinen Ausführungen eine analytische Abgrenzung zu marktvermittelten Beziehungen rechtfertigen, weitgehend im dunkeln bleiben. Im weiteren soll deshalb ein theoretischer Ansatz diskutiert werden, der sich vertieft mit eben dieser Problemstellung auseinandersetzt. Es handelt sich um den von Viktor J. Vanberg ausgearbeiteten Vorschlag, soziale Strukturen mittels zweier komplementärer Erklärungsmodelle zu analysieren, die er als das «Austauschmodell» und das «Modell der Ressourcenzusammenlegung» kennzeichnet. Hieran anschließend wird ein Begriffsrahmen entwickelt, den zu akzeptieren indes die Bereitschaft voraussetzt, geläufige Kategorien aufzugeben. Denn gefordert wird nicht weniger als der Verzicht auf den Dualismus von Markt und Organisation. Anstelle dessen wird ein analytisches Instrumentarium vorgeschlagen, das von einem anthropologisch begründeten Antagonismus

---

13 Wie Luhmann zu Recht feststellt, liegt zwar «dem Bedarf für Vertrauen» das Informationsproblem zugrunde; indessen sei dieses nicht «in direktem Zugriff» lösbar, da man sich über künftiges Verhalten anderer nicht vollständig und nicht zuverlässig informieren könne (cf. Niklas Luhmann, op.cit., p. 40).
14 Zwar widmet Williamson in seinem Werk *Markets and Hierarchies* dem von ihm als *peer group association* bezeichneten Phänomen nicht-hierarchisierter Personenverbindungen ein Kapitel; indes weist er dieser Form organisierten Handelns aufgrund der ihr unterstellten vergleichsweise geringen Effizienz eine Nebenrolle zu. Cf. Oliver E. Williamson, op.cit., p. 45sqq.

Kooperation

zweier Interaktionsprinzipien ausgeht. Als Schlüsselkonzepte dieses Denkansatzes figurieren die Kategorien ‚Kooperation', ‚Reziprokation' und ‚Vertrauen' beziehungsweise ‚Sozialkapital'.

2. Markt- und Organisationsstrukturen nach Viktor J. Vanberg

Der Soziologe und Wirtschaftswissenschafter Viktor J. Vanberg hat in verschiedenen Abhandlungen nachgezeichnet,[15] daß in der Geschichte der individualistisch konzipierten Sozialtheorie letztlich zwei miteinander konkurrierende Denkschulen identifiziert werden können: Auf der einen Seite steht eine theoretische Tradition, die vorhandene soziale Strukturen mit der Annahme zu erklären versucht, daß diese kraft einer impliziten oder expliziten Vereinbarung zwischen Individuen zustande gekommen seien.[16] Dieser als «individualistisch-vertragstheoretisch» gekennzeichneten Tradition steht auf der anderen Seite eine Denkrichtung gegenüber, der zufolge soziale Strukturen im wesentlichen das von niemandem beabsichtigte Ergebnis eines Anpassungsprozesses darstellen. Die Wurzeln dieser «individualistisch-evolutionistischen» Konzeption werden in der schottischen Moralphilosophie des 18. Jahrhunderts verortet.[17] Vanberg gebührt in diesem Zusammenhang das Verdienst, verdeutlicht zu haben, daß «eine allgemeine Sozialtheorie auf individualistischer Grundlage»[18] letzten Endes nicht daran vorbeikommt, in gleichrangiger Weise sowohl an die evolutionistische als auch an die vertragstheoretische Tradition anzuknüpfen.[19] Seine Forderung lautet dementsprechend, «daß man im Rahmen derselben, einheitlichen individualistischen Sozialtheorie zwei, auf einem niedrigeren Allgemeinheitsniveau angesiedelte, unter-

---

15 Viktor J. Vanberg, «Kollektive Güter und kollektives Handeln». In: *Kölner Zeitschrift für Soziologie und Sozialpsychologie*, 30, 1978, p. 652-679; idem, *Markt und Organisation. Individualistische Sozialtheorie und das Problem korporativen Handelns*, Tübingen, J.C.B. Mohr (Paul Siebeck), 1982; idem, «Der individualistische Ansatz zu einer Theorie der Entstehung und Entwicklung von Institutionen». In: *Jahrbuch für Neue Politische Ökonomie*, 2, 1983, p. 50-69; idem, «Evolution und spontane Ordnung. Anmerkungen zu F.A. von Hayeks Theorie der kulturellen Evolution». In: Hans Albert (ed.), *Ökonomisches Denken und soziale Ordnung. Festschrift für Erik Boettcher*, Tübingen, J.C.B. Mohr (Paul Siebeck), 1984, p. 83-112; idem, «Markt, Organisation und Reziprozität», art.cit.; idem, *Rules and Choice in Economics*, London/New York, Routledge, 1994.
16 Dieser Theorietradition liegt die ursprünglich naturrechtlich begründete Idee des Gesellschaftsvertrags zugrunde (cf. Victor J. Vanberg, *Markt und Organisation*, op. cit., p. 39sqq.).
17 Vanberg (ibid.) verweist dabei namentlich auf Bernard de Mandeville, David Hume, Adam Ferguson und Adam Smith.
18 Victor J. Vanberg, «Kollektive Güter und kollektives Handeln», art.cit., p. 652.
19 Cf. Victor J. Vanberg, *Markt und Organisation,* op.cit., p. 186.

schiedliche Erklärungsmodelle voneinander abgrenzen sollte».[20] Dasjenige Erklärungsmodell, das an das traditionelle Erkenntnisprogramm der Ökonomie anschließt und unter anderem auch im Rahmen soziologischer Austauschtheorien weiterentwickelt worden ist,[21] dient demnach der Untersuchung jener sozialen Strukturen, die durch Netzwerke von bilateralen Austauschbeziehungen zustande kommen beziehungsweise reproduziert werden.[22] Ihre strukturelle Ordnung erlangen diese «Netzwerke aktueller oder potentieller Austauschbeziehungen zwischen individuellen Akteuren» durch «Prozesse wechselseitiger Verhaltensbeeinflussung und Verhaltenssteuerung, in denen Akteure sich in ihrem Verhalten gegenseitig kontrollieren und aneinander anpassen, und in denen sich allmählich bestimmte Verhaltensregelmäßigkeiten und Ablaufmuster herausbilden».[23] Diesem Modell eines Ressourcenaustausches, dem eine «individualistisch-evolutionistische» Erklärung zugrunde liegt, stellt Vanberg das von James S. Coleman entwickelte Modell der Ressourcenzusammenlegung zur Seite,[24] das demgegenüber von einer «individualistisch-vertragstheoretischen» Konzeption ausgeht.[25] Dazu führt Vanberg aus:

> Die Grundannahme der Colemanschen Konzeption besagt: Korporative Akteure werden dadurch gebildet, daß mehrere Personen bestimmte Ressourcen zusammenlegen, über die dann nicht mehr individuell, separat, sondern «im Verbund» verfügt wird.[26]

Dementsprechend zielt das Modell der Ressourcenzusammenlegung darauf ab, das Entstehen solcher sozialer Strukturen zu erklären, die im Gegensatz zu Netzwerken bilateraler Austauschbeziehungen in der Gestalt kollektiv handelnder sozialer Verbände in Erscheinung treten. Der gleichfalls Colemans Terminologie entlehnte Begriff des «korporativen Akteurs» soll gemäß Vanberg nämlich der Bezeichnung jener «besonderen Kategorie sozialer Gebilde oder Systeme» dienen, die gemeinhin «als kollektive Handlungseinheiten angesprochen werden».[27] Auf geläufigere Begriffs-

---

20 Ibid., p. 67.
21 U.a. von den Autoren George C. Homans, «Social Behavior as Exchange». In: *American Journal of Sociology*, 63, 1958, p. 597-606 und Peter M. Blau, *Exchange and Power in Social Life*, New York et al., John Wiley & Sons, 1964. Allgemein zum «Grundmodell sozialen Austausches» cf. Detlev Krause, *Ökonomische Soziologie. Einführende Grundlegung des ökonomischen Programms in der Soziologie*, Stuttgart, Enke, 1989, p. 64-70.
22 Cf. Victor J. Vanberg, *Markt und Organisation*, op.cit., p. 47-61.
23 Ibid., p. 48.
24 Cf. James S. Coleman, *Individual Interests and Collective Action. Selected Essays*, Cambridge et al., Cambridge University Press, 1986.
25 Cf. Victor J. Vanberg, *Markt und Organisation*, op.cit., p. 10-15.
26 Ibid., p. 10.
27 Ibid., p. 8.

Kooperation

kategorien wie Organisation, Verband, Assoziation und dergleichen will Vanberg aufgrund deren Mehrdeutigkeit und uneinheitliche Verwendungsweise bewußt verzichten.[28]

Nun sind laut Vanberg einzelne Akteure gewöhnlich nicht bereit, die ihnen individuell zur Verfügung stehenden Ressourcen zusammenzulegen, es sei denn, daß vorgängig für das Problem der kollektiven Entscheidung sowie für dasjenige der Verteilung des kollektiv erwirtschafteten Ertrags eine zufriedenstellende Lösung gefunden wird.[29] Aus diesem Grund setzt die Konstitution eines korporativen Akteurs immer ein Übereinkommen hinsichtlich der Regelung der entsprechenden Modalitäten voraus. Diese konstitutive Vereinbarung hat Vanberg zufolge insofern den Charakter eines Gesellschaftsvertrags, als sie sich nicht sinnvoll in bilaterale Tauschvereinbarungen zergliedern läßt.[30]

Bis zu dieser Stelle ist gegen Vanbergs Vorgehensweise grundsätzlich nichts einzuwenden. Leider wird in der Folge aber deutlich, daß die von ihm eingeführten analytischen Modelle nicht in einer konsistenten Art und Weise theoretisch verarbeitet werden. Bedauerlich ist dies deshalb, weil andernfalls frühzeitig deutlich geworden wäre, daß auch die behelfsmäßige Konstruktion, wonach Organisationen beziehungsweise korporative Akteure durch das Modell der Ressourcenzusammenlegung zu erklären sind, den Härtetest nicht besteht. Inkonsistent werden die Ausführungen Vanbergs bereits gelegentlich seiner Erläuterungen der grundlegenden strukturellen Eigentümlichkeiten korporativer Akteure.[31] Dort identifiziert er zwei verschiedene Muster korporativer Organisation. Den einen Typus charakterisiert er als «monokratisch-hierarchisch» und den anderen als «genossenschaftlich-demokratisch».[32] Der monokratisch-hierarchisch strukturierte korporative Akteur weist die Eigenheit auf, daß in ihm ein Individuum eine zentrale Position besetzt, in der die vollständige Verfügungsgewalt über die von den übrigen Teilnehmern eingebrachten Ressourcen konzentriert ist. Während letztere für die eingebrachten Ressourcen mit einer im voraus vereinbarten Entschädigung rechnen dür-

---

28 Näher begründet Vanberg diesen Schritt wie folgt: «Dieses Nebeneinander verschiedener Begriffe mit mehr oder minder weitgehenden Bedeutungsüberschneidungen ist für die bisherige soziologische Problembehandlung symptomatisch, spiegelt sich darin doch die Tendenz wider, durch vorgängige – nicht theorieimmanente – Klassifizierungen zu suggerieren, daß es je besonderer theoretischer Annahmen bedarf, um die verschiedenen Gebildetypen zu behandeln». Demgegenüber werden mit dem Begriff des korporativen Akteurs die «strukturellen Gemeinsamkeiten» verschiedenartiger sozialer Handlungseinheiten «als einheitlicher Gegenstand theoretischer Betrachtung zusammengefaßt» (ibid., p. 9).
29 Cf. ibid., p. 16.
30 Dazu Vanberg: «It is an inclusive contract that defines the terms of an ongoing multiparty relationship, the terms of a joint enterprise» (*Rules and Choice in Economics,* op.cit., p. 136).
31 Cf. Victor J. Vanberg, *Markt und Organisation,* op.cit., p. 15-22.
32 Cf. ibid., p. 19.

fen, die unabhängig vom Korporationsertrag gewährt wird, erhält das zentral entscheidende Individuum als Kompensation für die Verantwortung bezüglich der Koordination und Kontrolle der korporativen Aktivitäten den verbleibenden Rest des gemeinsam erwirtschafteten Ertrags. Innerhalb eines genossenschaftlich-demokratisch strukturierten korporativen Akteurs gibt es demgegenüber keine zentrale Entscheidungsposition; alle beteiligten Individuen verfügen gemeinsam über die eingebrachten Ressourcen. Dazu Vanberg:

> Was das Entscheidungsproblem anbelangt, so bedarf es in diesem Fall – da die Gruppe per se keine «natürliche» Entscheidungseinheit ist – irgendeines Verfahrens, durch das die individuellen Voten der Beteiligten zu einer Entscheidung aggregiert, also zu einer Gruppenentscheidung transformiert werden: Es bedarf eines expliziten oder impliziten Verfahrens kollektiver Entscheidung. – Das Verteilungsproblem wird in diesem Fall (explizit oder implizit) durch einen Verteilungsschlüssel geregelt, aufgrund dessen den einzelnen Investoren bestimmte – vom erzielten Ergebnis abhängige – Anteile am Korporationsertrag zugewiesen werden.[33]

Daran anknüpfend weist Vanberg darauf hin, daß die zwei beschriebenen Grundmuster der Regelung des Entscheidungs- und des Verteilungsproblems in korporativen Akteuren nicht selten kombiniert auftreten. Beispielhaft wird das Organisationsprinzip von Aktiengesellschaften erwähnt. In diesen ist die Teilgruppe der Aktionäre demzufolge nach dem genossenschaftlich-demokratischen Regelungsmuster organisiert, während die Angestellten eines von den Aktionären finanzierten Unternehmens mit ihren Ressourcen gemäß dem hierarchisch-monokratischen Regelungsmuster in den korporativen Akteur Aktiengesellschaft eingebunden sind. Daß Vanberg sich daraufhin veranlaßt sieht, zwei Kategorien von Korporationsmitgliedern voneinander abzugrenzen, die sich «hinsichtlich der Konditionen unterscheiden, unter denen sie ihre Ressourcen einbringen»,[34] erscheint im Lichte der vorangegangenen Ausführungen durchaus konsequent. Allerdings macht dieser Schritt auch deutlich, daß das Konzept der Ressourcenzusammenlegung – wenigstens in dieser Form – kein brauchbares Kriterium für eine Differenzierung zwischen marktvermittelten und korporativen beziehungsweise organisationsspezifischen Transaktionsstrukturen bereitstellt. Es bleibt nämlich schleierhaft, wo der analytisch stichhaltige Unterschied begründet liegt zwischen einer Situation, in der ein Individuum einem korporativen Akteur Ressourcen überläßt, indem es diesem bestimmte Leistungen verkauft, und jener Situation, in welcher dieselben Ressourcen übertragen werden, indem sich das Individuum im Rahmen eines Arbeitsvertrags zum Erbringen entsprechender Leistungen verpflichtet.[35] Außerdem widerspricht sich Vanberg

---

33 Ibid., p. 18sq.
34 Ibid., p. 20; cf. auch ibid., p. 114sq.
35 Vanberg weist selbst darauf hin, daß auch nach geltender Rechtsauffassung «allein die Ressourceneinbringer, die Mitverfügungsrechte über den Ressourcenpool haben und ein

Kooperation

insofern, als er, wie eingangs festgestellt, dem korporativen Akteur das charakteristische Merkmal zuweist, daß sich die Beziehungen unter den Beteiligten nicht sinnvoll in bilaterale Tauschvereinbarungen zerlegen lassen. Gerade das von ihm als monokratisch-hierarchisch gekennzeichnete Regelungsmuster korporativer Beziehungen läßt eine solche Zerlegung ohne weiteres zu.

Eine abschließende Bewertung des von Vanberg erarbeiteten theoretischen Ansatzes zur Erklärung sozialer Strukturen, der hier notgedrungen nur schemenhaft nachgezeichnet werden kann, erfordert zumindest auch einen Verweis auf jene sozialtheoretischen Konzeptionen, die – wie Vanberg selbst einräumt – starke Analogien zu seiner Gegenüberstellung von Austauschnetzwerken und korporativen Strukturen erkennen lassen. Darunter finden sich bekannte und weniger bekannte Beiträge wirtschaftsanthropologischer Provenienz. Außerdem führt Vanberg eine ganze Reihe soziologischer, ökonomischer und rechtstheoretischer Ansätze mit vergleichbarer Zielsetzung an.[36] Insgesamt läßt sich bei allen diesen von ihm zum Teil eingehend diskutierten Konzeptionen insofern eine ähnliche Stoßrichtung ausmachen, als in der Regel versucht wird, die besondere Qualität der Beziehungen in kollektiven Handlungseinheiten von den insbesondere durch «Zweiseitigkeit» gekennzeichneten (Aus-)Tauschbeziehungen analytisch abzugrenzen. Die große Zahl einschlägiger Erklärungsversuche hätte Vanberg eigentlich mißtrauisch stimmen müssen. Dies vor allem in Anbetracht der Tatsache, daß offenbar keine der Konzeptualisierungen ihn vollends zu überzeugen vermochte; ansonsten hätte er sich ja wohl kaum bemüßigt gesehen, einen weiteren Anlauf in dieselbe Richtung zu unternehmen.

Da das Unterfangen, Markt- und Organisationsstrukturen in analytisch konsistenter Weise auseinanderzudividieren offenbar aussichtslos erscheint, drängt sich ein grundlegender Wechsel der Betrachtungsweise auf. Ausgangspunkt dieser im folgenden darzulegenden alternativen Betrachtungsweise ist die Feststellung, daß die vielfältigen Versuche, markt- und organisationsspezifische Struktureigentümlichkeiten gegeneinander abzugrenzen, durchweg darauf verzichten, die Perspektiven der involvierten Akteure konzeptionell einzuflechten. Die Berücksichtigung der Akteursperspektive in der theoretischen Umsetzung bedingt indes, daß man sich mit der Frage befaßt, welche anthropologisch konstanten Prinzipien möglicherweise den unzähligen Spielarten zwischenmenschlicher Interaktion zugrunde liegen. Namentlich geht es darum, jene in

---

Residualeinkommen – beziehungsweise ein ergebnisabhängiges Einkommen – beziehen», im juristischen Sinne als Gesellschafter betrachtet werden und daß sich dementsprechend «die mit der juristischen Unterscheidung von Austauschvertrag und Gesellschaftsvertrag gezogene Grenzlinie» nicht mit seiner «sozialstrukturellen Unterscheidung von Austauschnetzwerken und korporativen Strukturen» decke (ibid., p. 109sq.).

36 Cf. ibid., p. 76-122.

den Gedankenwelten aller Menschen enthaltenen Fixpunkte zu konkretisieren, die überhaupt erst die Individuen dazu befähigen, die für das Zustandekommen einer sozialen Interaktion erforderlichen wechselseitigen Handlungserwartungen aufzubauen. Unter Zuhilfenahme der Weberschen Ausdrucksweise läßt sich das Problem folgendermaßen zuspitzen: Auf welchen Grundlagen ruht das «Einverständnis», welches einem Menschen erlaubt sein, Handeln an Erwartungen bezüglich des Handelns anderer Menschen zu orientieren? Und worin liegt die Wahrscheinlichkeit begründet, «daß diese anderen jene Erwartungen trotz des Fehlens einer Vereinbarung als sinnhaft „gültig" für ihr Verhalten praktisch behandeln werden»?[37]

3. Die Grundprinzipien sozialer Interaktion: Kooperation und Reziprokation

Der Zugang zur vorliegenden Problemstellung läßt sich am besten bewerkstelligen, wenn wir uns nochmals einen Gesichtspunkt aus den vorangegangenen Analysen Vanbergs vergegenwärtigen. Bekanntlich unterscheiden sich ihm zufolge die beiden Grundmuster der Regelung korporativer Beziehungen darin, daß im Falle des monokratisch-hierarchischen Strukturtyps allein derjenige Akteur, der die zentrale Position einnimmt, eine ergebnisabhängige Kompensation für die eingebrachten Ressourcen erhält, während im Falle der genossenschaftlich-demokratischen Organisationsweise alle Beteiligten eine am Umfang des korporativen Ertrags bemessene Kompensation erhalten. Dies bedeutet letztlich, daß im ersten Falle nur eine Seite ein Risiko trägt (sofern die eingebrachten Ressourcen nicht gewinnbringend eingesetzt werden), indessen im zweiten Fall alle Mitglieder ein Verlustrisiko tragen. Diese subtile Verschiebung der Perspektive verdeutlicht, daß die Beweggründe für eine Beteiligung am kollektiven Handeln je nach Regelungsmuster völlig anders gearteten Interessenlagen entspringen. Während im monokratisch-hierarchischen Regelungsmuster ein Ausgleich unterschiedlicher Interessen dadurch erzielt werden soll, daß entsprechende Leistungen getauscht werden, bestehen beim genossenschaftlich-demokratischen Regelungsmuster – wenigstens hinsichtlich der korporativen Zielsetzungen – konvergierende Interessen; der kombinierte Einsatz der eingebrachten Ressourcen erfüllt hier den Zweck, die Realisierungschancen dieser gemeinsamen Interessen zu verbessern.

Eine Unterscheidung kollektiver Handlungseinheiten, die auf das Vorliegen solcher kongruenten beziehungsweise inkongruenten Interessenlagen unter den Beteiligten abstellt, erscheint vor allem deshalb angebracht, weil im Rahmen einer Gewinn- beziehungsweise Risikoaufteilung sowohl die eigene Leistungsbereitschaft der Individuen als auch deren Bereitschaft, Trittbrettfahrerverhalten notfalls im Alleingang zu bestra-

---

37 Max Weber, *Gesammelte Aufsätze zur Wissenschaftslehre*, op.cit., p. 456.

Kooperation

fen, weitaus größer ist als unter Bedingungen fest vereinbarter Tauschrelationen. Ferner ist bei einer solchen Betrachtungsweise zu berücksichtigen, daß die beiden Prinzipien der Organisation kollektiven Handelns sich auch hinsichtlich der Anforderungen an die institutionelle Umgebung, in die das kollektive Handeln eingebettet ist, unterscheiden. Denn ein kollektives Handeln auf der Grundlage bilateraler Tauschvereinbarungen ist gewöhnlich auf externe Institutionen angewiesen, welche erst die Erfüllung übernommener Leistungsverpflichtungen erzwingbar machen. Gesetzt den Fall jedoch, daß eine ausreichende «Kontrollkapazität» gewährleistet ist,[38] kann demgegenüber ein Handeln, das von den konvergierenden Interessen der Beteiligten getragen wird, auf die Existenz eines durch externe Institutionen gestützten «Erzwingungs-Stabes»,[39] der die Durchsetzung des Gesellschaftsvertrags garantiert, verzichten. Die Möglichkeit der Ausgrenzung aus dem Verbandshandeln beziehungsweise dessen Androhung gibt den Beteiligten ein hinreichend starkes Disziplinierungsinstrument in die Hand.

Der analytische Einbezug der Dimension der institutionellen Einbettung kollektiven Handelns legt nahe, daß man sich die einschlägigen Ausführungen Karl Polanyis in Erinnerung ruft. Dies insbesondere auch deshalb, weil dessen Typologie wirtschaftlicher Integrationsformen konzeptionelle Übereinstimmungen mit Vanbergs Differenzierung zwischen Ressourcenaustausch und Ressourcenzusammenlegung erkennen läßt.[40] Anstelle eines dichotomen Begriffspaars legt Polanyi seiner Analyse der institutionellen Einbettung wirtschaftlichen Handelns zunächst vier und in einer späteren Abhandlung noch drei Kategorien zugrunde.[41] Letzten Endes identifiziert er Reziprozität, Redistri-

---

38 Nach Michael Hechter wird die «potentielle Kontrollkapazität» (*control capacity*) durch die «Sanktionskapazität» (*sanctioning capacity*) und die «Überwachungskapazität» (*monitoring capacity*) bestimmt. Sie bezieht sich demzufolge auf die Chance, daß die Individuen sich wechselseitig ausreichend stark entmutigen, in die Rolle des Trittbrettfahrers zu steigen, beziehungsweise daß sie sich wechselseitig in ausreichendem Maße ihrer Kooperationsbereitschaft zu versichern vermögen. Cf. Michael Hechter, «The Emergence of Cooperative Social Institutions». In: *Social Institutions. Their Emergence, Maintenance and Effects*, ed. Michael Hechter et al., Berlin/New York, Walter de Gruyter, 1990, p. 13-33, insb. p. 16; idem, «Rational Choice Foundations of Social Order». In: Jonathan .H. Turner (ed.), *Theory Building in Sociology. Assessing Theoretical Cumulation*, vol. 3, *Key Issues in Sociological Theory*, Newbury Park et al., Sage, 1989, p. 60-81, insb. p. 68-71.
39 Cf. Max Weber, *Wirtschaft und Gesellschaft. Grundriß der verstehenden Soziologie*, Tübingen, J.C.B. Mohr (Paul Siebeck), 1985, p. 18.
40 Cf. Victor J. Vanberg, *Markt und Organisation*, op.cit., p. 78, Anm. 6.
41 In seinem älteren Werk *The Great Transformation* (1944) identifiziert Polanyi noch die «Haushaltung» als gesondertes Integrationsprinzip, während in der Abhandlung *The Economy as Instituted Process* (1957) diese Kategorie wohl deshalb wegfallen ist, weil die Haushaltung zu Recht als Sonderfall eines redistributiven Systems erkannt wurde. Cf. Karl Polanyi, *The Great Transformation. Politische und ökonomische Ursprünge von Gesellschaften und Wirtschaftssystemen*, Wien, Europaverlag, 1977, p. 77; idem, *Ökonomie und Gesellschaft*, Frankfurt/M., Suhrkamp, 1979, p. 219-244.

bution und Marktaustausch als die drei Grundmuster, nach denen sich eine wirtschaftliche Integration von Gesellschaften vollziehen kann. Polanyis etwas kryptisch anmutende Charakterisierung dieser Intergrationsformen lautet:

> Reziprozität bezeichnet Bewegungen zwischen einander entsprechenden Punkten symmetrischer Gruppierungen; Redistribution verweist auf übernehmende [appropriational] Bewegungen auf ein Zentrum hin und wieder heraus; Austausch bezieht sich hier auf hin- und hergehende Bewegungen, so wie zwischen «Händen» in einem Marktsystem.[42]

Wie Vanberg es festhält, findet das Modell der Ressourcenzusammenlegung bei Polanyi sein Pendant im Prinzip der Redistribution. Mit Hinweis auf eine entsprechende Äußerung von Jochen Röpke wendet er allerdings ein, daß eine Abgrenzung von Reziprozität und Austausch, wie sie Polanyi vornimmt, sich unter dem «Tauschaspekt» nicht rechtfertigen lasse.[43] Stimmte man dem zu, so würden die Kategorien Marktaustausch und Reziprozität einerseits und Redistribution andererseits in Vanbergs Dichotomie Ressourcenaustausch versus Ressourcenzusammenlegung aufgehen. Aber auch eine andere Sichtweise ist möglich: Polanyis auf eine solide Kenntnis ethnologischer und historischer Forschungsarbeit gestützte Auseinandersetzung mit dem Phänomen der Reziprozität und Redistribution läßt nämlich erkennen, daß diese Integrationsformen im Grunde dieselben institutionellen Voraussetzungen teilen.[44] Für die Aufrechterhaltung sowohl von Systemen der Reziprozität als auch von redistributiven Systemen besteht gleichermaßen das Erfordernis, mittels übergreifender Institutionen eine Außengrenze zu markieren. Während sich das Vorhandensein einer solchen Außengrenze für redistributive Systeme unmittelbar aus dem Tatbestand der «Zentrizität» ableiten läßt (ein Zentrum läßt sich nur durch einen festgelegten Personenkreis definieren),[45] ist die behauptete Notwendigkeit der Exklusivität von Reziprozitätssystemen weniger einsichtig.

Wenn in anthropologisch orientierten Abhandlungen von Systemen der Reziprozität die Rede ist, verweist dieser Begriff gewöhnlich auf einen Sachverhalt, den Georg Elwert hervorgehoben hat: «Die Reziprozität ist eine Reziprozität der Anrechte, nicht eine

---

42 Ibid., p. 219.
43 Victor J. Vanberg, *Markt und Organisation*, op.cit., p. 78, Anm. 6. In diesem Zusammenhang findet sich auch ein Verweis auf den Wirtschaftsanthropologen Marshall Sahlins, der mit Bezug auf redistributive Systeme gleichermaßen von «*pooling*» spricht. Cf. Marshall Sahlins, *Stone Age Economics*, New York, Aldine de Gruyter, 1972, p. 188.
44 Dieser Standpunkt wird auch durch Polanyis Feststellung gestützt, wonach in «marktlosen Wirtschaften» Reziprozität und Redistribution als Integrationsformen gewöhnlich gemeinsam auftreten (Karl Polanyi, *Ökonomie und Gesellschaft*, op.cit., p. 223).
45 Ibid., p. 219.

Kooperation

Gleichgewichtigkeit der Leistungen wie beim Warentausch.»[46] Eine solche «Reziprozität der Anrechte» hat jedoch nur eine Chance, sich zu entwickeln, wenn sie auf einen bestimmten Personenkreis beschränkt bleibt. Einer unbegrenzten Ausweitung entsprechender Anrechte stehen die sich potenzierenden individuellen Anreize entgegen, sich als Trittbrettfahrer zu verhalten. Es entstünde eine Situation, die unter den Betroffenen letztlich berechtigte «Ängste vor einem Verströmen der Leistungen»[47] wecken müßte. Außerdem kann eine solchermaßen institutionalisierte Reziprozität nur solange funktionieren, als für die beteiligten Akteure der Austritt aus dem Verband der wechselseitig verpflichteten Individuen kostspieliger erscheint als die Option, darin zu verbleiben.[48] Es liegt auf der Hand, daß diese Bedingung auch redistributive Systeme erfüllen müssen.

Redistributive und Reziprozitätssysteme teilen nicht nur dieselben institutionellen Voraussetzungen in dem Sinne, daß ihnen eine wenigstens implizite Vereinbarung zugrunde liegt, die festlegt, wer zum Kreis der Berechtigten beziehungsweise Verpflichteten gehört und wer nicht, sondern sie verdanken ihre Konstitution auch der übereinstimmenden Interessenlage unter den Beteiligten: Im Zentrum steht das Bedürfnis der Akteure, sich durch Arrangements auf kollektiver Ebene gegen individuelle Risiken abzusichern. Die Einführung von Reziprozitätsnormen, welche die Individuen wechselseitig verpflichten, in bestimmten Situationen gewisse Leistungen zu erbringen, und die Schaffung von zentralen Instanzen, welche für redistributive Zwecke Abgaben einfordern, sind indes nur zwei von einer Vielzahl von möglichen Erscheinungsformen institutionalisierter Kooperation. Als kooperativ sollen im folgenden alle jene sozialen Beziehungen gekennzeichnet werden, in denen folgende Merkmale vereint sind: Die betreffenden Akteure sind in ein kurz- oder langfristiges Arrangement eingebunden, das einen Bestandteil ihrer Ressourcen (oder gegebenenfalls alle) einem Verlustrisiko aussetzt, dessen Höhe maßgeblich durch das individuelle Handeln aller Beteiligten während der Dauer des Arrangements beeinflußt wird. Zur Begründung kooperativer Beziehungen neigen Akteure in Situationen, die eine selbständige Verwirklichung bestimmter Vorhaben oder die selbständige Verhütung beziehungsweise Bewältigung bestimmter Ereignisse aussichtslos erscheinen lassen. Kooperationswillige Akteure streben folglich danach, ihre Interessen mit gleich gelagerten Interessen anderer zu verbinden. Da das bereits mehrfach erwähnte Trittbrettfahrerverhalten am besten gezügelt werden kann, wenn kooperative Beziehungen eine gewisse Beständigkeit erlangen, besteht die Ten-

---

46 Georg Elwert, «Ausdehnung der Käuflichkeit und Einbettung der Wirtschaft. Markt und Moralökonomie». In: Klaus Heinemann (ed.), *Soziologie wirtschaftlichen Handelns*, op.cit., p. 300-321, das Zitat p. 304.
47 Ibid., p. 314.
48 Cf. Albert O. Hirschman, *Abwanderung und Widerspruch*, Tübingen, J.C.B. Mohr (Paul Siebeck), 1974.

denz zur Herausbildung solcher Institutionen, die einerseits sicherstellen, daß der Kooperationsertrag nur den berechtigten Kooperationsteilnehmern vorbehalten bleibt, und die andererseits eine Gewähr dafür bieten, daß diese Kooperationsteilnehmer auch ihren Ressourcenanteil beisteuern.

Von besonderer Bedeutung ist in diesem Zusammenhang der Umstand, daß die Institutionalisierung kooperativer Beziehungen jeweils mit der Verfestigung zweier entgegengesetzter normativer Orientierungsstandards einher geht. Auf der einen Seite bildet sich ein «Ethos der Kooperation» aus, das dem Individuum Richtlinien für das Verhalten gegenüber jenen Personen vorgibt, die mit ihm durch kooperative Arrangements verbunden sind. Es handelt sich dabei um ein Ethos, das in seiner stärksten Manifestation vom Individuum sowohl absolute Loyalität gegenüber seinem Kooperationspartner als auch absolutes Vertrauen in die Loyalität derselben ihm gegenüber einfordert. Auf Anzeichen fehlender Vertrauensbereitschaft wird sehr sensibel reagiert; denn sowie Mißtrauen sich ausbreitet, führt dies gewöhnlich zur Aufkündigung der kooperativen Beziehungen. Diesem Ethos der Kooperation steht auf der anderen Seite ein «Ethos der Reziprokation» gegenüber. Letzteres zeichnet sich dadurch aus, daß es eine opportunistische Haltung gegenüber jenen Akteuren moralisch legitimiert, die «abseits» stehen. Die betreffenden Akteure befinden sich namentlich deshalb im Abseits, weil sie nicht durch kooperative Arrangements mit dem Individuum verbunden sind.[49] Es ist dies ein Ethos der Reziprokation,[50] weil hier eine Haltung zum Ausdruck gelangt, die sich hin und her bewegt zwischen einem freundlichem Entgegenkommen, das durch die Antizipation vielversprechender Tauschchancen motiviert wird, und feindseliger Aggressi-

---

49 Die These, wonach kooperierende Individuen untereinander gewöhnlich eine «Sondermoral» ausbilden, korrespondiert mit der von Weber behaupteten Ubiquität eines «urwüchsige[n] Dualismus der Binnen- und Außen- Moral» (Max Weber, *Gesammelte Aufsätze zur Religionssoziologie*, vol. 3, Tübingen, J.C.B. Mohr (Paul Siebeck), 1988, p. 357).

50 Der hier eingeführte Begriff der ‚Reziprokation' wurde aus dem Englischen übernommen (*reciprocation*) und ist nicht mit ‚Reziprozität' zu verwechseln, wofür es in der englischen Sprache gleichfalls eine wortgetreue Übersetzung gibt (*reciprocity*). Da es für *reciprocation* und dessen adjektivische Form *reciprocative* im deutschen Sprachgebrauch keine Entsprechung gibt, findet sich bei Übertragungen aus dem Englischen häufig die Übersetzung Reziprozität beziehungsweise reziprok. Dies mag in den meisten Fällen zulässig sein, weil normalerweise kaum auf subtile Bedeutungsunterschiede geachtet wird. Im vorliegenden Zusammenhang drängt sich aber eine scharfe Trennung in der Bedeutungszuweisung auf: ‚Reziprokation' kennzeichnet demnach wie der Begriff ‚Kooperation' eine bestimmte Handlungweise. Darauf deutet auch der Umstand hin, daß das Englische im Gegensatz zum Deutschen nicht nur das Verb *to co-operate*, sondern auch die Verbform *to reciprocate* kennt. Demgegenüber verweist ‚Reziprozität' auf eine Eigenschaft, die strenggenommen alle sozialen Beziehungen kennzeichnet, nämlich die Wechselseitigkeit der Handlungsorientierungen. Deshalb haben letztlich sowohl reziprokative als auch kooperative Beziehungen reziproken Charakter.

Kooperation

on, sowie ein friedlicher Interessenausgleich keine greifbaren Vorteile in Aussicht stellt.[51] Zwischen Akteuren, die zueinander in einer reziprokativen Beziehung stehen, ist das Vertrauensproblem von untergeordneter Bedeutung, weil sich die Betreffenden der Tatsache bewußt sind, daß Vertrauensbezeugungen im Sinne von «riskanten Vorleistungen»[52] bestenfalls den Zweck verfolgen, dem Gegenüber zu signalisieren, daß ernstgemeinte Absichten bestehen, einen Interessenausgleich auf friedfertige Weise anzustreben (zum Beispiel durch den Austausch von Gütern). Soweit reziprokative Interaktionen tatsächlich auf einen Güter- beziehungsweise Leistungsaustausch hinauslaufen, erfolgen die Transaktionen auf der Basis eines reinen *quid pro quo*. Der Gedanke der Kompensation liegt indessen nicht nur einem Interessenausgleich zugrunde, der sich als friedlicher Ressourcenaustausch darstellt und der im folgenden als positive Reziprokation gekennzeichnet werden soll. Vielmehr charakterisieren kompensatorische Handlungen auch die Beziehungen negativer Reziprokation, also solche, die auf eine gewaltsame Appropriation fremder Ressourcen ausgerichtet sind. Unterlegene Parteien handeln dementsprechend nicht selten rational kaum nachvollziehbar, indem sie beispielsweise trotz offenkundiger Aussichtslosigkeit des Unterfangens Abwehrmaßnahmen allein deshalb ergreifen, um dem Gegner möglichst hohe Verluste zuzufügen («man zahlt es ihm heim»).

Zusammenfassend bleibt mit Bezug auf die vorangehenden Ausführungen somit folgendes festzuhalten:

1. Konstitutiv für kooperative Interaktionen sind kongruente oder zumindest konvergierende Interessen. Spezifische Institutionen sichern gewöhnlich die Kontinuität kooperativer Arrangements und begründen eine Außengrenze.
2. Konstitutiv für reziprokative Interaktionen sind kompensatorische Interessen. Dementsprechend oszillieren diese zwischen Friedfertigkeit und Feindseligkeit.
3. Der oben aufgezeigte Dualismus von kooperativer und reziprokativer Interaktion präsentiert sich als ein vollkommener in dem Sinne, daß sich soziale Beziehungen immer entweder als kooperativ oder reziprokativ darstellen: *tertium non datur*.
4. Die Dimension Vertrauen spielt eine zentrale Rolle für die Herausbildung und Aufrechterhaltung von kooperativen Beziehungen. Für die Ausgestaltung reziprokativer Beziehungen sind Vertrauensbezeugungen demgegenüber von untergeordneter Bedeutung. Ihre Funktion beschränkt sich im Falle positiver Reziproka-

---

51 Es mag in diesem Zusammenhang hilfreich sein, sich zu vergegenwärtigen, daß die Wortbedeutung des lateinischen *reciprocare* auf ein eben solches «hin und her bewegen» verweist.
52 Niklas Luhmann, *Vertrauen,* op.cit., p. 23.

tion darauf, dem Interaktionspartner das Interesse an einem friedfertigen Interessenausgleich glaubhaft zu machen.

Obwohl diese Abhandlung nur eine Vorstudie zu sein beansprucht, ist es der Vollständigkeit halber angezeigt, abschließend Prozesse sozialer Strukturbildung hinsichtlich der dargestellten Muster kooperativer und reziprokativer Beziehungen zu betrachten.

4. Prozesse der Transformation von Sozialkapital

Die Ausformung sozialer Strukturen ist determiniert durch spezifische Restriktionen, die den verschiedenen Mustern kooperativer und reziprokativer Beziehungen immanent sind. Während mit der Unterscheidung zwischen positiver und negativer Reziprokation bereits auf die beiden Grundmuster der Ausgestaltung dieses Beziehungstyps aufmerksam gemacht wurde, steht eine nähere Charakterisierung kooperativer Arrangements noch aus. Wenigstens in Ansätzen ist eine solche indes in den obigen Ausführungen weiter oben bereits enthalten. Die kooperative Interaktion zwischen Individuen oder kollektiven Akteuren kann demzufolge nämlich entweder «hierarchisch» oder «genossenschaftlich» strukturiert sein. In beiden Fällen übertragen die Akteure zwar freiwillig, wie James S. Coleman adäquat formuliert, «Kontrollrechte über ihre Handlungen an andere».[53] Indessen erfolgt bei hierarchischer Kooperation eine einseitige Vergabe von Herrschaftsrechten. Eine solche einseitige Überantwortung von Kontrollrechten ist dadurch motiviert, daß sich die unterwerfende Partei von einer heteronomen Kontrolle ihrer Handlungen mehr verspricht, als wenn sie selbst über den Einsatz ihrer Ressourcen verfügen würde. Auch bei genossenschaftlicher Kooperation ist das Abtreten von Kontrollrechten über eigene Handlungen durch gleichgerichtete Interessen motiviert. Jedoch besteht zwischen den Kooperationspartnern in diesem Fall eine Reziprozität entsprechender Kontrollrechte.

Auch reziprokative Interaktionen können Herrschaftsbeziehungen begründen. Im Falle positiver Reziprokation werden gegen Entgelt bestimmte Kontrollrechte über eigene Handlungen an einen Akteur abgetreten. Dies entspricht im wesentlichen einem Anstellungsverhältnis. Von einer Beziehung hierarchischer Kooperation unterscheidet sich eine solche Herrschaftsbeziehung aber dadurch, daß der Angestellte gerade nicht erwartet, daß die heteronome Handlungskontrolle auf einen Ressourceneinsatz hinzielt, der seinen Interessen entgegenkommt. Dasselbe gilt auch für Herrschaftsbeziehungen, die durch negative Reziprokation begründet werden. Hier wird als Gegenleistung für die Übertragung von Kontrollrechten der Verzicht auf Gewaltanwendung angeboten.

---

53 James S. Coleman, *Grundlagen der Sozialtheorie,* op.cit., p. 90.

Kooperation

Die Gegenüberstellung von kooperativ und reziprokativ begründeten Herrschaftsbeziehungen deckt sich mit der von Coleman vorgeschlagenen Differenzierung zwischen «konjunkten und disjunkten Herrschaftsbeziehungen»,[54] wie nachstehende Erklärung verdeutlicht:

> Die Begriffe ‚konjunkt' und ‚disjunkt' beziehen sich auf die Übereinstimmung zwischen den Interessen des Untergebenen und den Anordnungen des Vorgesetzten. In einer konjunkten Herrschaftsbeziehung realisieren die Anordnungen des Vorgesetzten die Interessen des Untergebenen. In einer disjunkten Herrschaftsbeziehung ist dies nicht der Fall, sondern die Interessen des Untergebenen müssen mit extrinsischen Mitteln befriedigt werden.[55]

Ein kollektives Handeln im Sinne eines arbeitsteiligen und zielorientierten Handelns mehrerer Personen kann demzufolge sowohl auf der Grundlage kooperativer als auch reziprokativer Beziehungen organisiert sein. Gleichermaßen sind auch innerhalb eines kollektiven Akteurs verschiedenste Kombinationen kooperativer und reziprokativer Beziehungen denkbar. Für die Untersuchung institutioneller Wandlungsprozesse ist dieser Aspekt von erheblicher Bedeutung, weil – worauf bereits hingewiesen wurde – die Organisation kollektiven Handelns auf der Grundlage reziprokativer Beziehungen besonderer institutioneller Voraussetzungen bedarf. Ein kollektiver Akteur, der maßgeblich nach dem reziprokativen Organisationsprinzip konstituiert ist, muß in einem sozialen Umfeld situiert sein, das durch rechtliche Institutionen hinlänglich Vertragssicherheit gewährleistet. Bedingt trifft dies auch für den reziprokativen Gütertausch zwischen Individuen oder kollektiven Akteuren zu. Obwohl weitreichende Handelsbeziehungen nachweislich auch unter Bedingungen aufrecht erhalten werden können, die jeglicher rechtlicher Möglichkeiten, vertragliche Ansprüche durchzusetzen, entbehren,[56] bleiben diese Beziehungen doch insofern prekär, als sie angesichts leichter Verschiebungen in den Machtbalancen schnell ihren friedfertigen Charakter verlieren können.[57] Da rechtliche Institutionen aber ein Produkt kooperativer Arrangements sind, stellt sich die Frage nach den besonderen Voraussetzungen, die eine Entwicklung kooperativer Beziehungen

---

54 Cf. ibid., p. 90-102.
55 Ibid., p. 93.
56 Ein klassisches Beispiel hierfür ist der von Herodot beschriebene «stumme Tausch». Cf. Karl Polanyi, *Ökonomie und Gesellschaft*, op.cit., p. 287sqq.; Max Weber, *Wirtschaft und Gesellschaft*, op.cit., p. 192, 383, 402.
57 Diese Sichtweise wird bestätigt durch Aussagen verschiedener Autoren, welche auf den eher graduellen Unterschied zwischen Piraterie und Fernhandel verweisen. Weber äußert sich dazu beispielsweise wie folgt: «Der Seefahrer der Antike und des Mittelalters nimmt sehr gern unentgeltlich, was er gewaltsam bekommen kann, und verlegt sich auf das friedliche Feilschen nur da, wo er dies entweder gegenüber ebenbürtiger Macht tun muß oder im Interesse sonst gefährdeter künftiger Tauschchancen es zu tun für klug hält.» (Max Weber, ibid., p. 385; cf. auch Karl Polanyi, *The Great Transformation*, op.cit., p. 83sq.).

dahingehend ermöglichen, daß sich eine Vielzahl von Akteuren auch über große Distanzen unter einer gemeinsamen Rechtsordnung zusammenfindet. Für die Suche nach einer Antwort auf diese Frage erscheint es zweckmäßig, nochmals auf die Vertrauensproblematik zurückzukommen und diese zu spezifizieren.

Eine Auseinandersetzung mit dem Phänomen Vertrauen scheint, wie Arbeiten mit verschiedener theoretischer Ausrichtung verdeutlichen, eine analytische Differenzierung nahezulegen, die zwischen einem persönlich begründeten und einem situationsgebundenen beziehungsweise kontextabhängigen Vertrauen unterscheidet.[58] Eine besondere Variante kontextabhängigen Vertrauens soll hier als generalisiertes Vertrauen gekennzeichnet werden. Das generalisierte Vertrauen äußert sich in der festen Zuversicht, daß Personen im allgemeinen untereinander bestimmte Normen beachten beziehungsweise sich weitgehend so verhalten, wie die an sie gerichteten Rollenerwartungen es vorschreiben.[59] Diese Spezifikation ist nötig zur Verdeutlichung dessen, was nachfolgend mit dem mittlerweile geläufigen Begriff des Sozialkapitals gemeint ist.[60] Das Sozialkapital eines Individuums wird definiert durch die Summe aller zwischenmenschlichen Vertrauensbeziehungen, auf die das Individuum im Hinblick auf potentielle und aktuelle Interaktionen zurückgreifen kann. Da die persönlichen Vertrauensbeziehungen das Ergebnis ureigener, nicht übertragbarer Investitionen sind, stellen sie das «private» Sozialkapital eines Individuums dar. Die generalisierten Vertrauensbeziehungen, die durch das regelgetreue Verhalten anderer Personen erzeugt und aufrecht erhalten werden begründen demgegenüber das «kollektive» Sozialkapital eines Individuums.

Das eingeführte begriffliche Instrumentarium erlaubt nun, soziologisch relevante Prozesse der Transformation sozialer Institutionen unter zwei Gesichtspunkten näher zu untersuchen. Einerseits besteht die Möglichkeit, die für spezifische Typen sozialer Ordnungen jeweils charakteristische Zusammensetzung des individuell verfügbaren Sozialkapitals zu eruieren. Andererseits können die für die entsprechenden Besonderheiten der individuellen Sozialkapitalakkumulation verantwortlichen und gleichermaßen strukturbildenden kooperativen und reziprokativen Interaktionsbeziehungen daraufhin geprüft werden, ob sie eine Transformation vom einen zum anderen Strukturtyp wahrscheinlich machen oder nicht. Der Beweis dafür, daß sich im Rahmen einer derartigen Unter-

---

58 Beispielhaft sei hier Luhmanns Differenzierung zwischen ‚Personenvertrauen' und ‚Systemvertrauen' erwähnt. Cf. Niklas Luhmann, *Vertrauen,* op.cit., p. 40-66.
59 Diese Differenzierung stimmt weitgehend mit den von Vanberg eingeführten Kategorien ‚Personen-Vertrauen' und ‚Institutionen-Vertrauen' überein. Cf. Victor J. Vanberg, «Markt, Organisation und Reziprozität», art.cit., p. 276.
60 Cf. dazu insb. Pierre Bourdieu, «Ökonomisches Kapital, kulturelles Kapital, soziales Kapital». In: Reinhardt Kreckel (ed.), *Soziale Ungleichheit, Soziale Welt, Sonderband,* Nr. 2., Göttingen, Otto Schwartz, 1983, p. 183-198.

Kooperation

suchung sozialer Transformationsprozesse im Vergleich zu herkömmlichen Methoden aussagekräftigere Ergebnisse erzielen lassen, kann hier nicht erbracht werden. Hierfür wäre eine größere Zahl breit angelegter Studien zu historischen Abläufen institutionellen Wandels sowie zu einzelnen sozialtheoretischen Problemfeldern erforderlich. Trotzdem können auf der Grundlage entsprechender Vorarbeiten einige Fragmente zu einem anschaulichen Gesamtbild zusammengefügt werden.[61] Dieses Gesamtbild spiegelt sich in folgenden Thesen wider:

Die Struktur sozialer Interaktion in ‚primitiven Gesellschaften',[62] bringt eine institutionelle Ordnung hervor, die in erster Linie dadurch charakterisiert ist, daß Redistributions- und Reziprozitätsnormen eine intensive Kooperation innerhalb kleiner genossenschaftlich organisierter Gemeinschaften sicherstellen.[63] Meistens werden darüber hinaus unter benachbarten Gemeinschaften dieser Art eine beschränkte Zahl verbindender kooperativer Arrangements aufrecht erhalten, die vor allem dann aktiviert werden, wenn die gewöhnlich durch positive Reziprokation geprägten Beziehungen drohen, ihren friedfertigen Charakter zu verlieren, oder wenn außerordentliche Bedrohungslagen (Dürre, Invasoren etc.) eine temporäre Vereinigung der Kräfte nahelegen. Diese übergreifenden kooperativen Arrangements haben eine schwache Basis, weil die politische Autonomie und die hochgradige wirtschaftliche Autarkie der primär begründeten genossenschaftlichen Assoziationen nur geringe Anreize für eine weitergehende Institutionalisierung ausbilden. Den höchsten Stellenwert für das Individuum besetzt demzufolge das Sozialkapital, das durch die Zugehörigkeit zu der jeweiligen kooperativen Gemeinschaft

---

61 Cf. Jachen C. Nett, «Strategies for the Guarantee of Individual Rights in the Informal Sector». In: Georgios M. Schinas, Paul Trappe (ed.), *Gesellschaftssysteme im Umbruch – Konsequenzen für das Eigentum*, Studies of the European Faculty of Land Use and Development Strasbourg, vol. 19, Frankfurt/M. et al., Peter Lang, 1995, p. 95-117; idem, «Structural Aspects of Associations Providing Collective Goods: Voluntary Associations in the Process of Development». In: Beat Sottas, Lilo Roost-Vischer (ed.), *Überleben im afrikanischen Alltag. Improvisationstechniken im ländlichen und städtischen Kontext*, Bern et al., Peter Lang, 1995, p. 279-293; idem, «Kollektives Handeln in Afrika». In: *Krisenkontinent Afrika. Ansätze zum Krisenmanagement*, ed. Karlheinz Hottes et al., Social Strategies, 27, 1995, p. 239-253.

62 Sogenannte Wildbeuter- beziehungsweise Jäger- und Sammlergesellschaften, die als ursprünglichste und aus anthropologisch-evolutionstheoretischer Perspektive (Anthropogenese) auch als bedeutsamste Gesellschaftsform anzusehen sind, entsprechen dem Idealtypus primitiver Gesellschaften am ehesten. Indessen kommen gegebenenfalls auch Gesellschaften mit agrarischer oder pastoraler Wirtschaftsweise diesem Typus sehr nahe. Zum begrifflichen Konzept ‚primitiver Gesellschaften' cf. Richard A. Posner, «A Theory of Primitive Society with Special Reference to Law». In: *Journal of Law and Economics*, 23, 1980, p. 1-53.

63 Solche Gemeinschaften sind beispielsweise der umherziehende Jagdverband bei Wildbeutergesellschaften und der Familienverband (Clan) oder die Dorfgemeinschaft bei pastoralen und agrarischen Gesellschaften.

geschaffen wird. Denn gegenüber den Sicherheiten, die das generalisierte Vertrauen in die Geltung der engmaschigen Gruppennormen vermittelt, treten die Vorteile persönlicher Vertrauensbeziehungen in den Hintergrund. Außerdem gefährden besonders enge Koalitionen zwischen einzelnen Individuen den Zusammenhalt der Kooperationsgemeinschaft als ganzer. Da aufgrund dessen befürchtet werden muß, daß die übrigen Gruppenmitglieder Gegenmaßnahmen ergreifen, stellen solche Koalitionen sogar für die Betroffenen ein Sicherheitsrisiko dar.

Wenn unter bestimmten Voraussetzungen, auf die hier nicht näher eingegangen werden kann, die soziale Ordnung einer primitiven Gesellschaft in eine sozial stärker differenzierte und hierarchisch gegliederte Ordnung einer ‚komplexen Gesellschaft' transformiert wird,[64] verändert sich der Zuschnitt der Beziehungen innerhalb der primär entstandenen genossenschaftlichen Assoziationen grundlegend. Aufgrund des Verlusts der politischen Autonomie und der schwindenden wirtschaftlichen Subsistenzgrundlage verlieren diese kooperativen Beziehungen für die Individuen zunehmend an Bedeutung. Das kollektive Sozialkapital, das sie ihren Mitgliedern zu Verfügung stellen, entwertet sich angesichts der Vorteile, die der Eintritt in ein **hierarchisches Netzwerk bilateraler Kooperationsbeziehungen** zu bieten vermag. Solche insbesondere durch **asymmetrische Koalitionen** gebildeten pyramidenförmigen Netzwerke werden gemeinhin als Patronage- oder Klientel-Systeme charakterisiert.[65] Die Interaktionen zwischen den Patrons und ihren Klienten folgen dem Prinzip hierarchischer Kooperation, weil für die entsprechenden Beziehungen **konvergierende** Interessen konstitutiv sind. Dies ist an dieser Stelle ausdrücklich hervorzuheben, zumal im sozialanthropologischen Schrifttum eine lange Diskussion über den Charakter dieses Beziehungstyps geführt wurde.[66]

---

64 Zur Struktur und zu den Charakteristiken ‚komplexer Gesellschaften' finden sich ausgezeichnete Beiträge in dem von Michael Banton herausgegebenen Sammelband *The Social Anthropology of Complex Societies*, London, Tavistock, 1966

65 Cf. dazu insbesondere die Aufsatzsammlung *Friends, Follower, and Factions: A Reader in Political Clientelism*, Berkeley et al., University of California Press, 1977, für welche Steffen W. Schmidt, James C. Scott, Carl Landé und Laura Guasti als Herausgeber zeichnen.

66 Cf. u.a. Robert R. Kaufmann, «The Patron-Client Concept and Macro-Politics: Prospects and Problems». In: *Comparative Studies in Society and History*, 16, 1974; Nicholas Abercrombie, Stephen Hill, «Paternalism and Patronage». In: *British Journal of Sociology*, 27, 1976, p. 413-427, insb. p. 415; Michael A. Korovkin, «Exploitation, Cooperation, Collution. An Enquiry into Patronage». In: *Archives européennes de sociologie*, 24, 1988, p. 105-125, insb. p. 112. Als ein Diskussionsschwerpunkt kristallisiert sich das Problem heraus, ob der Patron oder der Klient aus der Beziehung die größeren Vorteile schöpft. Letztlich dreht sich die Debatte wohl um die Frage: «Wer beutet wen aus?». Eine Antwort darauf erscheint müßig, wenn erst einmal der kooperative Charakter der Patronagebeziehung als solcher erkannt wird.

Kooperation

Da in einem klientelistisch organisierten Gemeinwesen der Zugang zu vielen Ressourcen allein über persönliche Verbindungen zum politischen Zentrum einigermaßen sichergestellt werden kann, bleibt den Individuen nichts anderes übrig, als eine Strategie zu wählen, die sich auf die Akkumulation privaten Sozialkapitals konzentriert. Unter solchen Voraussetzungen wird ein kollektives Handeln auf der Grundlage einer genossenschaftlich organisierten Interessenverbindung stark behindert; denn, wie Elsenhans deutlich macht, läuft die «kollektive Organisation in Selbsthilfegruppen» beständig Gefahr, «über begrenzte materielle Begünstigungen und klientelistische Anbindung unterlaufen [zu] werden».[67] Mit der Zeit führt dies dazu, daß auf allen Ebenen gesellschaftlichen Handelns die Ansatzpunkte für die Entwicklung und Stärkung generalisierter Vertrauensbeziehungen abhanden kommen. Wenn aber selbst überschaubare Assoziationen ihre Fähigkeit verlieren, kollektives Sozialkapital bereitzustellen, bestehen erst recht keine Chancen mehr für die Begründung umfassender und funktionstüchtiger Institutionen des Rechts. Deren Abwesenheit ist mithin wiederum dafür verantwortlich, daß die Individuen sich allein auf persönliche Vertrauensbeziehungen verlassen müssen. Angesichts erodierter Gemeinschaftsnormen und fehlender Rechtssicherheit bleibt dem Individuum nichts anderes übrig, als nach allen Kräften persönliche Bande zu knüpfen und zu pflegen. Am meisten verspricht dabei die Zufluchtnahme bei freundschaftlich gesinnten mächtigen Patrons.

Der *circulus vitiosus*, in dem komplexe Gesellschaften aufgrund der beschriebenen individuell rationalen Handlungsstrategien gefangen sind, läßt wenig Zuversicht aufkommen im Hinblick auf die Möglichkeit, daß entsprechende Gesellschaften zu irgend einem Zeitpunkt den Weg zu einer auf rechtsstaatlich verfaßten Zivilgesellschaft finden. Es ist in Anbetracht einer vergleichbaren Ausgangslage deshalb um so erstaunlicher, daß sich in Teilen des Okzidents trotzdem eine institutionelle Ordnung ausgebildet hat, die wesentlich durch zivilgesellschaftliche Verhältnisse geprägt ist. Von besonderem Interesse ist dabei die Tatsache, daß in diesen Gesellschaften eine im historischen und interkulturellen Vergleich einzigartige Struktur sozialer Interaktionsbeziehungen hervorgebracht wurde. Die Besonderheit liegt darin begründet, daß das generalisierte Vertrauen in die Geltung und Durchsetzbarkeit institutionell garantierter Anrechte ein Ausmaß angenommen hat, das analog zur beschriebenen Situation in primitiven Gesellschaften dem Individuum einen weitgehenden Verzicht auf die private Sozialkapitalbildung gestattet; die Individuen werden jedoch im Gegenzug nicht in einem vergleichbaren Maße mit normativen Verpflichtungen belastet. Der individuellen

---

67 Hartmut Elsenhans, «Dependencia, Unterentwicklung und der Staat in der Dritten Welt». In: *Politische Vierteljahresschrift*, 27, 1986, p. 149.

Handlungsautonomie wird in diesen rechtsstaatlich verfaßten Gesellschaften ein Stellenwert zugewiesen, der seinesgleichen sucht.

Durch die ausgeprägte Zuversicht bezüglich der formal korrekten Anwendung von Gesetzen und rechtlichen Bestimmungen werden die Akteure in entwickelten Zivilgesellschaften tendenziell dazu veranlaßt, ihre Beziehungen untereinander so auszugestalten, daß zu keinem Zeitpunkt Unsicherheit darüber aufkommt, welche Rechte vom Einzelnen im Ernstfall einklagbar wären. Da kooperative Beziehungen im wesentlichen vom Bewußtsein der Beteiligten getragen werden, daß sie zur Verwirklichung ihrer Interessen aufeinander angewiesen sind, muß ihnen eine solche Tendenz die Grundlage entziehen; denn sowie sich die betreffenden Akteure individuell gegen alle Eventualitäten – einschließlich eines möglicherweise aus dem kooperativen Arrangement erwachsenden Verlusts – absichern können, mutiert die Kooperation zur Reziprokation. Wer zum Beispiel in spekulativer Absicht Aktien erwirbt, folgt dem Ethos der Reziprokation. Der ephemere Charakter der zeitweiligen Konvergenz seiner Interessen mit derjenigen der übrigen Aktionäre läßt es in diesem Fall nicht zu, von einer kooperativen Orientierung auszugehen.

Die Transformation kooperativer Beziehungen in reziprokative schreitet in dem Maße voran, als das Recht in regulierender Absicht in soziale Bereiche eindringt, die bis anhin vom kooperativen Ethos getragen wurden. Es sind dies in bürgerlich geprägten Gesellschaften vor allem die Beziehungen innerhalb privater Haushalte und insbesondere der Kernfamilie. In jüngerer Zeit hat dieser in westlichen Gesellschaften bereits weit fortgeschrittene Transformationsprozeß einen weiteren Schub aus einer anderen Richtung erlangt. Aufgrund der heute globalen Dimension wirtschaftlicher Interdependenz, werden die kooperativen Arrangements zwischen den entsprechend stark transnational verflochtenen Unternehmen und ihrer Belegschaft immer häufiger aufgekündigt. Die ehemals auf lokalen Märkten vorteilhafte Interessenverbindung weicht angesichts der zunehmenden Globalisierung der Märkte dem opportunistischen und somit auch flexiblen Interessenausgleich.

Kooperation

Résumé

Dans l'histoire des théories sociolologiques et anthropologiques, les concepts dualistes visant à expliquer la constitution de structures sociales participent d'une longue tradition. En particulier l'opposition établie entre les conceptions du «marché» et de l'«organisation» détermine encore de nos jours la pensée conceptuelle dans les sciences sociales. Toutefois, en s'appuyant sur les modèles explicatifs élaborés par Viktor J. Vanberg, il est possible de montrer les faiblesses théoriques d'une conception qui cherche à distinguer les relations spécifiques du marché de celles de l'organisation. Comme alternative, nous présenterons une approche analytique qui explique les particularités propres à la constitution de structures sociales par un antagonisme anthropologique fondamental entre deux principes de l'interaction sociale. Selon cette approche, l'interaction sociale peut soit tendre à une balance des intérêts en vertu du principe de compensation (réciprocation), soit être motivée par une union concertée des intérêts (coopération).

Ökonomische Rationalität
und die Einbettung wirtschaftlichen Handelns

von Jens Beckert

Differenzierungstheoretisch angeleitete Modernisierungstheorien behaupten in ihren Entwicklungsszenarien einen Prozeß immer weiter voranschreitender Ablösung der ökonomischen Funktionslogik von den kulturellen, politischen und sozialstrukturellen Grundlagen der Gesellschaft. So beschrieb Max Weber bereits in seiner Freiburger Antrittsvorlesung die Entwicklung in den ostelbischen Gebieten als die eines Konflikts zwischen der von kulturellen, sozialen und politischen Bindungen losgelösten Funktionslogik des Marktes einerseits und deren normativ zu fordernder politischer und sozialer Eindämmung andererseits.[1] Die ungewollten Folgen der Marktrationalität können, so die Diagnose, nur durch eine Intervention von außen in den Marktmechanismus eingedämmt werden. Aber auch die später von Max Weber entwickelte Bürokratisierungsthese behauptet, die Marktstrukturen entwickelten zunehmend ein, modern gesprochen, selbstreferentielles Eigenleben; ein Prozeß, durch den der Kapitalismus von seinen kulturellen Grundlagen zunehmend unabhängig werde. Diese Beschreibung des Rationalisierungsprozesses hat sich in der Gesellschaftstheorie des 20. Jahrhunderts folgenreich fortgesetzt. Ein Beispiel hierfür ist Jürgen Habermas' zwischen System und Lebenswelt unterscheidendes Gesellschaftskonzept, in dem die Wirtschaft als eine allein auf die Imperative der Zweckrationalität eingestellte gesellschaftliche Sphäre analysiert wird, die von der auf Normen und kommunikativem Handeln beruhenden Lebenswelt getrennt ist.[2] Soziologische Differenzierungstheorien stehen damit für die Beschreibung moderner marktwirtschaftlicher Strukturen in vielleicht überraschender Übereinstimmung mit dem Marktmodell der neoklassischen Ökonomie, die das Handeln von Akteuren bekanntlich als ausschließlich durch die rationale Verfolgung individueller Präferenzen motiviert sieht.

---

1 Cf. Max Weber, «Der Nationalstaat und die Volkswirtschaftspolitik». In: Max Weber, *Gesamtausgabe*, vol. 4.2, Tübingen, J.C.B. Mohr (Paul Siebeck), 1998, p. 544-574.
2 Cf. Jürgen Habermas, *Theorie des kommunikativen Handelns*, 2 vol., Frankfurt/M., Suhrkamp, 1981.

In diesem Aufsatz geht es mir um die kritische Reflexion dieser differenzierungstheoretischen Diagnose einer zunehmenden Entbettung von Wirtschaftsstrukturen in marktwirtschaftliche Ordnungen. Meine zentrale Behauptung lautet: Die differenzierungstheoretische Beschreibung der Entwicklung der Funktionsweise des modernen Kapitalismus übergeht das Problem, daß gerade die Effizienz des Marktes selbst auf kulturelle und soziale Rückkoppelungen angewiesen ist.

Als zentrales Konzept meiner Überlegungen verwende ich den Terminus der Einbettung, der heute zu einem Schlüsselbegriff wirtschaftssoziologischer Forschung geworden ist. Mark Granovetters 1985 veröffentlichter Aufsatz *Economic Action and Social Structure. The Problem of Embeddedness* hat mit dem Konzept der Einbettung eine programmatische Grundlage für die Wirtschaftssoziologie gelegt, die wesentlich zum Aufschwung dieser Bindestrichsoziologie während der letzten zehn Jahre beigetragen hat.[3] Einbettung meint dabei die Bedeutung von formalen und von informellen institutionellen Regeln, sozialen Strukturen, Normen und Macht als regulativen Mechanismen in wirtschaftlichen Kontexten neben den Präferenzen atomisierter Akteure. Dabei lassen sich auf Grundlage einer von Paul DiMaggio und Sharon Zukin vorgeschlagenen Taxonomie vier Formen von Einbettung unterscheiden: politische, kulturelle, soziale und kognitive Einbettung.[4]

Der Begriff der Einbettung wurde schon lange vor Mark Granovetter von dem Anthropologen Karl Polanyi eingeführt. Polanyi argumentierte, wirtschaftliche Beziehungen in vormodernen Gesellschaften seien in soziale, religiöse oder politische Institutionen eingebettet. In seinem Werk *The Great Transformation* versuchte Polanyi zu zeigen, wie der sich seit dem 18. Jahrhundert entwickelnde selbstregulierende Markt Tauschbeziehungen von ihrer sozialen Einbindung loslöst und die Gesellschaft dem Markt unterordnet.[5] Nicht Reziprozität und Umverteilung sind die Mechanismen, nach denen wirtschaftliche Beziehungen der modernen Marktökonomien strukturiert sind, sondern allein das Profitmotiv. Auch bei Polanyi läßt sich demnach das differenzierungstheoretische Denkmuster erkennen. Zwei wichtige Unterschiede liegen freilich darin, daß Polanyi erstens die Loslösung des Marktes von Reziprozitätsbeziehungen für die Destabilisierung der westlichen Gesellschaften verantwortlich macht, während die marktliberalen Ökonomen gerade darin den Garanten friedlicher Gesellschaftsentwicklung ausmachen. Und zweitens, daß die Entbettung von Wirtschaftsbeziehungen ein auf

---

3   Cf. Mark Granovetter, «Economic Action and Social Structure. The Problem of Embeddedness». In: *American Journal of Sociology,* 91, 1985, p. 481-510.
4   Cf. Sharon Zukin, Paul DiMaggio, «Introduction». In: Idem (ed.), *Stuctures of Capital. The Social Organization of the Economy*, Cambridge, Cambridge University Press, 1990, p. 1-36.

Ökonomische Rationalität

die modernen Marktwirtschaften beschränktes Phänomen ist, während die neoklassische Theorie vom universellen Charakter ihrer Handlungsannahmen überzeugt ist.

Im Unterschied zu den differenzierungstheoretischen Szenarien und der neoklassischen Theorie herrscht heute unter Wirtschaftssoziologen, aber auch bei einer Anzahl von Ökonomen (z.B. Kenneth Arrow und Douglass North) die Auffassung vor, moderne und vorindustrielle Gesellschaften ließen sich nicht entlang der Dimension der Einbettung unterscheiden. Diese Einschätzung enthält zwei Aspekte:

1. Zwar hält die ökonomische Doktrin des universellen Charakters nutzenmaximierenden Handelns nicht gegen wirtschaftshistorische und - anthropologische Forschung stand (z.B. Forschungen zu *tragedy of the commons*), doch sind auch die Akteure vorindustrieller Gesellschaftsordnungen nicht völlig frei von ökonomischen Nutzenüberlegungen. Vorindustrielle Gesellschaften variieren untereinander im Hinblick auf die Bedeutung, die Profitmotive in den Handlungen der Akteure einnehmen.[6]

2. Auch moderne kapitalistische Wirtschaftssysteme sind nicht auf der Grundlage atomisierten, rationalen Handelns zu verstehen. Ohne hier Beispiele anführen zu können, sind wirtschaftssoziologische Untersuchungen grundsätzlich darauf bedacht zu zeigen, wie Markttransaktionen etwa von Vertrauen abhängen, in Reziprozitätsvorstellungen, eine bestimmte Kultur oder in Netzwerkstrukturen eingebunden sind.[7] Der Befund der Einbettung wirtschaftlichen Handelns in moderne Marktwirtschaften ist durch diese empirischen Arbeiten gut belegt, wenngleich die Untersuchungen und die theoretischen Konzeptualisierungen bis jetzt zu keiner verallgemeinerungsfähigen Theorie geführt haben, die der ökonomischen Theorie ernsthaft Konkurrenz machen könnte.

Hier möchte ich einer in der neuen Wirtschaftssoziologie vernachlässigten Frage nachgehen, deren Beantwortung ein wichtiger Stützpfeiler für die theoretische Weiterentwicklung wirtschaftssoziologischer Forschung sein könnte: Weshalb läßt sich in der Dimension der Einbettung wirtschaftlichen Handelns eine so erstaunliche Kontinuität zwischen Wirtschaftsformationen finden, die hochgradig unterschiedlich organisiert sind? Hierzu möchte ich eine klare These entwickeln: Die Kontinuität in der Dimension der Einbettung wirtschaftlichen Handelns geht einher mit dem fundamentalen Wandel der Quellen für die Einbettung. Während in vormodernen Gesellschaften Einbettung

---

5   Cf. Karl Polanyi, *The Great Transformation. Politische und ökonomische Ursprünge von Gesellschaftssystemen*, Frankfurt/M., Suhrkamp, 1978.
6   Cf. Marc Granovetter, Richard Swedberg, «Introduction». In: Idem (ed.), *The Sociology of Economic Life*, Boulder et al., Westview Press, 1992, p. 1-26.
7   Cf. hierzu u.a. die Texte in Sharon Zukin, Paul DiMaggio, op.cit.. und in Mark Granovetter, Richard Swedberg , op.cit.

Ausdruck der sozial gewollten oder auch erzwungenen Begrenzung rein wirtschaftlich orientierter Handlungen war, ist Einbettung in modernen Marktgesellschaften viel stärker eine kontingente, von den Akteuren immer wieder selbst zu schaffende, institutionell häufig nur schwach abgesicherte, zugleich aber notwendige Versicherung gegen die wirtschaftlich dysfunktionalen Folgen von allein an individueller Nutzenmaximierung orientiertem und durch den Marktmechanismus koordiniertem Handeln. In meinen Ausführungen möchte ich diese These anhand von theoretischen Überlegungen und mit Hilfe von einigen Beispielen untermauern.

Traditionelle Gesellschaften lassen sich dadurch charakterisieren, daß sie ökonomische Wandlungsprozesse nur innerhalb eng umfaßter Grenzen zulassen. Die Organisation wirtschaftlichen Handelns hat ihre Legitimationsgrundlage in kulturellen Überlieferungen, die der funktionalen Ausdifferenzierung ökonomischer Strukturen entgegenstehen. So war, um ein Beispiel anzuführen, das Wirtschaftsleben der Städte im Mittelalter wesentlich durch die von den Zünften erlassenen Gewerbeordnungen und andere Regulationen des Wettbewerbs geprägt. Anders als in den liberalen Wirtschaftsordnungen der Neuzeit richteten sich die zünftigen Ordnungen nicht auf die Maximierung des Reichtums. Die Zunftordnungen waren vielmehr Ausdruck einer Wirtschaftskultur, in deren Kontext die Ausübung eines Handwerkerberufs nicht in erster Linie der Gewinnmaximierung galt, sondern wesentlich Mittel zum Lebensunterhalt war. Die Regeln der Zünfte dienten der protektionistischen Absicherung eines begrenzten, aber unter der Bedingung der Angebotsregulation für die Handwerker auskömmlichen Marktes. Die politische und sozialstrukturelle Einbettung diente der Verhinderung von Wettbewerb, aus einer Kultur heraus, die Profitmaximierung nicht legitimierte. Die Interessen der Zunftordnung wurden vor diesem Hintergrund dann durchaus auch mit Gewalt durchgesetzt. Das Beispiel eines Kölner Bäckers, dem am Ende des 18. Jahrhunderts der Ofen eingerissen wurde, weil er besonders gutes Brot buk und dadurch Kunden von der Konkurrenz abwarb, war durchaus kein Einzelfall.[8]

Natürlich kamen die Zünfte mit der beginnenden Industrialisierung in die Krise. In Frankreich wurden sie mit der Französischen Revolution, in Preußen mit der Einführung der Gewerbefreiheit 1813 aufgelöst und in England versanken sie durch die Industrialisierung in die Bedeutungslosigkeit. Erkennen läßt sich daran, wie die Entfaltung der modernen kapitalistischen Gesellschaft mit der zumindest tendenziellen Zerstörung der Quellen der Einbettung vorindustrieller Ökonomien einhergeht. Diese Zurückdrängung ist nicht selbst kontingent; sie ist vielmehr Voraussetzung für die Entstehung hochgradig arbeitsteiliger Wirtschaftsstrukturen, weil sie die Akteure von partikularistischen Einbindungen befreit. Es ist dieser Prozeß, den Max Weber in seiner Rationalisierungs-

---

8   Cf. Eva-Maria Thoms, «Die verordnete Solidarität». In: *Die Zeit*, 5.12. 1997, p. 35.

these beschrieben hat. Mein Argument ist nun, daß diese Entwicklung, von dem der Niedergang der Zünfte nur ein Aspekt ist, zwar die Einbettung wirtschaftlicher Strukturen in einem bestimmten Sinn aufhob oder zumindest wesentlich einschränkte, dieser Prozeß jedoch nicht mit Entbettung gleichzusetzen ist.

Die Auflösung partikularistischer Privilegien, die Befreiung wirtschaftlichen Handelns von religiösen Kosmologien und die Trennung von Haushalt und Unternehmen führten zur grundsätzlichen Veränderung der Organisation wirtschaftlicher Beziehungen und waren Grundlage für die Durchsetzung moderner Marktwirtschaften. Es kommt zur Reduzierung institutionalisierter Machtstrukturen, partikularistischer Vorrechte und moralisch begründeter Beschränkungen ökonomischer Aktivitäten etwa im Geldgewerbe. Dieser Prozeß läßt sich zurecht als funktionale Differenzierung kennzeichnen. Die Bedeutung von Adam Smith bestand meines Erachtens auch darin, bereits in einer frühen Phase dieser Entwicklung deren normativen Kulminationspunkt beschrieben zu haben: eine Wirtschaft, in der Akteure allein an ihrem individuellen Nutzen orientiert, losgelöst von moralischen Überlegungen und sozialen Verpflichtungen und befreit von Machteinflüssen ihre Präferenzen im Tausch realisieren. Doch glaubt man den Resultaten wirtschaftssoziologischer Untersuchungen, dann hat die Wirtschaft diesen Kulminationspunkt eben nie erreicht.

Ich möchte argumentieren, die wirtschaftssoziologisch untersuchten Formen von Einbettung in modernen Wirtschaftsstrukturen sind nicht irgendwelche Residuen, die seit langer Zeit aus vormodernen Strukturen immer weiter tradiert werden, sich aber langsam abnutzen und auflösen. Vielmehr möchte ich die umgekehrte These vertreten, daß Einbettung sich gerade als Reaktion auf die Durchsetzung des Wettbewerbsmarktes verstehen läßt und kontinuierlich reproduziert wird. Dies verweist auf die Frage, weshalb Einbettung auch in modernen Gesellschaften fortlebt. Die These lautet: Aufgrund der Grenzen eines allein an individueller Rationalität orientierten Handelns für das Erreichen von ökonomischen Zielen, sind die Akteure darauf angewiesen, auch die sozialen und kulturellen Voraussetzungen wirtschaftlicher Effizienz kontinuierlich mit zu erschaffen und zu reproduzieren. Diese These möchte ich auf Grundlage einer kritischen Diskussion des orthodoxen mikroökonomischen Theoriemodells erörtern.

Das von Adam Smith in der Metapher von der unsichtbaren Hand ausgedrückte Modell der Funktionsweise des Marktes, bei dem individualisierte Akteure losgelöst von sozialer und moralischer Einbindung handeln, kann sich ja nur aufgrund der darin enthaltenen Erwartung als Gesellschaftstheorie ausweisen, es würde eine auf Interessenharmonie fußende Gesellschaftsordnung ermöglichen. Wenn individuell rationales Handeln tatsächlich dazu führt, daß es vom Resultat her für niemanden eine bessere Handlungsmöglichkeit gibt, dann ist der Markt der Effizienz garantierende, konfliktfreie soziale Handlungsraum, der Adam Smith bereits vorschwebte. Wenn dem aber nicht so

ist, dann hängt wirtschaftliche Effizienz auch an anderen Faktoren als individuell rationalem Handeln im Sinne der ökonomischen Theorie. Die beiden hierfür zu beantwortenden Fragen lauten:
1. Erreichen Akteure in sämtlichen Handlungssituationen effiziente Resultate, wenn sie ihre Entscheidungen auf die Empfehlungen der ökonomischen Theorie aufbauen? Wenn aber nicht, wie erreichen sie dann effiziente Resultate?
2. Ist es in sämtlichen Handlungssituationen für die Akteure möglich, Optimierungsstrategien zu erkennen? Wenn nicht, was tun sie dann?

Meine Behauptung besteht nun darin, daß wir genau drei Handlungssituationen identifizieren können, in denen wir zumindest eine der beiden Fragen mit «Nein» beantworten müssen. Diese Situationen sind Kooperation, Handeln unter Bedingungen von Ungewißheit und Innovationen.

Kooperation. In Tauschsituationen ist Kooperation dadurch charakterisiert, daß zwei Akteure zusammenkommen, die jeweils über Waren verfügen, die der andere begehrt, nicht jedoch selbst besitzt. Zwar haben beide Parteien ein Interesse am Zustandekommen des Tauschs, doch ist in der Tauschbeziehung die Möglichkeit zur Erlangung von Vorteilen aus der Entziehung von Verpflichtungen angelegt. Unter der Annahme, Akteure orientierten sich an der Maximierung ihres Eigennutzes, ist es für beide Akteure rational, den anderen über die Eigenschaften der Ware zu täuschen und, falls sich die Möglichkeit ergibt, den Vertrag nicht zu erfüllen. Da beide Akteure das Risiko der Tauschbeziehung kennen, kann der Tausch entweder blockiert sein oder aber hohe Transaktionskosten beinhalten. Bei arbeitsteiliger Produktion bedarf es der Kooperation von mindestens zwei Akteuren, die Einigung über ihre jeweilige Arbeitsleistung und die Verteilung des Arbeitsproduktes erzielen müssen. Wenn es keine eindeutige Kontrolle und Zurechnung des Arbeitsproduktes auf die Akteure gibt, ist es für jeden Akteur rational, möglichst wenig zur Erstellung des Produktes beizutragen und einen möglichst großen Teil davon für sich zu beanspruchen. Es entsteht ein Kooperationsproblem mit den strukturell gleichen Eigenschaften wie dem marktlichen Tausch.

Eine strategische Situation zweier Spieler, in der die beidseitige Kooperation das beste kollektive Ergebnis ermöglicht, die dominante Strategie jedoch in beidseitiger Nichtkooperation besteht, wird in der Spieltheorie als Gefangenendilemma bezeichnet. Bei den Versuchen zur Lösung des Gefangenendilemmas innerhalb des Paradigmas der ökonomischen Handlungstheorie lassen sich zwei Ansätze unterscheiden. Die interne Lösung des Gefangenendilemmas beruht auf der Erwartung eines wiederholten Spiels, in dem Kooperation, unter der Voraussetzung der Annahme von Kooperationsgewinnen aus weiteren Spielen, zur rationalen Strategie wird. Durch die Einbettung des Kooperationsparadoxes in das Superspiel wird das Dilemma überwunden. Externe Lösungen

Ökonomische Rationalität

des Gefangenendilemmas nehmen an, durch Sanktionen gedeckte Normen veränderten die rationalen Strategien der Akteure so, daß Kooperation induziert werden kann. Normenbefolgung wird als individuell rationale Handlungsstrategie rekonstruiert: Akteure kalkulieren bei der Wahl ihrer Handlungsstrategie die Sanktionskosten mit ein.

Es läßt sich nun zeigen, daß Superspiele das Kooperationsdilemma nur unter spezifischen Annahmen lösen können, die weit entfernt sind von den faktischen Bedingungen, mit denen Akteure in wirtschaftlichen Kontexten moderner Marktgesellschaften konfrontiert sind. Dies soll nicht so verstanden werden, daß die Erwartung einer längerfristigen Kooperationsbeziehung keinen Einfluß auf die Kooperationswahrscheinlichkeit hat. Dieser ist vielmehr aus experimentellen Untersuchungen und wirtschaftssoziologischen Fallstudien gut bekannt. Es soll lediglich behauptet werden, Superspiele könnten nicht bereits als Lösung des Kooperationsproblems betrachtet werden. Bei der externen Lösung besteht das Problem darin, das Zustandekommen und die Aufrechterhaltung der Sanktionen selbst von der Rationalitätsannahme ausgehend zu erklären. Es besteht ein Trittbrettfahrerproblem zweiter Ordnung, das innerhalb des Rahmens der rationalistischen Handlungstheorie gelöst werden müßte. Hier zeigt sich, daß wir soziale Normen nicht auf ökonomisches Maximierungshandeln reduzieren können, sondern ihnen einen autonomen Status zubilligen müssen. Sanktionen haben zwar für die Aufrechterhaltung von Normen Bedeutung, aber Normen können nicht auf Sanktionen reduziert werden.

Die anspruchsvollen Bedingungen für die Lösung des Gefangenendilemmas innerhalb des ökonomischen Handlungsmodells verweisen auf die Unterminierung kooperativer Beziehungen, wenn diese allein auf den kalkulierenden Überlegungen der Akteure basieren.[9] Die aus diesem Befund entstehende Frage lautet dann: Wie können Akteure dazu gebracht werden, irrational zu handeln und genau dadurch überlegene Handlungsresultate erreichen? Es ist an dieser systematischen Stelle, daß die Einbettung von Akteuren in soziale Strukturen, normative Regeln und Machtverhältnisse als Voraussetzung der Erklärung wirtschaftlicher Effizienz mit in das Handlungsmodell eingehen muß.

Ungewißheit. Anders verhält sich die Problematik, wenn wir uns Handeln unter Bedingungen von Ungewißheit zuwenden. Das Problem ist nicht, wie beim Kooperationsproblem, daß eine rationale Handlungsstrategie die Erreichung des effizienten Resultats

---

9 Cf. Jens Beckert, *Grenzen des Marktes. Die sozialen Grundlagen wirtschaftlicher Effizienz*, Frankfurt/M./New York, Campus, 1997.

verhindert, sondern daß eine optimale Strategie nicht erkannt werden kann.[10] Wir wollen unseren Nutzen maximieren, wissen aber nicht, welche Handlungsstrategien wir hierfür wählen sollen, weil uns die kausalen Beziehungen nicht bekannt sind, von denen wir eine Optimierungsentscheidung deduzieren könnten. Es ist nicht irrational, rational zu handeln, sondern unmöglich, rational zu handeln. Wenn wir Ungewißheit als eine Situation verstehen, in der es nicht möglich ist, Entscheidungen aus Präferenzen zu deduzieren, weil die Konsequenzen verschiedener Alternativen nicht eindeutig oder zumindest probabilistisch erkennbar sind, dann wird hierdurch die Mikrofundierung der ökonomischen Ordnungstheorie affiziert. Es gibt keine Position, von der aus *ex ante* eine bestimmte Alternative als überlegen dargestellt werden könnte. Dadurch wird der Kern der orthodoxen Ökonomie als normativer Entscheidungstheorie in Frage gestellt.

Zugleich eröffnet sich die Frage, wie Akteure Ungewißheit reduzieren und hochgradig kontingente Interaktionssituationen stabilisieren können. Anders ausgedrückt lautet die Frage: Was machen wir, wenn wir nicht wissen, wie wir eine Maximierungsentscheidung treffen können? Diese Frage läßt sich innerhalb des ökonomischen Rationalmodells des Handelns nicht sinnvoll stellen, weil die Theorie axiomatisch festlegt, daß Akteure nutzen- bzw. gewinnmaximierende Entscheidungen treffen und nur unter dieser Bedingung auch das ordnungstheoretische Konzept effizienter Gleichgewichte als kollektives Resultat individuellen Optimierungshandelns aufrechterhalten werden kann. Ungewißheit stellt damit eine Grenze der Verbindung von zweckrationalem Handlungsmodell und paretoeffizientem Makroresultat dar, die das Hobbessche Ordnungsproblem wieder in die Ökonomie zurückbringt: Zumindest einige Akteure werden keine paretooptimalen Tauschresultate erzielen, und es entwickeln sich keine stabilen Paretogleichgewichte. An diese Grenze des ökonomischen Ordnungsmodells läßt sich von zwei Seiten anschließen: Zum einen kann das Problem der Ungewißheit zur Erklärung empirisch beobachtbaren Marktversagens herangezogen werden. Zum anderen läßt sich von soziologischer Seite mit der Untersuchung der kognitiven, sozialen und kulturellen Mechanismen anschließen, auf die Akteure zurückgreifen, wenn sie unter Bedingungen der Ungewißheit handeln. Dies bezeichnet die zweite systematische Stelle, an der die Einbettung der Akteure in Normen, Kultur und soziale Strukturen eingeführt werden muß. Die Aufgabe besteht darin, die sozialen Mechanismen zu untersuchen, auf die sich Akteure als Ersatzrationalitäten stützen. Institutionen, Normen, Gewohnheit, Macht und soziale Netzwerke sind wichtige Elemente des wirtschaftlichen Lebens, weil sie Orientierungen für Entscheidungen geben und dadurch Kontingenz reduzieren.

---

10 Ausführlich hierzu Jens Beckert, «Was ist soziologisch an der Wirtschaftssoziologie. Ungewißheit und die Einbettung wirtschaftlichen Handelns». In: *Zeitschrift für Soziologie,* 25,

Ökonomische Rationalität

Innovation. Noch einmal anders verhält sich die Problematik, wenn wir Innovationen betrachten.[11] Am Verständnis von Innovationsprozessen in der neoklassischen Wachstumstheorie erscheint der handlungstheoretische Bezugspunkt bei einem atomisierten Akteur problematisch, der unter Berücksichtigung möglichst aller Bedingungen auf ein bereits zu Beginn des Handlungsprozesses fertig entworfenes Ziel zusteuert und dieses durch optimalen Mitteleinsatz effizient erreicht. Dagegen läßt sich anführen, daß Innovationen in den beiden Dimensionen des Ziels und der Handlungsmittel mit Ungewißheit verbunden sind. Das Resultat von Investitionen in Forschungs- und Entwicklungsaktivitäten läßt sich nicht vorhersehen und daher auch nicht in eine einfache Kosten-Nutzen-Rechnung einbringen. Selbst wenn wir eine klare Vorstellung von dem angestrebten Zustand haben, ist der optimale Weg dorthin unbekannt. Es muß damit gerechnet werden, daß angestrebte Ziele entweder überhaupt nicht oder nur durch einen höheren als vorhergesehenen Mitteleinsatz erreicht werden. Eine vollständige Vorhersehbarkeit des Erfolgs innovativer Tätigkeiten ist jedoch paradox, weil deren Rentabilität einzuschätzen die Kenntnis des noch Hervorzubringenden voraussetzen würde. Dies verweist auf die eigenwillige Unschärfe von Innovationen in der Zieldimension: Die angestrebten Ziele, aber auch die Probleme selbst lassen sich zum Entscheidungszeitpunkt t_0 allenfalls vage beschreiben und kristallisieren sich erst im Innovationsprozeß selbst heraus. Ein aktuelles Beispiel hierfür ist das Internet, dessen zukünftige Gestalt von niemandem antizipiert werden kann. Erst im Prozeß der Innovation selbst lassen sich zukünftige Möglichkeiten der wirtschaftlichen Verwendung des Internets klarer erkennen. Wie sollen unter diesen Bedingungen hochgradiger Ungewißheit hinsichtlich der Mittel und der Ziele aber optimale Investitionsentscheidungen getroffen werden? Daran schließt sich erneut die Frage an, wie Akteure sich für Investitionen entscheiden, deren Nutzen sie nicht kennen. Dieses Problem verweist ein weiteres Mal auf die Einbettung wirtschaftlichen Handelns.

Mit der Identifizierung der drei Handlungssituationen läßt sich darauf hinweisen, daß gerade moderne Wirtschaften mit ihren komplexen Systemen der Arbeitsteilung und turbulenten, also ungewissen, Umwelten für ihr Funktionieren auf Einbettung angewiesen sind, sie sich gerade in dieser Dimension also nicht von vormodernen Ökonomien unterscheiden können. Bestritten wird nicht, daß Akteure rational im Sinne der ökono-

---

1996, p. 125-146.
11 Die Schwierigkeiten der Erklärung innovativer Prozesse innerhalb der ökonomischen Theorie sind seit langem bekannt. Schon Schumpeter verwies auf die prinzipiell statischen handlungs- und ordnungstheoretischen Annahmen des Rationalmodells des Handelns. Optimierungsentscheidungen setzen ja voraus, daß ich sowohl das Ziel meiner Tätigkeit kenne als auch die Mittel angeben kann, durch deren Einsatz ich dieses Ziel effizient erreiche.

mischen Theorie handeln wollen, sondern daß sie dies können, bzw. daß sie dabei effiziente Resultate erzielen. Dabei wird aber auch deutlich, daß der Ursachenzusammenhang für Einbettung in vorindustriellen und modernen Wirtschaften ein jeweils anderer ist: zumindest idealtypisch können wir sagen, in vormodernen Gesellschaften sind es wesentlich soziale Privilegien, religiöse Kosmologien oder die durch Sanktionen gedeckte moralische Regulation wirtschaftlicher Transaktionen, die Akteure davon abhalten, im Sinne der ökonomischen Theorie rational zu handeln.

In modernen Marktwirtschaften hingegen ist Einbettung gerade die Voraussetzung wirtschaftlicher Effizienz. Daß Tradition, Religion und Privilegien für den modernen Wirtschaftsprozeß an Bedeutung verlieren, ist natürlich wesentliche Voraussetzung für die wirtschaftliche Reichtumsentwicklung seit der Industrialisierung. Doch läßt sich dieser Prozeß eben nicht modernisierungstheoretisch einfach als Entbettung beschreiben. Vielmehr verweisen die drei Situationen Kooperation, Handeln unter Bedingungen von Ungewißheit und Innovationen darauf, daß wirtschaftliches Handeln auch in modernen Ökonomien nicht nur marktbestimmt, sondern immer auch regelgeleitet ist. Die Differenz zwischen der Funktionsweise moderner und traditioneller Ökonomien besteht nicht in der Dimension der Einbettung, sondern darin, wie die kontingenten Erwartungsstrukturen entstehen und reproduziert werden.

Die Unterschiede möchte ich hier lediglich anhand des Feldes der Kooperation erörtern. Ausgangspunkt ist die Überlegung, daß die Infragestellung des in traditionalen Gesellschaften in seiner Geltung von den Akteuren weitgehend vorausgesetzten kulturellen Hintergrunds und die mit der entstehenden Kontingenz einhergehenden Gefahren für institutionalisierte Handlungsweisen und kooperative Beziehungen die Akteure zwingen, den verpflichtenden Hintergrund in reflexiven Prozessen immer wieder zu erschaffen, wobei das Scheitern als Möglichkeit immer präsent bleibt. Diesen Zusammenhang möchte ich mit Verweis auf die Sozialtheorie von Anthony Giddens mit dem Begriff der **reflexiven Rationalität** bezeichnen.[12]

Giddens zufolge haben wirtschaftliche Beziehungen in vormodernen Gesellschaften einen nur geringen Vertrauensbedarf. Dies liegt an der geringen Arbeitsteilung und den nur wenig ausgeprägten Tauschbeziehungen. Zugleich scheinen die sozialen Strukturen, wie etwa die Bedeutung von Verwandtschaftsbeziehungen, von Tradition und von religösen Kosmologien eher geeignet, Vertrauen zu generieren. Die Entfaltung der modernen kapitalistischen Gesellschaft geht mit der zumindest tendenziellen Zerstörung genau dieser Vertrauenskontexte einher. Da diese Gleichzeitigkeit aber nicht selbst kontingent ist, sondern nur zwei verbundene Seiten des Modernisierungsprozesses wi-

---

12 Cf. Anthony Giddens, *The Constitution of Society*, Berkeley/Los Angeles, University of California Press, 1984.

Ökonomische Rationalität

derspiegelt, besteht das nicht zu umgehende Problem von marktlichem Tausch und arbeitsteiliger Kooperation in modernen Gesellschaften darin, Kooperation zu ermöglichen, ohne sich auf die Vertrauensumwelten vormoderner Gesellschaften verlassen zu können. Deren Zurückdrängung ist zugleich auch Voraussetzung für die Entstehung hochgradig arbeitsteiliger Wirtschaftsstrukturen, weil sie die Akteure von partikularistischen Einbindungen befreit.

Damit entsteht ein nicht hintergehbar ambivalenter Hintergrund von zunehmender Kontingenz von Handlungserwartungen und Steigerung der Notwendigkeit der Ausbildung stabiler Vertrauensumwelten. Giddens' Sozialtheorie reflektiert den ambivalenten Hintergrund von Kooperationsbeziehungen, indem sie neben dem insbesondere im Begriff der ontologischen Sicherheit und dem Begriff der Struktur verankerten Aspekt institutionalisierter Erwartungen zusätzlich auf die Bedeutung reflexiver Gestaltung von Sozialbeziehungen für die Ausbildung von Vertrauensumwelten in modernen Gesellschaften verweist. Giddens betont die Notwendigkeit der reflexiven oder rekursiven Vergewisserung reziproker Handlungserwartungen in Interaktionsprozessen, die sich aus der Entbettung von Institutionen und sozialen Praktiken aus lokalen, durch Traditionen bestimmten Kontexten ergibt. Es genügt nicht, daß Akteure sich auf den handlungsstrukturierenden Einfluß von Tradition, Gewohnheit und religiösen Kosmologien verlassen, und es gibt hierfür auch kein unmittelbares Äquivalent. Vielmehr müssen Vertrauensbeziehungen deliberativ hergestellt und reproduziert werden. Dieser entscheidende Gedanke wird von Giddens im Begriff des aktiven Vertrauens zum Ausdruck gebracht, mit dem er die zunehmende Angewiesenheit moderner Gesellschaften auf diskursives und dialogisches Engagement potentiell konfligierender Akteure betont. Die Funktionsweise sozialer Integration verändert sich, weil Solidarität prozeßhaft hergestellt werden muß und nicht aus der Vergangenheit fortgeschrieben werden kann.

> Vertrauen muß gewonnen und aktiv erhalten werden; und dies verlangt heute normalerweise einen Prozeß wechselseitiger Erzählungen und emotionaler Öffnung. Eine Öffnung zum anderen ist die Bedingung für die Entwicklung stabiler Verbindungen, außer wenn traditionelle Muster, aus welchem Grund auch immer, erneut aufgezwungen werden oder emotionale Abhängigkeiten bzw. innerer Zwang bestehen (Übersetzung J.B.).[13]

Die prinzipielle Kontingenz von Kooperationsbeziehungen erfordert von den Akteuren deren Stabilisierung durch aktive Verpflichtungen. So konstituieren sich die Grundlagen wirtschaftlich effizienten Handelns auch in den Handlungsprozessen selbst. Die Begrenzung ökonomischer Rationalität als Voraussetzung wirtschaftlicher Effizienz ist kontingentes Resultat des sozialen Handelns. Einbettung ist daher für moderne

---

13 Anthony Giddens, «Risk, Trust, Reflexivity». In: Ulrich Beck et al., *Reflexive Modernization*, Stanford, Stanford University Press, 1994, p. 184-197, Zitat p. 187.

Marktökonomien kein passives Konzept, wie dies verschiedentlich beklagt wurde,[14] sondern verweist auf die Prozesse der aktiven Erstellung der sozialen Voraussetzungen wirtschaftlicher Effizienz, oder, anders ausgedrückt: auf reflexiv konstituierte Selbstzivilisierung.

Die hier angestellten Überlegungen sollten dazu anregen, die von der ökonomischen Theorie und von soziologischen Differenzierungstheorien gemeinsam vertretene Auffassung der Entbettung von ökonomischen Beziehungen in modernen Wirtschaftsstrukturen zu revidieren. Bei der Einbettung moderner Wirtschaften handelt es sich jedoch nicht einfach um die Fortsetzung der Tradition in der Moderne. Vielmehr verändern sich sowohl die Zwecke als auch die Quellen von Einbettung. Stand Einbettung in vormodernen Gesellschaften gerade für die Begrenzung der wirtschaftlichen Funktionslogik, ist Einbettung in modernen Marktökonomien eine Grundlage der Erreichung wirtschaftlicher Effizienz. Es verändern sich aber auch die Konstitutionsformen von Einbettung. Nicht religiöse Kosmologien oder andere Formen kultureller Überlieferung bieten einen als selbstverständlich vorauszusetzenden Rahmen für kooperative Beziehungen und Handeln unter Bedingungen von Ungewißheit. Vielmehr müssen Akteure in Marktwirtschaften die kooperativen Grundlagen in reflexiven Prozessen immer wieder erschaffen und reproduzieren. Eine der Aufgaben der Wirtschaftssoziologie besteht in der Entschlüsselung dieser spezifisch modernen Konstitutionsformen der Einbettung wirtschaftlichen Handelns.

Résumé

Dans notre contribution, nous nous proposons de soumettre à une réflexion critique le diagnostic de théorie différentielle qui relève une «desinsertion» croissante des structures économiques de l'économie de marché. En premier lieu, on s'interroge sur les raisons pour lesquelles le phénomène d'insertion joue un rôle important aussi dans les économies modernes. Notre thèse est la suivante: en raison des limites inhérentes à une action économique uniquement déterminée par la raison individuelle pour atteindre des

---

14 Cf. Richard Whittington, «Putting Giddens into Action. Social Systems and Managerial Agency». In: *Journal of Management Studies,* 29, 1992, p. 693-712.

objectifs économiques, les acteurs sont contraints de créer et de reproduire continuellement les conditions sociales et culturelles de l'efficience économique. Toutefois, des formes de constitution de l'insertion spécifiquement modernes se développent, qui marquent une différence par rapport aux structures économiques traditionnelles.

Wirtschaft als Gesellschaft
Über den geldwirtschaftlichen Kern der Luhmannschen Systemtheorie

von Axel T. Paul

Bekannt ist, daß und wie dicht die Systemtheorie Parsons' am neoklassischen Paradigma orientert ist und diesem allen Anstrengungen zum Trotz, wirtschaftliches Handeln als Spezialfall sozialen Handelns zu thematisieren, auch noch in letzter Fassung verhaftet blieb.[1] Die Systemtheorie Luhmanns scheint sich einer derartigen Charakterisierung oder gar Subsumtion unter die Wirtschaftstheorie allerdings zu entziehen. Tatsächlich sind in ihr die bei Parsons bis zum Schluß vorhandenen handlungstheoretischen Reste getilgt. Für den die soziale Ordnung aus Sicht der Neoklassik und *Rational Choice*-Theorie orchestrierenden *homo oeconomicus* ist bei Luhmann deshalb ebensowenig Platz wie für andere außerhalb und unabhängig von Systemen agierende oder diese gar erst konstituierende Akteure. Von Arnold Gehlen und Herbert Simon – einem in Deutschland zumindest von Soziologen viel zu selten gelesenen Autoren – hatte Luhmann vielmehr gelernt, daß die Individuen konstitutionell auf Routinen und Institutionen verwiesen und dem Lust-Unlust- oder auch nur nutzenmaximierenden Kalkül der einzelnen aus diesem Grunde enge Grenzen gezogen sind.[2] Und dennoch möchte ich im folgenden die These vertreten, daß die Luhmannsche Systemtheorie – entgegen aller an den Theorien der bürgerlichen Gesellschaft im allgemeinen und insbesondere dem Marxismus immer wieder vorgetragen Kritik – wie diese im Kern eine Theorie der modernen Ökonomie oder, genauer, der Geldwirtschaft ist. Damit ist weder die von Luhmann und vielen anderen formulierte Kritik am Marxschen Ökonomismus (oder zumindest dem Ökonomismus des orthodoxen Marxismus) obsolet,[3] noch fällt diese quasi unbemerkt auf Luhmann selbst zurück. Vielmehr sieht und analysiert Luhmann die Interdependenz des Wirtschafts- mit anderen gesellschaftlichen Teilsystemen, räumt oder räumte diesem jedoch wenigstens eine Zeit lang den «funktionalen Primat» unter den

---

1 Cf. Jens Beckert, *Grenzen des Marktes. Die sozialen Grundlagen wirtschaftlicher Effizienz*, Frankfurt/M./New York, Campus, 1997, p. 189-289.
2 Cf. Niklas Luhmann, «Kann die Verwaltung wirtschaftlich handeln?». In: *Verwaltungsarchiv*, 51, 1960, p. 97-115.
3 Cf. die Einleitung sowie den Beitrag von Jean-Marie Vincent in diesem Band.

gesellschaftlichen Teilsystemen ein,⁴ und er konzipiert – was mir wesentlich zu sein scheint – die Ökonomie anders als Marx oder erst recht die neoklassische Wirtschaftstheorie vom Vorrang des Geldes und nicht etwa des Tauschs.

Gleichwohl insistiert Luhmann darauf, Systemtheoretiker und nicht etwa Denker der bürgerlichen Gesellschaft zu sein, ist «die Wirtschaft der Gesellschaft» für ihn nur ein bestimmtes, nicht aber das System der Systeme, geht es ihm darum, die Gesellschaft und nicht allein die Ökonomie zu beschreiben.⁵ Inwieweit ihm das gelingt, ist eine offene und nur im Vergleich mit konkurrierenden Unternehmen wie etwa Habermas' Theorie des kommunikativen Handelns zu diskutierende Frage. Und ich erinnere daran, daß Luhmann mit ‚beschreiben' nicht bloß ein ‚irgendwie sprachlich Abbilden' meint, sondern konstitutionstheoretische, funktionale und evolutionstheoretische Ansprüche verbindet. Diese Frage aufzunehmen, heißt, sich auf den exoterischen Charakter der Luhmannschen Systemtheorie einzulassen. Ein zweifellos wichtiges Unterfangen. Ich meine jedoch, daß eine «esoterische» Lesart der Systemtheorie, das heißt deren Interpretation als Theorie der Geldwirtschaft, möglich ist und die Diskussion der exoterischen Frage, wie weit die Systemtheorie denn nun «tatsächlich» trägt,⁶ erleichtert und neu akzentuiert.

Ich werde im folgenden zunächst die Grundzüge der Luhmannschen Kommunikations- und Medientheorie rekapitulieren, denn Luhmann thematisiert das Geld als eines mehrerer «symbolisch generalisierter Kommunikationsmedien», und, soweit notwendig, auf einige Grundbegriffe der alles übewölbenden Systemtheorie eingehen. Zweitens werde ich die meines Erachtens wesentlichen Teile der Systemtheorie in eine Theorie

---

4   Cf. Niklas Luhmann, «Wirtschaft als soziales System». In: Idem: *Soziologische Aufklärung 1. Aufsätze zur Theorie sozialer Systeme*, Opladen, Westdeutscher Verlag, 1970, p. 204-231, hier 225-227.
5   Daß und wie fruchtbar es ist, die Systemtheorie zur Interpretation oder besser Reformulierung wirtschaft(swissenschaft)licher Zusammenhänge heranzuziehen, hat Dirk Baecker in *Information und Risiko in der Marktwirtschaft* (Frankfurt/M., Suhrkamp, 1988) gezeigt. Darüber, ob auch der Luhmannschen Systemtheorie wirtschaftstheoretische Ursrünge oder Motive unterstellt werden dürfen, ist damit freilich noch nicht entschieden.
6   Während die Rezensionen Luhmanns *Gesellschaft der Gesellschaft* (Frankfurt/M., Suhrkamp, 1997) überwiegend löblich ausfallen und das Buch beziehungsweise die Systemtheorie als den Klassikern ebenbürtig oder gar überlegen feiern (cf. nur Constanz Seyfarth, «Die Gesellschaft als Gesellschaft in die Gesellschaft bringen. Annäherungen an ein Theorieprojekt». In: *Soziologische Revue*, 21, 1998, p. 154-164), urteilt das Autorenteam Esser/Klenovits/Zehnpfenning zwar noch vor Erscheinen der Hauptwerke Luhmanns, für die Fraktion dessen positivistischer, das heißt der kritischen Theorie nicht verpflichteten Kritiker allerdings immer noch repräsentativ: «Leerformelhaftigkeit einerseits, kontradiktorische und zirkelhafte Aussagen andererseits sowie eine konventionalistische Auffassung von Theorie sind die geläufigsten Immunisierungsstrategien, bei Luhmann treten sie allesamt auf» (Hartmut Esser et al., *Wissenschaftstheorie*, vol. 2, *Funktionalistische und hermeneutisch-dialektische Ansätze*, Stuttgart, Teubner, 1977, p. 61).

des Geldes oder der Geldwirtschaft übersetzen, und drittens schließlich werde ich auf ein oder zwei Probleme der Theorie hinweisen und Desiderate formulieren.

1. Das Problem der Kommunikation und die Lösung der Medien

Der Grundbegriff und das Hauptproblem der Luhmannschen Gesellschaftstheorie (nicht seiner Systemtheorie) ist Kommunikation. Mit Kommunikation meint Luhmann nicht allein sprachliche Verständigung, obwohl diese ein Fall von Kommunikation ist, auch nicht bloß ein wie auch immer geartetes Sich-Zeichen-Geben, sondern die kleinstmögliche Einheit beispielsweise zwischenmenschlicher Koordination. Luhmann geht davon aus, daß menschliche Individuen – ein Begriff, den er selber nicht oder nur mit Einschränkungen verwendet – keine Möglichkeit haben, sich mit anderen sprachlich oder sonstwie über ihre Absichten zu verständigen oder auch nur sicher festzustellen, was der je andere denkt, meint oder will.[7] Individuen sind einander völlig undurchsichtig oder stellen füreinader *black boxes* dar. Sie nehmen einander zwar wahr, wissen aber nicht, was im je anderen vorgeht. Es bleibt ihnen deshalb nichts anderes übrig, als von sich auf andere zu schließen. Die Gründe für dieses «Menschenbild» sollen uns hier nicht weiter interessieren. Es liegt jedenfalls auf der Hand, daß es für die Individuen schwierig, wenn nicht ausgeschlossen ist, nicht nur ihr Verhalten oder gar Handeln zu koordinieren, sondern auch und zunächst einmal ihre Absichten zu verfolgen und Interessen durchzusetzen. «Ich tue, was Du willst, wenn Du tust, was ich will», lautet das Kalkül eines jeden, und daraus folgt, daß nichts geschieht. Diese Situation «doppelter Kontingenz» stellt für Luhmann die Urszene jedweder Form von Gesellschaft dar. Sie begründet, ja, sie ist der Grund der von ihm als das eigentliche Problem aller Gesellschaft identifizierten «Unwahrscheinlichkeit der Kommunikation».

Es hat einen gewissen Reiz, sich diese Konstruktion mit Hilfe der Luhmann aus der Zeit seiner Tätigkeit als Regierungsrat gewiß geläufigen Verwaltungsmaxime «Wer sich als erster bewegt, wird erschossen!» zu veranschaulichen. Tatsächlich aber ist Luhmann von der Art und Weise fasziniert, wie Organisationen das Problem der doppelten Kontingenz lösen: «Jeder kann immer auch anders handeln und mag den Wünschen und Erwartungen entsprechen oder auch nicht – aber nicht als Mitglied einer Organisation. Hier hat er sich durch Eintritt gebunden und läuft Gefahr, die Mitgliedschaft zu verlieren, wenn er sich hartnäckig querlegt.»[8] Nun sind Organisationen ein relativ spätes Produkt der soziokulturellen Evolution, sie taugen mithin nicht, sich die wenn schon nicht für das Überleben der von uns ins Auge gefaßten Individuen notwendige, so doch

---

7   Cf. zum folgenden Niklas Luhmann, *Soziale Systeme. Grundriß einer allgemeinen Theorie*, Frankfurt/M., Suhrkamp 1984, p. 156sqq.
8   Niklas Luhmann, *Die Gesellschaft der Gesellschaft*, op.cit., p. 829.

die überall und jederzeit zu beobachtende Verhaltens- und Handlungskoordination von Menschen plausibel zu machen. Dennoch läßt sich aus Luhmanns Untersuchungen über die Arbeitsweise von Organisationen lernen, wie er sich die Lösung des Problems der doppelten Kontingenz überhaupt vorstellt.[9]

Ein Aspekt wurde bereits genannt: Organisationen binden oder verpflichten ihre Mitglieder in Hinblick auf einen bestimmten Organisationszweck. Der das Handeln der Organisation leitende Gesichtspunkt wird von dieser selbst fixiert und nicht etwa von außen an sie herangetragen. Die Organisation bildet also ein System, das sich mittels der von ihren Mitgliedern erbrachten Leistungen aus der Umwelt absetzt. Ein zweiter, in unserem Kontext wichtigerer Gesichtspunkt des Organisationshandelns liegt darin, daß es, wie Luhmann im Zuge seiner verschiedentlich vorgetragenen Kritik am Zweck-Mittel-Schema ausführt,[10] aus Warte der Organisation oder des Systems gar nicht darauf ankommt, ja, nicht einmal möglich ist, richtige Entscheidungen zu treffen, sondern brauchbar, das heißt so zu entscheiden, daß weitergemacht werden kann.[11] Anders gesagt, unabhängig von und noch vor der Frage, welche konkrete Aufgabe eine Organisation erfüllt, müßten deren Existenz und Fortbestand sichergestellt werden.[12]

Und was, so mag man fragen, hat all das mit der Lösung des Problems der doppelten Kontingenz zu tun? Sehr viel, denn Luhmann geht davon aus, daß die einander völlig intransparenten Individuen, die es aufgrund welcher Umstände auch immer miteinander zu tun bekommen, ihren Umweltkontakt, durch den sich alles weitere entscheidet, im Prinzip nicht anders regulieren als Organisationen, nämlich mit Hilfe willkürlicher Setzungen und sonstiger Unterstellungen. Ohne zu wissen, was im je anderen vorgeht, erhöhen die schlichte Annahme, sich wechselseitig beeinflussen oder determinieren zu können, und der Versuch, das Gegenüber daraufhin zu beobachten, die Chance, daß es überhaupt zur Interaktion kommt. Veranschaulichen läßt sich dieser Gedanke dadurch, daß wer vertraut mehr Möglichkeiten zu weiterem Handeln hat als jemand, der seiner Um- und Mitwelt Mißtrauen entgegen bringt.[13] Vertrauen zu können, das heißt in der

---

9 In *Funktionen und Folgen formaler Organisation* (Berlin, Duncker & Humblot, 1964), Luhmanns erster allein verfaßter Monographie, wird das Problem der doppelten Kontingenz noch unter dem Titel «Generalisierung von Verhaltenserwartungen» verhandelt; der Sache nach ist es allerdings schon präsent. Das programmatische Statement zum Thema findet sich erst in den *Sozialen Systemen* (op.cit., Kap. 3); der «organisatorische» Kontext des Problems wird dort jedoch ausgeblendet.

10 Cf. dazu ausführlich Niklas Luhmann, *Zweckbegriff und Systemrationalität. Über die Funktion von Zwecken in sozialen Systemen*, Frankfurt/M., Suhrkamp, 1973.

11 Cf. Niklas Luhmann, «Kann die Verwaltung wirtschaftlich handeln?», art.cit.

12 Zur Überlegenheit der «Bestands-» gegenüber der «Zweckformel» cf. Niklas Luhmann, *Zweckbegriff und Systemrationalität*, op.cit., p. 124sq. et 155-157.

13 Cf. Niklas Luhmann, *Vertrauen. Ein Mechanismus zur Reduktion sozialer Komplexität*, Stuttgart, Enke, ³1989, p. 78-85

Annahme zu handeln, daß es schon irgendwie weitergehen wird, ist Luhmann zufolge das anthropologische Fundament sozialer Systeme.[14] Klarzumachen hat man sich allerdings, daß es keine Gewähr für erfolgreiches Handeln gibt, keine Gewähr, daß die riskante Vorleistung des Vertrauens sich auszahlt, daß, um mit Carl Schmitt zu sprechen, jede Entscheidung aus einem normativen Nichts geboren ist.[15] Und wichtig ist es auch einzusehen, daß nichts außer eben der Tatsache, daß es weitergeht, verbürgt, daß die Unterstellung, mit der alles begann, mehr oder etwas anderes war als eine bloße Unterstellung.[16]

Es wird also kommuniziert. Die Empirie beweist es. Dennoch sieht Luhmann in diesem Tatbestand ein evolutionär äußerst unwahrscheinliches Phänomen, dessen Unwahrscheinlichkeit sich dadurch noch einmal erhöht, daß Sprache entsteht oder in den theoretischen Rahmen eingefügt wird.[17] Nach Luhmann kann die vorsprachliche (deswegen aber nicht sinnlose) Kommunikation mittels Sprache zum einen zwar präzisiert werden – Worte und Sätze sind genauer als Gesten –, zum anderen aber machen gerade die Präzisierung des je Gemeinten sowie und vor allem die Möglichkeit, auf jede sprachliche Äußerung nicht nur mit ja, sondern auch mit nein antworten zu können, die Verkettung von Kommunikationen und damit den Aufbau von sozialer Ordnung äußerst unwahrscheinlich. Luhmann drückt das so aus, daß Sprache die Selektivität von Kommunikation erhöht, nicht aber zu deren Annahme motiviert. Und eben dieses Problem soll durch

---

14   Cf. Niklas Luhmann, *Soziale Systeme*, op.cit. p. 181.
15   Cf. Carl Schmitt, *Politische Theologie. Vier Kapitel zur Lehre von der Souveränität*, Berlin, Duncker & Humblot, ⁵1990, p. 41.
16   Wollte man die Anthropologie Luhmanns seiner Behauptung zum Trotz, keine zu haben, ausbuchstabieren, so hätte man vor allem dieser seltsamen Spannung Rechnung zu tragen, die zwischen seinem Weltvertrauen einerseits und seiner Annahme, daß alles, was wir tun, auch falsch sein kann und wir deshalb «aus anthroplogischen [sic !] Gründen gar nicht genug Angst haben können» andererseits besteht (Niklas Luhmann, «Sinn als Grundbegriff der Soziologie». In: Jürgen Habermas, Niklas Luhmann, *Theorie der Gesellschaft oder Sozialtechnologie – Was leistet die Systemforschung?*, Frankfurt/M., Suhrkamp, 1971, p. 25-100, das Zitat p. 68).
17   Nach Veröffentlichung der *Gesellschaft der Gesellschaft* wird man sich Jan Künzlers Urteil: «Sprache geistert als Fremdkörper durch die Supertheorie Systemtheorie und ihre Teiltheorien, taucht an überraschenden Stellen auf, um ebenso überraschend wieder zu verschwinden, und wird ganz offensichtlich als störendes Element empfunden, das aber auch nicht eliminiert werden kann» («Grundlagenprobleme der Theorie symbolisch generalisierter Kommunikationsedien bei Niklas Luhmann». In: *Zeitschrift für Soziologie*, 16, 1987, p. 317-333, hier p. 331), kaum mehr anschließen können, widmet Luhmann sich jener dort doch ausführlich (cf. *Gesellschaft der Gesellschaft*, op.cit., p. 205-230). Richtig bleibt allerdings, daß dieser sich den konstitutionstheoretischen Überlegungen und gegen die Systemtheorie erhobenen Einwände der Sprachphilosophie nie wirklich gestellt hat. Cf. dazu Lutz Ellrich, «Die Konstruktion des Sozialen». In: *Zeitschrift für philosophische Forschung*, 46, 1992, p. 24-43.

die Einführung symbolisch generalisierter Kommunikationsmedien gelöst werden beziehungsweise evolutionär gelöst worden sein.[18]

Symbolisch generalisierte Kommunikationsmedien, für die Geld, Liebe, Wahrheit und Macht die prominentesten, wenn auch nicht die einzigen Beispiele sind, haben die Funktion, durch Reformulierung oder besser Spezialisierung bestimmter Kommunikationsofferten, das heißt durch deren Übersetzung in einen anderen als den sprachlichen Code, die Beliebigkeit des «Gesagten» in die Wahrscheinlichkeit eines «Gesprächs» zu überführen.[19] ‚Symbolisch' heißen diese Medien, weil sie mindestens zwei Kommunikationsteilnehmer und sei es nur punktuell miteinander verkoppeln; ‚generalisiert', weil sie ihre Funktion, zur Annahme von Selektionen zu motivieren, in mehr als nur einer bestimmten Situation, sondern vielmehr unter ganz unterschiedlichen Bedingungen zu erfüllen vermögen.

Zunächst einmal ersetzen die symbolisch generalisierten Kommunikationsmedien den binären Code der Sprache, ja oder nein sagen zu können, durch eigene, bereits auf bestimmte Problemlagen zugeschnittene Dichotomien. Der Code des Mediums Geld lautet ‚haben oder nicht haben' beziehungsweise ‚zahlen oder nicht zahlen', der der Liebe ‚Du und kein anderer', der der Macht ‚stark oder schwach' und der der Wahrheit ‚wahr oder falsch'. Luhmann behauptet nun, daß die positiven Seiten des Codes anders als das sprachliche Ja von sich aus zur Annahme einer entsprechend codierten Kommunikation motivierten oder jedenfalls bevorzugt würden. Mit anderen Worten, es sei im nicht-moralischen Sinne besser, zu haben als nicht zu haben, jemanden zu lieben als allein zu sein, zu herrschen als zu gehorchen oder sich auf die Seite der Wahrheit als auf die der Lüge zu schlagen. Was in bezug auf das Geld und die Macht vielleicht noch einleuchtet, in bezug auf Liebe und Wahrheit jedoch nicht unbedingt stimmen muß. Denn warum sollte man nicht lieber allein sein, als sich an einen anderen zu binden, und für wen außer für Theologen und wissenschaftlich Beseelte ist Wahrheit wirklich ein Wert? Luhmann sieht das Problem und räumt ein, daß je abstrakter ein Code formuliert ist, desto stärker durch Zusatzeinrichtungen zur Annahme oder Wahl des positiven oder, genauer gesagt, überhaupt eines Werts motiviert werden muß. Diese Zusatzeinrichtungen nennt Luhmann Programme. Zu nennen wären hier die romantische Liebe oder die neuzeitlichen Wissenschaften, die die Wahrheit an sich als einen, wenn nicht den höch-

---

18 Cf. Niklas Luhmann, «Generalized Media and the Problem of Contingency». In: *Explorations in General Theory in Social Science. Essays in Honour of Talcott Parsons*, ed. Jan J. Loubser et al., vol. 2, New York, The Free Press, 1976, p. 507-532.
19 Grundsätzliches zum Thema symbolisch generalisierte Kommunikationsmedien in Niklas Luhmann, «Einleitende Bemerkungen zu einer Theorie der symbolisch generalisierten Interaktionsmedien». In: *Zeitschrift für Soziologie*, 3, 1974, p. 236-255.

Wirtschaft als Gesellschaft

sten Wert auszeichnen. Aber auch auf den Feldern der Wirtschaft oder der Politik gibt es Programme: das Profitmotiv etwa oder die Ehre.

Man sieht, daß die von Luhmann gebrauchten Begriffe in einem strengen, ja fast notwendigen Zusammenhang stehen, die mit ihrer Hilfe gefaßten empirischen Phänomene sich allerdings nicht immer an die «Vorschriften» halten und mal mehr und mal weniger decken als ein Begriff eigentlich vorsieht. Das ist an sich kein Manko. Denn gerade der Inkongruenz von Theorie und Realität entspringt die Erkenntnis. Dennoch fragt sich, ob – und wenn ja: wie – kontrolliert werden kann, wann eine Theorie der Wirklichkeit ihre Formen vorschreibt statt abliest. Jede ernsthafte Diskussion dieser Frage führte sehr schnell und sehr weit in Probleme der Erkenntnistheorie, Probleme, denen Luhmann sich durchaus gestellt hat,[20] die ich hier aber nicht aufnehmen und behandeln kann. Mein Vorschlag lautet vielmehr – und ich werde ihn im 2. Teil eher vorstellen als wirklich begründen –, daß die scheinbar des Problembezugs entrückten Abstraktionen der späten Systemtheorie einer wenn nicht unzulässigen, so doch wenig überzeugenden Verallgemeinerung organisations- und wirtschaftstheoretischer Einsichten geschuldet sind. Über die erwähnte erkenntnistheoretische Problematik ist damit selbstverständlich noch nicht gerechtet.

Evolutionär erfolgreich sind symbolisch generalisierte Kommunikationsmedien dann, wenn sie zur Ausdifferenzierung und vor allem zur, wie Luhmann es nennt, operativen Schließung gesellschaftlicher Teilsysteme beitragen. Ihre Entstehung oder Erfindung gehorcht wie die Evolution überhaupt keinem Plan und auch keiner Notwendigkeit, sondern verdankt sich wie alles, was evolutionäre Prozesse auslöst, dem Zufall. Selbstverständlich wird es historische oder kulturelle Gründe oder einfach Anlässe für den Übergang von akephalen zu ansatzweise hierarchisierten Gesellschaften oder aber Gründe für die Einführung von Münzen gegeben haben, aber diese Gründe sind nicht gleichbedeutend mit der sozialen Funktion, die Macht und Geld in der Folge, wenn überhaupt, übernommen haben oder immer noch erfüllen. Dennoch kommt den symbolisch generalisierten Kommunikationsmedien – einigen mehr, anderen weniger – eine wichtige Rolle für die Ausdifferenzierung und Verselbständigung gesellschaftlicher Teilsysteme wie der Politik, der Wirtschaft, der Wissenschaft, der Erziehung, der Religion oder auch der Paarbeziehungen zu. Bedingung dieser Entwicklung ist, daß medienspezifische Kommunikationen aneinander anschließen können, ohne daß ein sachlich, zeitlich oder sozial einheitlicher Kontext vorausgesetzt werden müßte,[21] beispielsweise

---

20 Cf. Niklas Luhmann, *Soziale Systeme*, op.cit., Kap. 12; idem, *Die Wissenschaft der Gesellschaft*, Frankfurt/M. 1990.
21 Luhmann unterscheidet bereits seit *Funktionen und Folgen formaler Organisation* (op.cit.) zwischen den Dimensionen ‚zeitlich', ‚sachlich' und ‚sozial'. Später werden diese Dimensionen als die überhaupt möglichen Fluchtpunkte allen Sinns behauptet (cf. «Sinn als

also daß Zahlungen Zahlungen ermöglichen, ohne daß es darauf ankäme, wann wer was von wem ersteht; weiter daß die medienspezifische Kommunikation moralisch entschränkt ist, daß es etwa, um beim Beispiel des Geldes zu bleiben, erlaubt ist, Zinsen zu nehmen; und schließlich daß der Möglichkeitsspielraum oder die Komplexität dessen, worüber man kommuniziert, einerseits zwar eingeschränkt wird – denn das ist Sinn der symbolisch generalisierten Kommunikationsmedien –, andererseits aber auch erhalten bleibt. Das trifft für das Geld zweifellos zu, denn es beschränkt die Kommunikation auf die schlichte Frage, ob man eine gewisse Summe zu zahlen bereit ist, gleichzeitig aber kann die Summe, um die es geht, für jeden beliebigen Zweck verwandt werden.

Der durch symbolisch generalisierte Kommunikationsmedien ermöglichten und vielfach auch bedingten Verselbständigung und Dynamisierung gesellschaftlicher Teilbereiche und deren nahezu beliebiger Programmierung zum Trotz bleiben die Medien in ihrer Funktion auf den menschlichen Körper verwiesen. Die Art und Weise dieser Verkopplung von Medium und Leib nennt Luhmann symbiotischen Mechanismus. Gemeint ist damit, daß die Medien, damit sie benutzt werden und ihre Funktion erfüllen können, die Tatsache berücksichtigen müssen, daß der Mensch ein Lebewesen ist. Das Geld vermag als Geld zu fungieren, weil der Mensch Bedürfnisse hat und diese mit Hilfe von Geld befriedigt werden können. Die Macht ist mächtig, weil sie den Körper schinden, ihm Schmerz zufügen kann. Die Liebe ist mehr als eine bloße Idee, weil sie die menschliche Sexualität anspricht. Und die Wahrheit überzeugt, weil sie – wie vermittelt auch immer – die Sinne als ihre Zeugen aufruft. Gleichwohl redet Luhmann hier nicht der Unmittelbarkeit das Wort. Vielmehr ist der Leib für ihn nur der Resonanzkörper kulturell geformter Anreize und Pressionen. Bedürfnisse müssen standardisiert, die Libido muß kanalisiert werden, die Gewalt bedarf institutioneller Schranken und die Forschung ihrer Freiheit zum Trotz der Planung. Mit einen Wort: es sind Organisationen, die sich zwischen den Leib und die Medien stellen und somit selbst zu den Funktionsbedingungen der Medien zu zählen sind.

Mit der Gestaltung und Überformung des Körpers ist die Aufgabe, die den Organisationen im Rahmen der Luhmannschen Medientheorie zufällt, allerdings noch nicht zur

---

Grundbegriff der Soziologie», art.cit.). Wer oder was Luhmann zu dieser These geführt hat, bleibt leider im Dunkeln. Auffällig ist jedenfalls – das sei hier im Vorgriff auf den 2. Teil meines Textes vermerkt –, daß die Sinndimensionen den von den Wirtschaftswissenschaften üblicherweise dem Geld attestierten Funktionen als Recheneinheit, Tauschmittel und Wertspeicher korrespondieren. Sollte Luhman das Medium Sinn – und nicht wie Parsons die Sprache – etwa in Anlehnung an das Medium Geld konzipiert haben? – Wie auch immer es um dessen Genealogie bestellt sein mag, daß und wie sehr gerade Luhmanns Sinnbegriff sich geldtheoretisch lesen oder fruchtbar machen läßt, hat jüngst Christoph Deutschmann gezeigt. Cf. *Die Verheißung des absoluten Reichtums. Zur religiösen Natur des Kapitalismus,* Frankfurt/M./New York, Campus, 1999.

Gänze erfüllt. Zweitens sind sie dazu in der Lage, die durch die Medien selbst angestoßene Ausdifferenzierung auf einzelne Funktionen spezialisierter Teilsysteme und die mit diesem Prozeß einhergehende Schließung der Systeme füreinander zwar nicht rückgängig zu machen, wohl aber zu kompensieren. Wie erwähnt, gehört es zu den Erfolgsbedingungen eines Funktionssystems, auf die Belange der anderen keine Rücksicht mehr nehmen zu müssen und schließlich auch nicht mehr zu können. Die verschiedenen Mediencodes sind füreinander irrelevant und nicht ineinander konvertibel. «Wirtschaftlich denken können heißt: Übersetzen können in die Sprache des Geldes»[22] und nicht etwa die Beurteilung ökonomischer Sachverhalte nach Maßgabe wissenschaftlicher, ästhetischer, religiöser oder politischer Kriterien. Das macht es für die Wirtschaft so schwierig, um nicht zu sagen: unmöglich, auf die Folgen, die das Wirtschaften in der Umwelt auslöst, anders als über Preise vermittelt zu reagieren.[23] Die Funktionssysteme sind füreinander blind und können als solche nicht miteinander kommunizieren.[24] Genau dieses Unvermögen kann jedoch durch Organisationen ein Stück weit ausgeglichen werden. Nur sie sind dazu imstande, über Systemgrenzen hinweg zu kommunizieren. Die theoretische Begründung dieses Sachverhalts will ich mir an dieser Stelle der Kürze halber ersparen.[25] Ich begnüge mich deshalb mit dem empirischen Hinweis, daß in der Tat nicht recht vorstellbar ist, wie die Wirtschaft mit der Politik kommunizieren sollte; wenn überhaupt miteinander kommuniziert wird, dann von Verbänden und Verfassungsorganen. Dasselbe gilt für die Tarifpolitik und sogar für die Unternehmen selbst. Hier kommuniziert nicht die Wirtschaft mit der Wirtschaft, sondern hier wird die Orientierung am Medium Geld durch die Orientierung an Macht substituiert.[26]

Luhmann spricht in Hinblick auf Medien und Organisation von zwei sich wechselseitig bedingenden, aber einander ausschließenden «Selektionsstilen».[27] Die von den Medien vorangetriebene, wenn nicht ausgelöste Ausdifferenzierung der Gesellschaft wird durch die zunehmende Organisation ihrer Funktionssysteme gekontert und ausbalanciert, auf der Grundlage freilich, daß die Medien das Problem der doppelten Kontingenz reproduzieren, das zu lösen Organisation so vorzüglich taugt.

22 Niklas Luhmann, «Organisation im Wirtschaftssystem». In: Idem, *Soziologische Aufklärung 3. Soziales System, Gesellschaft, Organisation*, Opladen, Westdeutscher Verlag, 1981, p. 390-414, das Zitat p. 397.
23 Niklas Luhmann, «Preise». In: Idem, *Die Wirtschaft der Gesellschaft*, Frankfurt/M., Suhrkamp, 1988, p. 13-42, hier p. 36-40.
24 Cf. Niklas Luhmann, *Ökologische Kommunikation. Kann die moderne Gesellschaft sich auf ökologische Gefährdungen einstellen?*, Opladen, Westdeutscher Verlag, 1986.
25 Cf. dazu Niklas Luhmann, *Die Gesellschaft der Gesellschaf,* op.cit., p. 826-847.
26 Cf. Niklas Luhmann, «Medium und Organisation». In: Idem, *Die Wirtschaft der Gesellschaft*, op.cit., p. 302-323.
27 Niklas Luhmann, «Knappheit, Geld und die bürgerliche Gesellschaft». In: *Jahrbuch für Sozialwissenschaften*, 23, 1972, p. 186-210, hier p. 206-208.

2. Das Geld in der Systemtheorie

Auch wenn ich nicht nicht den Anspruch erhebe, die Systemtheorie hier ganz zu verhandeln, sollten die vorstehenden Ausführungen deutlich gemacht haben, daß die Kommunikations- und Medientheorie einen zentraler Baustein, wenn nicht das Fundament der Luhmannschen Kathedrale darstellt. Auf der anderen Seite gehören das Geld und die Wirtschaft zu den frühesten und immer wieder verhandelten Themen der Systemtheorie.[28] Diese Indizien nähren den Verdacht, daß zwischen System- und Wirtschaftstheorie ein zumindest genetischer Zusammenhang besteht. Wenn ich im folgenden also zu zeigen versuche, daß die Systemtheorie als Theorie der Geldwirtschaft gelesen werden kann, so ist damit selbstverständlich nicht bewiesen, daß sie nicht auch zur Klärung anderer Phänomene oder Gegenstandsbereiche in Anschlag gebracht werden kann, möglicherweise jedoch erhellt ein solcher Versuch, woher jenes von vielen so häufig beklagte und gerade dann konstatierte Gefühl der Enttäuschung rührt, wenn die Systemtheorie sich anderer als der besagten Themen annimmt. In der Tat dünken mich Arbeiten aus dieser Schule nicht selten eher als mehr oder weniger gelungene Übersetzungen disparatester Theoreme in wissenschaftliches Esperanto denn als Neues erschließende Analysen. Als Übersetzer ist Luhmann ganz zweifellos ein Virtuose. Nur fragt sich nach der Lektüre so mancher seiner Texte, was man denn nun weiß, ohne daß man es auch vorher schon gewußt hätte. Über die Tauglichkeit der System- als Wirtschaftstheorie natürlich noch nichts gesagt. Zur Sache also.

Wir hatten bereits gesehen, daß Luhmann Medien und Organisation als zwei – als die zwei – sich wechselseitig bedingenden und anreizenden Selektionsstile moderner oder funktional differenzierter Gesellschaften identifiziert. Entwickelt hat Luhmann diesen Gedanken im Kontext der Wirtschaftstheorie.[29] Es liegt deshalb nahe, immer dann, wenn er von Medien spricht, zunächst einmal ans Geld zu denken.[30] Und in der Tat findet sich im Rahmen seiner medientheoretischen Überlegungen immer wieder die Feststellung, daß Geld den theoretisch gesetzten Ansprüchen und Zusammenhängen «optimal» genügt.[31] Der allgemeine Zusammenhang von Medien und Organisation scheint in Wahrheit einer von Geld und Verwaltung zu sein. Neben dieses eher formale Argument läßt sich zudem das sachliche stellen, daß Organisationen nicht nur funktio-

---

28 Cf. Niklas Luhmann, «Kann die Verwaltung wirtschaftlich handeln?», art.cit.; «Wirtschaft als soziales System», art.cit.; «Knappheit, Geld und die bürgerliche Gesellschaft», art.cit.; «Organisation im Wirtschaftssystem», art.cit.; *Die Wirtschaft der Gesellschaft*, op.cit.; «Risiken im Wirtschaftssystem». In: Idem, *Soziologie des Risikos*, Berlin/New York, Walter de Gruyter, 1991, p. 187-200; *Die Gesellschaft der Gesellschaft*, op.cit, p. 722sqq.
29 Cf. Niklas Luhmann, «Knappheit, Geld und die bürgerliche Gesellschaft», art.cit.
30 Cf. Anm. 21.
31 Cf. Niklas Luhmann, *Die Gesellschaft der Gesellschaft*, op.cit., p. 389.

Wirtschaft als Gesellschaft

nal, sondern auch genetisch auf Medien oder eben Geld angewiesen sind. Anders gesagt, Organisationen entstehen nur vor dem Hintergrund, ja, auf der Basis einer bereits ausgebildeten Geldwirtschaft. Denn ohne Geld ließe sich die Mitgliedschaft in Organisationen, die Unterordnung der eigenen Bedürfnisse und Ziele unter die eines Apparats, überhaupt nicht realisieren.[32] Das hatte Weber bereits gesehen.[33] Luhmann geht allerdings weiter, wenn er, anders als Weber, nicht die protestantische Ethik, sondern das Geld als Geld für den entscheidenden Faktor der Transformation stratifizierter in funktional differenzierte Gesellschaften ansieht.[34]

Luhmanns Theorie, wie der Kapitalismus entstanden sei – einmal abgesehen davon, daß er den Begriff nicht oder wenn doch, dann nur in Anführungsstrichen benutzt –, rückt also das Geld ins Zentrum der Erklärung. Historisch spricht einiges für diese These.[35] Bevor ich darauf eingehe, wie das Geld die Wirtschaft und mit ihr die Gesellschaft revolutioniert, müssen wir allerdings klären, was Luhmann überhaupt unter Wirtschaft versteht.

Wirtschaft meint keinen bestimmten Gegenstand, sie hat auch kein materielles Substrat, sondern sie ist – wie könnte es auch anders sein? – eine Form, ein Typ von Kommunikation. Und kommuniziert wird über Knappheit. Unter Knappheit ist nicht etwa natürlicher Mangel, sondern vielmehr dessen soziale Wahrnehmung und Bearbeitung gemeint.[36] Selbstverständlich liegt der Gegensatz zwischen der Endlichkeit der Güter und der Bedürftigkeit des Menschen aller Knappheit zugrunde, die Soziologie aber weiß, daß das eigentlich spannende, weil verschieden gelöste Problem erst in der Bearbeitung dieses Gegensatzes liegt. Wie auch immer diese ausfallen mag, wichtig für das Verständnis von Ökonomie ist es, sich klarzumachen, daß jeder Versuch, Knappheit zu beseitigen, Knappheit reproduziert. Denn der Zugriff auf knappe Güter, löst das Problem der Knappheit nicht, sondern erzeugt und verschärft es.[37] Im «Knappheitsparadox»

---

32 Cf. Niklas Luhmann, «Medium und Organisation», art.cit., p. 322sq.
33 Cf. Max Weber, *Wirtschaft und Gesellschaft. Grundriß der verstehenden Soziologie*, Tübingen, J.C.B. Mohr (Paul Siebeck), [5]1980, p. 551-579.
34 Cf. Niklas Luhmann, *Die Wirtschaft der Gesellschaft*, op.cit., p. 68.
35 Unter dem Aspekt, warum der Kapitalismus nicht schon in der Antike entstand beziehungsweise warum die Geldwirtschaft damals wieder unterging, cf. Gunnar Heinsohn, *Privateigentum, Patriarchat, Geldwirtschaft. Eine sozialtheoretische Rekonstruktion der Antike*, Frankfurt/M., Suhrkamp, 1984. Für die Neuzeit cf. Werner Sombart, *Der moderne Kapitalismus. Historisch-systematische Darstellung des gesamteuropäischen Wirtschaftslebens von seinen Anfängen bis zur Gegenwart*, 3 vol., Berlin, Duncker & Humblot, 1986; Fernand Braudel, *Sozialgeschichte des 15.– 18. Jahrhunderts*, 3 vol., München, Kindler, 1990.
36 Cf. Niklas Luhmann, «Knappheit». Idem, *Die Wirtschaft der Gesellschaft*, op.cit., p. 177-229.
37 Cf. Paul Dumouchel, Jean Pierre Dupuy: *L'Enfer des choses. René Girard et la logique de l'économie*, Paris, PUF, 1979. In dieser «selbstregenerativen» Fassung des Knappheitspro-

sieht Luhmann ein Derivat oder eine Variante des Problems der doppelten Kontingenz, dessen Lösung das zu lösende Problem gleichfalls reproduziert, insofern die Akteure, auch wenn sie miteinander kommunizieren, niemals sicher sein können, auch weiterhin erfolgreich zu kommunizieren.[38]

Seit Beginn der achtziger Jahre benutzt Luhmann zur Beschreibung derartiger sich selbst reproduzierender Sachverhalte den Begriff Autopoiesis. Alle Systeme, ob es sich nun um Einzeller, das Bewußtsein oder die Gesellschaft handelt, regenerierten sich auf dem Wege der Autopoiesis oder, anders gesagt, seien nichts anderes als die Autopoiesis selbst. Damit meint Luhmann, um bei den genannten Beispielen zu bleiben, daß nur Leben Leben erzeugt, Gedanken nur an Gedanken anknüpfen können und Kommunikationen nur an Kommunikationen anzuschließen sind. Möglicherweise taugt der Begriff der Autopoiesis tatsächlich, um neuronale Prozesse zu beschreiben – was ich nicht beurteilen kann –, als Begriff hingegen, der die gesamte Soziologie tragen soll, scheint er mir überzogen beziehungsweise zu allgemein, um viel zu erklären. An dieser Stelle ließe sich gut darüber streiten, inwieweit der Begriff der Autopoiesis für die Systemtheorie wichtig oder gar unverzichtbar ist oder, anders herum gefragt, überhaupt eine Neuerung darstellt. Ich habe da einige Zweifel. Um jedoch Ab- und allzu lange Umwege zu vermeiden, will ich diese Diskussion hier nicht eröffnen. Vorgemerkt sei nur, daß der Begriff der Autopoiesis meines Erachtens paßt, um die Geldwirtschaft zu charakterisieren. Ich gehe darauf noch ein. Zunächst aber zurück zur Knappheit.

Alle Gesellschaften müssen das Problem der Knappheit bewältigen. Aber nicht alle Gesellschaften kennen oder haben ein ausdifferenziertes Wirtschaftssystem.[39] Die Organisation und Gestaltung der Versorgung, der Produktion und des Tauschs sind in vormodernen Gesellschaften vielmehr in ein ganzes Netz von Bezügen, etwa in die Verwandtschaftsstruktur oder die religiösen Praktiken, eingebettet. Noch gibt es kein Handeln oder Kommunizieren, daß allein am Problem der Knappheit orientiert wäre. Wirt-

---

blems liegt die entscheidende Differenz, der theoretische Fortschritt, gegenüber der kanonischen Reduktion der Ökonomie auf das Studium des menschlichen Verhaltens «*as a relationship between ends and scarce means which have alternative uses*» (Lionel Robbins, *An Essay on the Nature and Significance of Economic Science*, London, Macmillan, ³1984, p. 16).

38 Daß das Problem der doppelten Kontingenz kein von außen an die Ökonomie herangetragenes ist, bekennen diese selbst, nur nennen sie es anders: «*moral hazard*» lautet der wirtschaftswissenschaftliche Titel für all die Probleme, deren «rationale» Lösung dadurch blockiert ist, daß die Handlungsalternativen zweier (oder mehrere) Akteure sich wechselseitig bedingen. Cf. Jens Beckert, *Grenzen des Marktes*, op.cit., p. 60-78 et passim.

39 Cf. Karl Polanyi, *The Great Transformation. Politische und ökonomische Ursprünge von Gesellschaften und Wirtschaftssystemen*, Wien, Europaverlag, 1977, p. 65-104; idem, «Die Wirtschaft als ein gerichteter Prozeß». In: Idem, *Ökonomie und Gesellschaft*, Frankfurt/M., Suhrkamp, 1979, p. 219-244.

Wirtschaft als Gesellschaft

schaft entsteht oder gibt es erst in dem Maße, in welchem die Kommunikation sich auf Fragen der Knappheit spezialisiert. Dieser Prozeß verläuft allerdings nicht kontinuierlich, sondern wird in systematischer Hinsicht (wenn auch nicht notgedrungen empirisch) von zwei Etappen skandiert: der Erfindung des Eigentums und dessen Umrechnung oder Verwandlung in Geld.[40]

Eigentum ist im Unterschied zum bloßen Besitz ein Rechtstitel, der unumschränkte Verfügung über Güter bedeutet und nicht nur deren Nutzung garantiert. Erst unter Bedingungen des Eigentums, kommt es zu einer folgenreichen Behandlung oder Entfaltung der Knappheitsparadoxie, daß mehr zugleich weniger ist. Jetzt haben die einen, was den anderen fehlt. Erst diese Codierung der Knappheit setzt den Tausch im Sinne einer wirtschaftlichen Transaktion und nicht der Reziprozität in nennenswertem Umfang in Gang. Mit anderen Worten, Luhmann geht konträr zu dem, was die orthodoxe Wirtschaftswissenschaft meint, davon aus, daß nicht der Tausch (oder, wie man in Hinblick auf Smith, Ricardo und Marx hinzufügen könnte: die Arbeit), sondern das Eigentum den Ursprung der Wirtschaft markiert.[41] Der Tausch ist gewissermaßen ein unbeabsichtigter Nebeneffekt der Institutionalisierung des Eigentums.

Allerdings bringt erst das Geld Handel und Produktion so richtig in Schwung. Und zwar nicht nur, vielleicht nicht einmal in erster Linie, wie es gemeinhin heißt, weil das Geld den Tausch erleichtert, sondern weil – und das macht den Begriff der Autopoiesis geldtheoretisch plausibel – Geld anders als Eigentum um seiner selbst willen begehrt wird. Ist das Geld erst einmal eingeführt – und vermutlich darf man tatsächlich von Einführung sprechen, weil das Geld, bevor es Tauschmittel wurde, das Licht der Welt als auf Münzen oder sonstwie dokumentierte Leistungsverpflichtung erblickte[42] –, wird der Wert allen Eigentums in Geld ausgedrückt und nicht etwa umgekehrt, weil Geld jederzeit in Eigentum, Eigentum aber nur unter bestimmten Bedingungen in Geld umgetauscht werden kann. Wer von einer Deckung des Geldes durch Sachwerte oder auch das Bruttosozialprodukt ausgeht, vergißt leicht, darf aber nicht vergessen, daß der Wert dieser Güter und Leistungen nur in Geld gemessen werden kann. Luhmann spricht deshalb davon, daß Geld allein durch anderes Geld gedeckt werde.[43] Sobald aber Zahlungen nur noch getätigt werden, um Zahlungen zu ermöglichen, und es für die Akteure der

---

40 Cf. Niklas Luhmann, *Die Wirtschaft der Gesellschaft*, op.cit., p. 188-200.
41 Cf. dazu auch Niklas Luhmann, «Am Anfang war kein Unrecht». In: Idem, *Gesellschaftsstruktur und Semantik. Studien zur Wissenssoziologie der modernen Gesellschaft*, vol. 3, Frankfurt/M., Suhrkamp, 1989, p. 11-64.
42 Cf. Bernhard Laum, *Heiliges Geld. Eine historische Untersuchung über den sakralen Ursprung des Geldes*, Tübingen, J.C.B. Mohr (Paul Siebeck), 1924; Jean-Michel Servet, *Nomismata. Etat et origine de la monnaie*, Lyon, Presses Universitaires de Lyon, 1984; Gunnar Heinsohn, *Privateigentum, Patriarchat und Geldwirtschaft*, op.cit.
43 Cf. Niklas Luhmann, «Wirtschaft als soziales System», art.cit., p. 218.

Wirtschaft nur noch darum geht, die eigene Zahlungsfähigkeit zu regenerieren, ist die Wirtschaft ein aus der Gesellschaft ausdifferenziertes autopoietisches System.

Von der Neutralität des Geldes kann mithin überhaupt keine Rede sein. Es ist weder ein bloßer Mittler noch eine Ware unter anderen. Geld und Zigaretten sind keine funktionalen Äquivalente. Vielmehr ersetzt das Geld das zumindest für jede Form von Interaktion notwendige Vertrauen. Von den von Luhmann zitierten älteren Autoren einmal abgesehen, in deren Schriften diese im Grunde ebenso schlichte wie bedeutende Einsicht an einzelnen Stellen aufblitzt,[44] war der von Luhmann nicht zitierte Simmel wohl der erste, der der Eigenschaft des Geldes, als bloße Kaufkraft, als Liquidität, verlangt und späterhin auch gebraucht zu werden, besonderes Augenmerk schenkte.[45] Bei Simmel firmiert diese Potentialität des Geldes unter dem Titel «Superadditum», Keynes tauft sie «Liquiditätsprämie»,[46] und Luhmann nennt sie unbestimmte Bestimmtheit, um der Tatsache Ausdruck zu geben, daß das Geld Komplexität zugleich reduziert und erhält. Geld, so erklärt dieser bereits in einem frühen Text, fungiere als Gewißheitsäquivalent, insofern nämlich es im Rahmen einer bestimmten Quantität gegenwärtig schon die Erfüllung künftiger Bedürfnisse sicherstellt.[47]

Nicht anders aber definiert Luhmann die Funktion der Wirtschaft. Es gehe nicht um volle Mägen oder materiellen Reichtum, sondern um Zeitgewinn. Die kontingente Codierung des Knappheitsproblems zunächst durch Eigentum und dann durch Geld, das Projekt, die Knappheit aus der Welt zu schaffen und sie derweil nur auf höherem Nivau erneut zu erzeugen, ließe sich im Lichte dieses Gedankens als List der Geschichte apostrophieren, einer Geschichte, welche die Menschheit zwar nicht unbedingt satt macht, die Gesellschaft aber von Handlungszwängen entlastet und ihr damit erst die Chance gibt, sich auszudifferenzieren – man könnte auch sagen: mit sich selbst zu experimentieren. Die Geldwirtschaft erweitert den Zeithorizont; sie erlaubt, ja, sie erzwingt es, in für traditonelle Gesellschaften unvorstellbarer Weise, in die Zukunft hineinzuhandeln. Was morgen geschieht, bleibt natürlich auch weiterhin unklar; wer Geld hat, darf jedoch davon ausgehen, sich situativ entscheiden und damit im emphatischen Sinne überhaupt handeln zu können. Vertraut wird jetzt nicht mehr dem Gegenüber, sondern darauf, daß

---

44 «Find out something that hath use value and the value of money amongst his neighbours, you shall see the same man will begin presently to enlarge his possessions» (John Locke, *Two Treatises of Government*, London, Everyman's Library, 1953, p. 140, zit. n. Niklas Luhmann, *Die Wirtschaft der Gesellschaft*, op.cit., p. 195).
45 Cf. Georg Simmel, *Philosophie des Geldes*, Frankfurt/M., Suhrkamp, 1989, p. 267sqq.; dazu Christoph Deutschmann, *Die Verheißung des absoluten Reichtums*, op.cit., passim.
46 Cf. John Maynard Keynes, *Allgemeine Theorie der Beschätigung, des Zinses und des Geldes*, Berlin, Duncker & Humbolt, ³1966, p. 189sqq.; dazu George L.S. Shackle, «Keynes and the Nature of Human Affairs». In: *Weltwirtschaftliches Archiv*, 87, 1961, vol. 2, p. 93-110.

Wirtschaft als Gesellschaft

auch morgen noch mit Geld gezahlt werden kann. Mit anderen Worten: man vertraut dem System, das Vertrauen erweckt, insofern es funktioniert, und das funktioniert, weil man ihm vertraut. Es macht also Sinn, es erscheint geradezu angezeigt, die Wirtschaft als autopoietisches System zu begreifen. Die Geldwirtschaft ist der Prototyp einer «selbstsubstitutiven» Ordnung, die im Unterschied zu traditionalen Perfektibilitätsvorstellungen nicht an Anpassung orientiert ist, sondern Entwicklung ermöglicht.[48]

Natürlich gibt es Krisen; ganz offensichtlich versagt das System von Zeit zu Zeit. Es ist jedoch unwahrscheinlich, daß ein einmal erreichtes Komplexitätsniveau, ein einmal erreichter Grad an gesellschaftlicher Differenzierung, – und einen anderen Maßstab der Evolution kennt Luhmann nicht – dauerhaft unterschritten wird. Innerhalb des Wirtschaftssystems verhindern Arbeitsteilung und Spezialisierung, daß, ohne auf eine Vielzahl von Leistungen verzichten zu müssen, auf Naturaltausch umgestellt werden kann, und was die durch das Geld ermöglichte Differenzierung der Gesellschaft in einzelne Funktionssysteme anbelangt, hatten wir bereits gesehen, daß diese, eben weil sie voneinander abhängig sind, nicht füreinander einstehen können. Krisen sind deshalb als Störungen der Funktionstüchtigkeit und nicht als Problem der Funktionsorientierung zu thematisieren. Richtig ist allerdings, daß Geld das Wirtschaftssystem in permanente Unruhe versetzt. Einerseits bedarf das System dieser Unruhe, um auf wechselnde Bedarfslagen und unvorhergesehe Ereignisse reagieren zu können; andererseits aber sind In- und Deflationen und mit ihnen die Gefahr, daß Produktion und Handel stagnieren, eine notwendige Folge jener Ambivalenz des Geldes, als reiner Tauschwert sowohl besonders begehrt als auch stets aufs neue in Umlauf gezwungen zu werden. Und diese Ambivalenz zu zähmen beziehungsweise die durch das Geld selbst schon einmal reduzierte und zugleich gesteigerte Komplexität wirtschaftlich nutzbar zu machen, ist der Zweck von Organisation.

Anschließen ließen sich an dieser Stelle Überlegungen zur Rolle von Banken, Börsen und Unternehmen.[49] Dem «Zentralbank-Kult» wäre dabei gewiß ein eigener Abschnitt zu widmen.[50] Ich will mir die Ausführung dieses Gedankens jedoch ersparen, denn klar sein sollte inzwischen, daß die im ersten Abschnitt abstrakt entwickelte Kommunikationstheorie zumindest als Geldtheorie plausibel ist und es darüber hinaus vielleicht sogar angezeigt ist, die Systemtheorie Luhmanns als Theorie der Geldwirtschaft zu interpretieren. Zentrale Begriffe wie der des Mediums oder der Autopoiesis scheinen mir in

---

47 Niklas Luhmann, *Vertrauen*, op.cit., p. 55.
48 Cf. Niklas Luhmann, *Funktion der Religion*, Frankfurt/M., Suhrkamp, 1977, p. 133.
49 Cf. Dirk Baecker, *Womit handeln Banken? Eine Untersuchung zur Risikoverarbeitung in der Wirtschaft*, Frankfurt/M., Suhrkamp, 1991; idem, *Die Form des Unternehmens*, Frankfurt/M., Suhrkamp, 1993.
50 Cf. Edward Luttwak, «Zentralbank-Kult». In: *Lettre international*, 35, 1996, p. 8-12.

Analogie zu oder in Anschluß an geldwirtschaftliche Phänomene gebildet und in Hinblick auf diese auch erhellend zu sein. Ich räume ein, daß über ihre allgemeine oder wenigstens nicht bloß wirtschaftstheoretische Triftigkeit damit noch nichts gesagt ist. Aber ich behaupte auch nicht, daß es unmöglich oder sinnlos sei, andere als geldwirtschaftliche Gegenstände systemtheoretisch zu verhandeln, sondern vielmehr, daß die Systemtheorie als Theorie der Geldwirtschaft entwickelt worden ist, als solche überzeugt und entgegen der Absicht ihres Schöpfers das funktionale Primat der Ökonomie als noch, um nicht zu sagen: als eigentlich erst für unsere Gesellschaft gültig ausweist. Damit schreibt Luhmann die Soziologie als Theorie der bürgerlichen Gesellschaft fort, anstatt sie zu neuen Ufern zu führen.

3. Kritik und Perspektiven

Ich habe eingangs bereits darauf hingewiesen, daß ich trotz meiner These, daß Luhmann seine Gesellschaftstheorie auf der Grundlage von geld- und organisationstheoretischen Überlegungen entwickelt – und eben das soll der Titel *Wirtschaft als Gesellschaft* signalisieren –, nicht der Auffassung bin, daß die Systemtheorie des Ökonomismus zu schelten sei. In der Tat hat die Rede vom funktionalen Primat der Wirtschaft nichts mit der in verschiedenen Varianten vulgarisierten Ansicht Marxens zu tun, daß das Sein das Bewußtsein bestimme. Jemandem, der analysiert hat, warum die Funktionssysteme Erziehung, Recht, Politik, Familie, Wirtschaft usw. einander nicht ersetzen können, Ökonomismus vorzuwerfen, wäre nachgerade absurd. Dennoch, so scheint mir, unterschätzt Luhmann zum einen die für die Durchsetzung der Geldwirtschaft notwendigen Handlungsmotive der frühneuzeitlichen Akteure und zum anderen die nicht auf dem Wege von Organisation zu garantierenden Rahmen- oder Stabilitätsbedingungen einer einmal etablierten Geldwirtschaft.

Wir haben gesehen, daß Luhmann zwischen dem Code eines Mediums und dessen (möglicher) Programmierung unterscheidet. Der Code als solcher soll bereits zur Annahme einer Kommunikation motivieren, und wie ich zu zeigen versucht habe, macht diese These hinsichtlich des Mediums Geld durchaus Sinn: Geld ist ein Gewißheitsäquivalent. Als unbestimmte Bestimmtheit vermag es Zukunft zu sichern und ist deshalb begehrt. Vorausgesetzt wird dabei allerdings, daß das Geld bereits von allen für alles gebraucht wird. Das war jedoch nicht immer der Fall. Der Geldnexus mußte erst etabliert oder durchgesetzt werden. Und aller Eigendynamik des Mediums Geld zum Trotz dürfte es zunächst nicht dem Wirtschaftssystem, sondern einem die Systembildung erst anleitenden oder auch abschließenden Profitmotiv geschuldet sein, daß das

Wirtschaft als Gesellschaft

Geld die alten Fesseln sprengte.[51] Zwar leugnet Luhmann diesen Zusammenhang nicht, doch spielt er ihn herunter,[52] vermutlich weil die Rede von so etwas wie Legitimationsbedarf und Handlungsmotiven gewiß nicht die Theorie, wohl aber deren Strenge und Kohärenz sabotiert. Denn ein religiös oder sonstwie legitimiertes Profitmotiv in Rechnung zu stellen, hieße, daß das oder ein Programm dem Code vorausgeht oder, anders gesagt, daß die Autopoiesis der Geldwirtschaft nicht mit deren Autokatalyse identisch ist.

Auf gleicher Ebene liegt die Vernachlässigung der Rahmen- oder Stabilitätsbedingungen einer einmal etablierten Geldwirtschaft. Selbstverständlich weiß Luhmann, daß das Wirtschaftssystem nur in einer aus weiteren Funktionssystemen gebildeten Umwelt existieren kann. Ebenso sieht und thematisiert er die möglichen Krisen der Geldwirtschaft und den der Krisenanfälligkeit oder Überkomplexität korrespondieren Organsationsbedarf wie umgekehrt – und das ist nicht weniger wichtig – die der Erstarrung einer verplanten und durchorganisierten Welt zuvorkommende Unruhe des Geldes. Dennoch werden diese Interdependenzen von Luhmann meist nur erwähnt und abstrakt vorausgesetzt, nicht aber eingehend analysiert.[53] Zwar rechnet er dezentralisiertes Eigentum, Rechtsstaatlichkeit und ein an politische Weisungen zumindest nicht direkt gebundenes Bankensystem zu den Funktionsbedingungen einer Geldwirtschaft, inwiefern aber diese Faktoren das System allererst am Leben erhalten, wird nicht weiter erörtert.[54] Unabhängig davon, ob dieses empirische Desinteresse sich Luhmanns Liebe zum System verdankt oder er es nicht für nötig hält, Selbstverständliches zu erläutern, unterschlägt oder verdunkelt Luhmann damit ein, wenn nicht – wie man vor dem Hintergrund der Eigentumstheorie Otto Steigers und Gunnar Heinsohns sagen kann[55] – das für die Analyse der Geldwirtschaft zentrale Problem: den Zins.

Für gewöhnlich gilt der Zins als Preis, welcher dem Kreditgeber dafür zu zahlen ist, daß er für die Dauer des Kreditvertrags das verliehene Geld nicht selber nutzen kann. Der Zins kompensiert dieser Theorie zufolge mithin nicht realisierte Konsum- oder Produktionschancen. Das klingt zwar plausibel, erklärt aber nicht, wie der Zins in die Welt kommt. Denn Gesellschaften, die das Geld nicht kennen, wohl aber die Güterleihe, kennen auch keinen Zins. Der Zins muß folglich ein monetäres Phänomen sein. Er kompen-

---

51 Cf. Winfried Schulze, «Vom Gemeinnutz zum Eigennutz. Über den Normenwandel in der ständischen Gesellschaft». In: *Historische Zeitschrift,*, 243, 1986, p. 591-626.
52 Cf. Niklas Luhmann, *Die Wirtschaft der Gesellschaft*, op.cit., p. 56sq.
53 Zur Notwendigkeit, die Kategorie der Einbettung zu historisieren und nach deren spezifisch modernen Formen zu fragen cf. den Aufsatz von Jens Beckert in diesem Band.
54 Cf. Niklas Luhmann, *Die Wirtschaft der Gesellschaft*, op.cit., p. 32.
55 Cf. Gunnar Heinsohn, Otto Steiger, *Eigentum, Zins und Geld. Ungelöste Rätsel der Wirtschaftswissenschaften*, Reinbek, Rowohl, 1996, oder, in geraffter Form, den Abschnitt 4 ihres in diesem Band abgedruckten Beitrags.

siert deshalb auch keine nicht realisierten Konsum- oder Produktionschancen – zumindest liegt hier nicht das Zinsmotiv –, sondern das Gläubigerrisiko für das dem Schuldner geliehene Geld notfalls, das heißt im Falle von dessen Bankrott, mit eigenem Eigentum einzustehen. Zins und Geld sind gleichursprünglich und setzen ihrerseits Eigentum voraus, das ver- und gepfändet werden kann. Der Rechtstitel Eigentum hat zur Bedingung, daß es eine Instanz gibt, die diesen Rechtstitel schützt, und impliziert darüber hinaus, daß Eigentümer sich als Freie und Gleiche begegnen. Geld ist Anrecht auf Eigentum und dürfte ursprünglich nur akzeptiert worden sein, weil man es durch das Eigentum des privaten oder öffentlichen Emittenten gedeckt wußte. Soweit scheint die Eigentumstheorie, die ich hier paraphrasiere, den Annahmen und Überlegungen Luhmanns nicht zu widersprechen, sondern vielmehr kompatibel zu sein. Sie ist es in der Tat. Indem oder weil er diese allerdings nicht weiter beachtet, verschenkt er ein Argument, das die Autopoiesis der Geldwirtschaft noch einmal anders als über die unbestimmte Bestimmtheit des Geldes erklärt. Denn der Zins, der nicht nach, sondern mit dem Geld in die Welt tritt, ist eine Art Mehrwert, der irgendwie erbracht werden muß. Er ist der Preis der um den Preis, sein Eigentum nicht zu verlieren, gezahlt werden muß. Er ist es, der die Produktion materiellen Reichtums erzwingt.

Doch ist es kein Widerspruch – einmal angenommen, die Eigentumstheorie sticht –, zunächst zu monieren, daß Luhmann die Handlungsmotive der Akteure als für die Entwicklung der Geldwirtschaft außer Acht läßt, dann aber ein strukturelles «Motiv» nachzuliefern oder, besser gesagt, den Zwang auszuweisen, der die Geldwirtschaft ganz unabhängig vom Willen und den Interessen der in sie verstrickten Subjekte dynamisiert und immer aufs neue über die alten Grenzen hinaustreibt? Ich denke nein. Richtig ist zwar, daß die Eigentumstheorie Luhmann darin bestätigt, daß die moderne Ökonomie vom Vorrang des Eigentums und des Geldes (und nicht der Arbeit oder des Tauschs) aus begriffen werden muß, und dessen von psycho- oder besser anthropologischen Konnotationen nicht freier Lesart der Autopoiesis eine gewissermaßen systemische Erklärung zur Seite stellt. Offen aber bleibt, was die Autopoiesis ausgelöst hat, und ich sehe nicht, wie anders als mit Hilfe motiv- und im weitesten Sinne ideologiegeschichtlicher Untersuchungen (mehr) Licht in dieses (von vielen schon ein Stück weit aufgehellte) Dunkel gebracht werden sollte.[56] Umgekehrt kann die Systemtheorie Heinsohn und

---

56 Das nicht im strengen Sinne eigentumstheoretische, von Heinsohn und Steiger allerdings mit Verve vorgetragene Argument, daß die Geldwirtschaft die zwingende Folge der Transformation von Besitz in Eigentum und dieses gewissermaßen «vom Himmel gefallen», nämlich als irdische Antwort auf kosmische Katastrophen ins Leben gerufen worden sei (cf. Gunnar Heinsoh, Otto Steiger, *Eigentum, Zins und Geld*, op.cit., p. 34 et 124-128), erklärt zwar was die Institutionalisierung von Eigentum sozialstrukturell möglich gemacht hat, nicht aber, warum es auch anerkannt wurde. Von einer «Logik der Weltbilder», der Tatsache also, daß Moral und Recht den Übergang von stratifizierten zu funktional diffe-

Wirtschaft als Gesellschaft

Steiger daran erinnern, daß die Stabilität einer Währung, anders als von ihnen behauptet,[57] nicht die zwingende Folge einer Unterbewertung des Kredite (und das heißt Geld) deckenden Eigentums sein kann, weil und insofern, wie nicht erst die Spekulation, sondern schon der Handel beweist, die Bewertung von Eigentum eine Funktion der Zukunftserwartungen ist. – Kurz, ich halte es für vielversprechend, die System- mit der Eigentumstheorie ins Gespräch zu bringen – und was ich hier vortrage, ist kaum mehr als ein derartiger Vorschlag –, freilich ohne der Faszination für das System zu erliegen und darüber hinaus zu vergessen, daß es, wenn schon nicht Normalbetrieb, so doch zu Beginn seiner Geschichte wie vielleicht auch in Zeiten der Krise des Glaubens bedarf, um überhaupt an- und gegebenenfalls auch weiterzulaufen.

Résumé
L'article soutient la thèse que la théorie des systèmes de Niklas Luhmann poursuit la sociologie comme théorie de la société bourgeoise au lieu de rompre avec ce paradigme comme le prétend son auteur. Contrairement à ses intentions, Luhmann démontre le primat de l'économie comme toujours, ou plutôt, seulement valable pour la société moderne, qui est la nôtre. Tout en soutenant cette thèse, l'article identifie la théorie de la communication et des médias comme nœud de la théorie des systèms et l'explique être conçue comme théorie d'une économie monétaire. Enfin, l'article plaide pour une médiation de la théorie des systèmes avec la théorie de la propriété de Otto Steiger et Gunnar Heinsohn.

renzierten Gesellschaften begleiten und tragen müssen, ist bei ihnen jedenfalls ebensowenig die Rede wie in der Systemtheorie.
57 Cf. den Aufsatz von Heinsohn und Steiger in diesem Band.

Euro-Franc oder Euro-Mark?*

von Gunnar Heinsohn und Otto Steiger

> *Frankreich ist seit Napoleon ohne den Traum von einem französischen Europa nicht mehr zu denken. Die ‚Grande Nation' sitzt den Franzosen auf der Seele wie den Deutschen das Heilige Römische Reich.*[1]

1. Der Euro: Stärkung Frankreichs oder Ausdehnung der Bundesbank auf Europa?

Nach dem Brüsseler Gipfel vom 2. Mai 1998, auf dem die Einführung des Euro endgültig beschlossen wurde, erschien unter der Überschrift *Nous serons plus fort. Nous resterons nous-mêmes* in allen französischen Tageszeitungen eine ganzseitige Anzeige des *Ministère de l'économie, des finances et de l'industrie* mit folgendem Text:

> C'est fait! Samedi dernier, la France et 10 autres pays européens ont décidé d'avoir un même monnaie à partir du 1er janvier 1999: l'euro. [...] Avec l'euro, nous disposerons d'un util pour la croissance et l'emploi. Avec l'euro nous bénéficierons de la stabilité des prix et d'une monnaie à l'abri des spéculations. [...] Avec l'euro, nous ferons jeu égal avec le dollar et le yen. Avec l'euro nous réenforcerons la place de la France dans le monde. En réussissant l'euro ensemble, nous allons changer d'avenir tout en restant nous-mêmes.[2]

Eine vergleichbare Kampagne der deutschen Regierung gab es nicht. Sie hätte sich nach dem Debakel um die Ernennung des ersten Präsidenten der Europäischen Zentralbank

---

* Das Manuskript wurde am 25. August 1998 fertiggestellt. Auf die währungspolitischen Entwicklungen im Herbst 1998, insb. (i) die Attacken der neuen SPD-geführten Bundesregierung auf die Unabhängigkeit der EZB und der Bundesbank, (ii) den nicht zuletzt in Frankreich auf Zustimmung gestoßenen Vorschlag des italienischen EU-Kommissars Mario Monti, staatliche Investitionen nicht in das Defizit der öffentlichen Hand einzubeziehen sowie (iii) die Erkenntnis einer neuen IWF-Studie, daß das ESZB über keine Instanz eines *lender of last resort* verfügt – die wichtigste Aufgabe einer genuinen Zentralbank – konnte daher nicht mehr eingegangen werden. Unsere Kritik an der Stabilität des Euro bleibt davon allerdings unberührt; mehr noch: sie scheint uns aktueller denn je. Zu Punkt (iii) cf. Ch. Adams et al., *International Capital Markets: Developments, Prospects, and Key Policy Issues*, Washington D.C., International Monetary Fund, September 1998, p. 104-110 sowie unten Abschnitt 4, Anm. 25.

1 Michael Winter: «Die Farben der Grande Nation – Mit Blut und Gloire: Die Ausstellung „Napoleon, Feldherr, Kaiser, Mensch" im Historischen Museum in Speyer», In: *Süddeutsche Zeitung*, 6./7..6. 1998, p. 15.

2 Cf. Ministère de l'économie, des finances et de l'industrie: «L'euro fait la force». In: *Le Figaro*, 4.5. 1998, p. 32.

(EZB), des Holländers Wim Duisenberg, auch verboten. Wäre diese Ernennung nach deutschen Vorstellungen über die Bühne gegangen, dann hätte die Bundesregierung wohl nicht gezögert, ihr Presseamt mit etwa folgender Verlautbarung an die Öffentlichkeit zu schicken: «Der Euro kommt. Er wird mindestens so stark wie die D-Mark. Dafür garantiert die EZB. Sie folgt dem Vorbild unserer erfolgreichen Bundesbank und ist sogar noch unabhängiger als diese. Der Euro wird Europa politisch einigen und in der globalen Konkurrenz Dollar und Yen in die Schranken weisen.»

Während die französische Kampagne die Stimmung im Lande trifft, da die Mehrheit der Franzosen ungeachtet gewichtiger Warner[3] ohne Tränen vom Franc Abschied nimmt,[4] sind immer noch zwei Drittel der Deutschen gegen den Euro eingestellt und auch der Rest glaubt nicht unbedingt an seine Stärke. Bestätigt eine Analyse der EZB und des Systems der Europäischen Zentralbanken (ESZB) die französischen Hoffnungen auf einen Euro-Franc oder gibt sie dem offiziellen Deutschland Recht, das eine Euro-Mark verspricht?

2. Wie mächtig ist die Europäische Zentralbank im Europäischen System der Zentralbanken?

Eine Zentralbank ist mächtig, wenn sie unbeschadet von politischen Weisungen ihr Monopol der Notenemission in einer Weise wahrnehmen kann, die ihre Währung sichert. In einem dezentralen Notenbanksystem, in dem mehrere Zentralbanken das Privileg der Notenemission wahrnehmen – wie dem amerikanischen Federal Reserve System oder dem seit dem 1. Januar 1999 bestehenden ESZB – bedarf es einer starken Zentrale, damit zur Sicherung der einheitlichen Währung auch eine einheitliche Geldpolitik durchgesetzt werden kann.

In der deutschen Debatte über den zukünftigen Euro sind die sich aus der Dezentralität ergebenden Probleme des ESZB, das heißt die Beziehungen der rechtlich unabhängigen nationalen Zentralbanken (NZBs) in der Europäischen Währungsunion (EWU) zur EZB, bis vor kurzem nicht angesprochen worden.[5] Statt dessen hat man die EZB –

---

3   Cf. insb. J.-P. Chevènement, «In den Nationen liegt die Zukunft Europas: Zur Herausbildung einer europäischen Souveränität braucht es die Zustimmung der Völker». In: *Frankfurter Allgemeine Zeitung*, 15.5. 1998, p. 14; idem, «Kurs Eisberg: Frankreichs Innenminister Chevènement sieht der Einführung des Euro mit Sorge entgegen» (Interview). In: *Die Woche*, 17.4. 1998, p. 23.
4   Cf. J. Hanimann, «Abschied ohne Tränen – Francfort oder Der Franc ist fort: Die Franzosen und der Euro». In: *Frankfurter Allgemeine Zeitung*, 23.5. 1998, p. 35.
5   Ein erstes Durchbrechen dieses Schweigens wurde durch einige unserer Beiträge angestoßen: (i) «A Weak Bank Means a Weak Euro». In: *The Wall Street Journal Europe*, 31.7. 1997, p. 6; (ii) «Der Mythos von der Härte des Euro». In: *Management-Berater*, Nr. 4, April 1998, p. 35-38/35sq.; (iii) «Zentralbank ohne Macht». In: *Welt am Sonntag*, 3.5.

Euro-Franc oder Euro-Mark?

ganz im Sinne des offiziellen Deutschland – in ihrer Machtfülle und Unabhängigkeit mit der Bundesbank einfach gleichgesetzt. So hat der ehemalige Bundesbankpräsident Karl Otto Pöhl die EZB als «Super-Bundesbank»[6] etikettiert, die – wie vor ihm schon Altbundeskanzler Helmut Schmidt versichert hat – «alle nationalen Zentralbanken ersetzen wird».[7] Der Würzburger Geldtheoretiker Peter Bofinger glaubt sogar, die EZB sei die «stärkste Notenbank der Welt».[8] Entsprechend hat denn auch der Chef-Volkswirt der Deutschen Bank, Norbert Walter, den Status der bisherigen Bundesbank im zukünftigen ESZB als den «einer Landeszentralbank» (LZB) gekennzeichnet.[9]

1998, p. 57; (iv) «Wie mächtig wird die Europäische Zentralbank?». In: *Wirtschaftsdienst: Zeitschrift für Wirtschaftspolitik*, vol. 78, Nr. 5, Mai 1998, p. 277-283; (v) «Vier kritische Anmerkungen zum Euro: Europäische Zentralbank toleriert unzureichende Euro-Bonitäten – Nationale Notenbanken sichern sich entscheidende Machtposition». In: *Finanz und Wirtschaft* (Zürich), Nr. 41, 30.5. 1998, p. 47.
So urteilt der Chefvolkswirt von Merryll Lynch Deutschland, Holger Schmieding, «Geldökonomie im Dialog quer durch Europa». In: *Frankfurter Allgemeine Zeitung*, 20.4. 1998, p. 32: «Im Vergleich zu den nationalen Zentralbanken wird die EZB-Zentrale in Frankfurt eher schwach sein.» Ganz ähnlich meint in einem Bericht über den Gründungsakt der EZB am 1.Juni 1998 Michael Flämig, «Tamtam für den Euro-Kaiser: Der Tag des Wim Duisenberg». In: *Frankfurter Rundschau*, 1.7. 1998, p. 3: «Zwar hat die Crème der Politikwelt nun mit gesetzten Worten versichert, daß nur die Europäische Zentralbank allererste Sahne sei. Doch [...] die Wirtschaftswissenschaftler Otto Steiger, Gunnar Heinsohn [...] werfen seit einiger Zeit einen eher forschenden statt ehrfürchtigen Blick auf die Kleider des Euro-Kaisers. Das Ergebnis der Betrachtung: Der Schnitt strahlt Unabhängigkeit und Selbstbewußtsein aus, verbirgt aber eine eher schwache Konstitution. Es mangelt an Personal und zentralisierter Macht.» So enthüllt der stellvertretende Direktor des Brüsseler Center of European Policy Studies, Daniel Gros, daß die EZB nicht einmal ihr eigenes Personal einstellen dürfe: «Die EZB ist gegenwärtig ein besseres Sekretariat für die nationalen Zentralbank-gouverneure»; cf. rtr, «Mehr Kompetenzen für die EZB gefordert». In: *Handelsblatt*, 14.7. 1998, p. 25. Cf. in diesem Sinne auch (i) D. Gros, «Mehr Gewicht für die Europäische Zentralbank: Die nationalen Notenbanken dürfen nicht zu viele Kompetenzen in der Ausführung der Geldpolitik behalten». In: *Frankfurter Allgemeine Zeitung*, 2.5. 1998, p. 15; (ii) H. Remsperger, «Eine Euro-Fed hat man nicht gewollt». In: *Frankfurter Allgemeine Zeitung*, 11.5. 1998, p. 32; (iii) M. Seidel, «Bundesbank und Europäisches System der Zentralbanken – strukturelle und funktionelle Homogenität?». In: *Bonner Abhandlungen zu Fragen der europäischen Integration und des Europarechts*, 15.5. 1998, mimeo. (iv) F. Kral, M. Kurm-Engels, «Europäisches System der Zentralbanken – Vor Machtkämpfen: Die nationalen Zentralbankchefs haben im EZB-Rat Übergewicht». In: *Handelsblatt*, 10.6. 1998, p. 12.

6   Cf. K.O. Pöhl, «Von der D-Mark zum Euro». In: *Der Spiegel*, Sonderausgabe Jahreschronik 1997, p. 294-296.
7   Cf. H. Schmidt, «Die Stabilität des Euro wird größer sein als die der deutschen Mark». In: *Welt am Sonntag*, 29.6. 1997, p. 2.
8   Cf. P. Bofinger, «Stärkste Notenbank der Welt». In: *Welt am Sonntag*, 3.5. 1998, p. 56.
9   Cf. N. Walter, «Stabilität auf dem Prüfstand». In: *Anlage-Management* (Deutsche Bank), November 1997, p. 13-15/13.

Mit der als ihr Vorbild hingestellten Bundesbank hat die EZB nur auf den ersten Blick etwas gemein. Wie das Direktorium der Bundesbank die Beschlüsse des Zentralbankrats umzusetzen hat, so ist es Aufgabe des EZB-Direktoriums die Beschlüsse des EZB-Rates zu verwirklichen. Die deutschen LZBs dürfen keine D-Mark emittieren. Im ESZB sieht das ganz anders aus. Gemäß Maastrichtvertrag (Artikel 105a) und Satzung von ESZB und EZB (Artikel 16) heißt es übereinstimmend: «Die EZB und die nationalen Zentralbanken sind zur Ausgabe von Banknoten berechtigt.»

Im ESZB besteht also ein Konkurrenzverhältnis zwischen EZB und NZBs, das im System Bundesbank ausgeschlossen ist. Die LZBs sind hier lediglich regionale Hauptverwaltungen für die alles beherrschende Frankfurter Zentrale. Deshalb sagt man auch, daß LZBs und Bundesbank zu «einer Einheit verschmolzen» sind.[10] Die LZB-Chefs sind nicht etwa Amtsträger der Länder, sondern des Bundes. Die Bundesbank hat das Notenmonopol. Sie hält alle Aktiva und verfügt damit über die alles beherrschenden Stellung bei Devisengeschäften und den Operationen am Geldmarkt mit den Geschäftsbanken. Die Tätigkeit der LZBs beschränkt sich auf weisungsgebundene Geschäftsbeziehungen zu regional tätigen Banken.

Das ESZB hat auch mit dem bundesdeutschen Notenbanksystem vor der Bundesbank, das heißt zwischen 1948 und 1957, nur oberflächlich etwas gemein. Dieses System bestand aus den LZBs und der Bank deutscher Länder (BdL). So wie die NZBs im ESZB Kapitaleigner der EZB sein werden, so war die BdL Tochter der LZBs. So wie die NZBs das Kreditgeschäft mit den Geschäftsbanken abwickeln werden, so besorgten auch die LZBs dieses eigentliche Notenbankgeschäft.[11] Sie hatten jedoch das Recht auf Notenemission, Devisengeschäfte und Offenmarktoperationen an die BdL abtreten müssen und damit das System Bundesbank schon weitgehend verwirklicht. «Faktisch wurden die Landeszentralbanken somit zu ausführenden Organen der Bank deutscher Länder.»[12] Insofern ist die kürzlich aufgestellte Behauptung von Bundesbankpräsident Hans Tietmeyer, daß der Aufbau des ESZB dem Aufbau des Systems der BdL «ähnelt», irreführend.[13] Und gänzlich falsch ist die Behauptung von Peter Bofinger, «die deutsche Geldordnung der Jahre 1948–1957» habe «über einen zweistufigen Aufbau» verfügt,

---

10 Cf. F. Kral, M. Kurm-Engels, «Zentralbanksysteme: Bundesbank im Vorteil – Bewährungsprobe für die Euro-Räte». In: *Handelsblatt*, 27./28.2. 1998, p. 9.
11 Cf. W. Schmidt, K. Andreas, «Bank deutscher Länder und die angeschlossenen Landeszentralbanken». In: *Enzyklopädisches Lexikon für das Geld-, Bank- und Börsenwesen*, Frankfurt/M., Knapp, 1957, vol. 1, p. 154-173, insb. p. 157.
12 Cf. Ch. Buchheimer, «Die Errichtung der Bank deutscher Länder und die Währungsreform in West-deutschland». In: Deutsche Bundesbank (ed.), *Fünfzig Jahre Deutsche Mark: Notenbank und Währung in Deutschland seit 1948*, München, Beck, 1998, p. 91-138/113.
13 Cf. H. Tietmeyer, «Die Geldpolitik der Europäischen Zentralbank». In: *Deutsche Bundesbank: Auszüge aus Presseartikeln*, Nr. 10, 13.2. 1998, p. 1-5/2.

Euro-Franc oder Euro-Mark?

«der mit dem [der] EZB völlig identisch ist».[14] Vor allem wird von beiden Autoren nicht erörtert, daß die NZBs das Recht auf eigenständige Notenemission ausdrücklich behalten. Anders als die LZBs im System der BdL müssen sie sich also nicht bei der EZB refinanzieren. Die NZBs im ESZB dürfen zwar ab 1. Januar 1999 französische Franken, D-Mark und Peseten etc. nicht mehr wie bisher zu untereinander schwankenden Kursen, sondern nur in einer festen Parität zum Euro schaffen. Ab 1. Januar 2002 jedoch dürfen sie selbständig Euro emittieren. Selbstredend müssen sie dafür einen Teil ihrer Aktiva – also Wertpapiere, Devisen und Gold – behalten. Darüber hinaus soll auch die EZB Euro emittieren dürfen, so daß in Frankfurt mit Bundesbank und EZB dann zwei Instanzen Euro schaffen können. Für die Erfüllung dieser Aufgabe braucht dann auch die EZB entsprechende Aktiva. Wir werden sehen, daß schon deren geringes Volumen für eine starke Beschränkung der EZB sorgen wird.

Vor diesem Hintergrund ist es aufschlußreich, daß die Gestaltung der Euro-Banknoten das genaue Gegenteil, also eine unumschränkte Machtfülle der EZB suggeriert. Für diese Noten hat man sich zu einem anderen Verfahren als bei der beabsichtigten Münzherausgabe entschlossen. Wie der Öffentlichkeit im September 1997 unumwunden mitgeteilt wurde, sollen die Euro-Münzen von den einzelnen Mitgliedsstaaten herausgegeben und entsprechend mit nationalen Symbolen versehen werden. Kaum bemerkt von der Öffentlichkeit beschlossen die Regierungen der Mitglieder der Europäischen Union (EU) jedoch zum gleichen Zeitpunkt, die zwischen Helsinki und Lissabon ebenfalls eigenständig emittierten Euro-Banknoten alle gleich aussehen zu lassen. Im Januar 1997 hatte man immerhin noch erwogen, die Euronoten mit «nationalen Merkmalen»[15] auf der Rückseite zu kennzeichnen, falls sie nicht ohnehin in jedem Land unterschiedlich aussehen würden. Damit wäre man dem Vorbild des Federal Reserve gefolgt, in dem die zwölf rechtlich unabhängigen Federal Reserve-Banken bei der Herausgabe ihrer Dollarnoten verpflichtet sind, sie mit ihrem Namen zu kennzeichnen. Im September 1997 wurde dann jedoch plötzlich festgelegt, daß die Euronoten nicht «mit nationalen Motiven zu gestalten sind».[16] Die bisher verbreiteten Muster der Euro-Banknoten zeigen lediglich die gesamteuropäische Landkarte und stilisierte Bauten, die

---

14 Cf. P. Bofinger, «Stärkste Notenbank der Welt». In: *Welt am Sonntag*, 3.5. 1998, p. 56.
15 Deutsche Bundesbank, «Euro-Banknoten und Münzen». In: *Informationsbrief zur Europäischen Wirtschafts- und Währungsunion*, Nr. 3, Januar 1997, p. 11-15/14.
16 Cf. Deutsche Bundesbank, «Euromünzen». In: *Informationsbrief zur Europäischen Wirtschafts- und Währungsunion*, Nr. 9, September 1997, p. 21-23/21. Daß diese Festlegung unter Ausschluß der Öffentlichkeit geschehen ist, zeigt noch die später erschienene Informationsbroschüre *Rund ums Geld* der Deutschen Bank, teilweise abgedruckt als «Wenn der Euro kommt: Keine Probleme für Privatkunden». In: *Bremer Anzeiger*, 17.1. 1998, p. X: «Auch die Banknoten sind [...] identisch, mit einer Ausnahme: Auf jedem Schein ist ein Feld vorgesehen, in dem das ausgebende Land vermerkt ist.»

gerade nicht national identifizierbar sind. Auf den Noten finden sich allein die Kürzel für die EZB in allen Nationalsprachen sowie die Unterschrift des Präsidenten der EZB. Die Einheitlichkeit der Euro-Banknoten mag dazu beigetragen haben, daß gestandene Experten wie der Münchner Ökonom Hans-Werner Sinn – in einer Kritik der Verteilung der Geldschöpfungsgewinne innerhalb der EWU – übersehen haben, daß den NZBs ein eigenständiges Recht zur Herausgabe von Euro zugestanden wird. Sinn meint dagegen irrtümlich – und diese Ansicht hat in der Öffentlichkeit Zustimmung gefunden[17] –, daß die NZBs die von ihnen herausgegebenen Euro bei der EZB in Frankfurt gegen Abtretung ihrer Aktiva sozusagen kaufen müssen: «Die Europäische Zentralbank gibt [...] den Euro nicht umsonst heraus, sondern verkauft ihn gegen Hergabe des Wertpapierschatzes, den die Bundesbank in den fast 50 Jahren ihrer Existenz auf dem Weg der Geldschöpfung akkumuliert hat.»[18]

Durch solche Transfers von der Bundesbank und den übrigen Euro kaufenden NZBs müßten die Vermögensbestände der EZB in der Tat immer gewaltigere Ausmaße annehmen und die der NZBs sich über kurz oder lang verflüchtigen. An dieser Vorstellung stimmt lediglich, daß die EZB eine mächtige Umverteilungsinstanz für die Gewinne der NZBs sein wird, wobei – wenn alle EU-Länder an der EWU teilnehmen – Deutschland bis zu 90 Mrd. DM verlieren und Frankreich 50 Mrd. DM gewinnen kann, wie Sinn berechnet hat. Die Bundesbank hält nämlich knapp 36% des in der EU zur Geldschöpfung geeigneten Vermögens, die Banque de France hingegen nur 11%. Gemäß ihrem nach Bruttoinlandsprodukt und Bevölkerungszahl bestimmten Kapitalanteil an der EZB ist die Bundesbank aber lediglich mit ca. 25% und Frankreich immerhin mit 17% an den von der EZB an ihre NZB-Mütter auszuschüttenden Gewinnen beteiligt.[19]

Offiziell wird das irreführende Weglassen der die Euro emittierenden NZBs[20] auf den Geldscheinen damit gerechtfertigt, daß nach Artikel 105a des Maastrichtvertrages ja nur

---

17 Cf. etwa A. Mahler, «‚Fast jede Zahl ist möglich‘: Was wird aus den Bundesbankgewinnen, wenn es die Bundesbank nicht mehr gibt?». In: *Der Spiegel*, Nr. 33, 11.8. 1997, p. 26.
18 Cf. H.-W. Sinn, «Der Euro kostet Deutschland bis zu 90 Milliarden DM». In: *Frankfurter Allgemeine Zeitung*, 5. 6. 1997, p. 17; cf. ausführlicher H.-W. Sinn, H. Feist, «Eurowinners and Euroloosers: The Distribution of Seignorage Wealth in EMU». In: *European Journal of Political Economy*, vol. 13, Nr. 4, Dezember 1997, p. 665-684/668.
19 Cf. H.-W. Sinn, H. Feist, «Euro-Winners and Euroloosers», *art. cit.*, p. 670-676.
20 Diese Irreführung läßt sich natürlich nicht geheimhalten. Spezialisten werden die jeweilige NZB anhand ihrer Seriennummer identifizieren und das Publikum anhand ihrer unterschiedlichen Drucktechnik: Bis auf Portugal und Luxemburg werden alle EWU-Mitglieder ihre Noten selber drucken. In Deutschland und Österreich beispielsweise werden die Euronoten auf Rundsieb-Papiermaschinen mit speziellen Beimischungen hergestellt, die eine Echtheitskontrolle erlauben, während die Franzosen ihre antiquierte Rollendrucktechnik verwenden, wo dies nicht möglich ist. Für Fälscher werden die Euronoten unterschiedlicher Qualität sicher ein lukratives Betätigungsfeld bieten; cf. P. Fahrenholz, «Viele Milli-

Euro-Franc oder Euro-Mark?

die EZB die Ausgabe von Noten «genehmigen» dürfe. In dieser Bestimmung äußert sich eine Unklarheit, die in der späteren Satzung für EZB und ESZB ausgeräumt ist. Dort ist es – nach Artikel 16 – nicht mehr die EZB, sondern der EZB-Rat, der die Notenemission genehmigt, also eine nach seinen Vorgaben nicht erlaubte Euroemssion verbieten kann.

Der EZB-Rat wird oft mit dem EZB-Direktorium verwechselt, obwohl er ausdrücklich als Entscheidungsinstanz über diesem steht. Die NZBs müssen allerdings hinnehmen, daß es die europäischen Regierungen sind, die einvernehmlich die Zusammensetzung des Direktoriums der EZB festzulegen haben. Die eigentliche geldpolitische Machtinstanz, mit der die NZBs es zu tun haben, liegt jedoch gerade nicht bei diesem Direktorium, sondern beim EZB-Rat. In ihm bleibt das EZB-Direktorium immer eine Minderheit. Seine sechs Mitglieder werden flankiert von allen NZB-Präsidenten der nationalen Mitgliedsbanken. Nach der in Brüssel beschlossenen Teilnahme von elf der fünfzehn EU-Staaten hat der EZB-Rat also siebzehn Mitglieder, von denen nur sechs vom Direktorium der EZB gestellt werden. Dieses Direktorium hat die Aufgabe, die geldpolitischen Entscheidungen und Richtlinien des EZB-Rats durchzuführen und in den NZBs durchzusetzen. Letztlich werden die NZBs von einem Gremium gesteuert, dem EZB-Rat, in dem sie selbst eine komfortable Mehrheit haben.

Sollte das EZB-Direktorium wirklich geldpolitische Macht ausüben können, dann müßte es ähnlich wie die zentralen Gremien von Bundesbank oder Federal Reserve gefaßt sein. So müßte ihm etwa ein weiter Spielraum und ein entsprechend großer Aktivaposten für Interventionen auf den Geld- und Devisenmärkten eingeräumt werden. Das achtköpfige Bundesbank-Direktorium ist zwar an die Weisungen des Zentralbankrats gebunden, in dem – als Reminiszenz an die Zeit vor 1958 – zusätzlich neun LZB-Präsidenten Stimmrecht haben, hat als Bank jedoch allerhand Spielraum: «In Deutschland sind Interventionen Sache des Direktoriums. ‚Wenn wir intervenieren, fragen wir doch nicht den Zentralbankrat'» (Hans Tietmeyer).[21] Diese Souveränität des Direktoriums resultiert daher, daß die Bundesbank über sämtliche zur Geldmengensteuerung einsetzbaren Aktiva des Systems verfügt, wohingegen ihre LZB-Filialen diesbezüglich selbstredend mittellos sind.

Warum haben EZB und ESZB auch mit dem dezentralen Notenbanksystem der USA, dem Federal Reserve, lediglich auf den ersten Blick etwas gemein? Das Federal Reserve hat mit seinem zwölfköpfigen Zentralbankrat, dem Offenmarktausschuß (FOMC), eine Steuerungszentrale, die dem vorgesehenen siebzehnköpfigen EZB-Rat zu ähneln

---

arden Scheine decken den Erstbedarf». In: *Frankfurter Rundschau*, 21.4. 1998, Beilage «Europas neues Geld», p. 12.
21 Cf. F. Kral, M. Kurm-Engels, «Bundesbank: Hans Tietmeyers Lehren aus 50 Jahren Zentralbankrat. – Wächter des ‚unpolitischen' Geldes». In: *Handelsblatt*, 27./28. 2. 1998, p. 9.

scheint. Beide Gremien setzen sich aus den Mitgliedern der Zentrale und den Präsidenten von Mitgliedsbanken zusammen. In beiden Räten ist das Direktorium der jeweiligen Zentrale vertreten – sechs EZB-Direktoren bzw. sieben Direktoren des Board of Governors. Während im EZB-Rat zusätzlich alle NZB-Präsidenten Stimme haben, dürfen im FOMC nur fünf Präsidenten der zwölf Mitgliedsbanken mitstimmen. Von diesen ist allein der Präsident der New Yorker Federal Reserve ständiges Mitglied des FOMC, während die übrigen vier ihm lediglich auf rotierender Basis angehören. Alle zwölf Präsidenten der Federal Reserve Banken müssen überdies vom Board of Governors bestätigt werden, während die NZB-Präsidenten im ESZB ausschließlich von den nationalen Regierungen bestellt werden. Während also im EZB-Rat das sechsköpfige Direktorium der angeblich – wie man in Deutschland glaubt – mächtigen Zentrale EZB von elf NZB-Präsidenten massiv majorisiert wird, müssen sich im FOMC der USA vier Präsidenten von Federal Reserve Banken den sieben Governors der Zentrale sowie dem New Yorker Präsidenten unterwerfen. Die *primus inter pares*-Rolle der Federal Reserve Bank of New York unter allen zwölf Banken des Federal Reserve wird dadurch sichergestellt, daß – in Abstimmung mit dem Board of Governors – allein sie zur Ausführung der vom FOMC beschlossenen Geldpolitik berechtigt ist. Dieses Recht kann sie auch exekutieren und nicht etwa nur fordern, weil ca. 40% aller Vermögenswerte des FRS bei ihr liegen.

Die ungemein starke 8 : 4-Stellung der Zentrale im Federal Reserve hat gute geldhistorische Gründe, die auch für das zukünftige ESZB entschieden beherzigenswert wären. Bis hin zur Weltwirtschaftskrise (1929–1933) operierten die zwölf Mitgliedsbanken durch ihre Governors' Conference nämlich in Konkurrenz zum auch schon damals siebenköpfigen Board of Governors der Zentrale in Washington, die keine eigene Bank hatte. Die hat sie auch heute nicht. Sie braucht sie auch nicht, da sie zentral über die New Yorker Notenbank jederzeit intervenieren kann. Es war das Fehlen einer vom Board zu steuernden und zugleich unangefochtenen Bank im US-Zentralbanksystem, das die Bekämpfung der Krise erschwerte. *De facto* ist die New Yorker Bank deshalb seit dieser Krise das unangefochtene geldpolitische Machtinstrument des Board.[22]

Würde – wie der deutschen Öffentlichkeit so vollmundig versprochen – die EZB tatsächlich der Bundesbank entsprechen, dann müßten alle Aktiva der NZBs in der EWU – einschließlich denjenigen der Bundesbank in Frankfurt – auf die EZB in Frankfurt übertragen werden. Die EZB hätte dann das Monopol der Euroemission und würde die entsprechenden Operationen mit den Geschäftsbanken abwickeln. Die NZBs – einschließlich der Frankfurter Bundesbank – würden zu reinen Ausführungsorganen der EZB.

---

22 Cf. R. Sylla, «Federal Reserve System». In: *The New Palgrave Dictionary of Money and Finance*, London, Macmillan, 1992, vol. 2, p. 15-18, insb. p. 16sq.

Euro-Franc oder Euro-Mark?

Würde das ESZB wenigstens dem Federal Reserve entsprechen, dann würde das EZB-Direktorium im EZB-Rat nicht eine Minderheit von 6 : 11, sondern eine klare Mehrheit erhalten müssen und operativ die Frankfurter Bundesbank als mächtigste Bank im ESZB wie die New Yorker Notenbank benutzen. Als ESZB-Direktorium könnte es dann ruhig in der französischen Europa-Metropole Straßburg angesiedelt sein und bräuchte auch gar keine eigene Bank, sondern lediglich – zusammen mit dem Bundesbankpräsidenten – eine komfortable Mehrheit im EZB-Rat. Und dieser nun von der Zentrale majorisierte Rat hätte auch noch das Bestätigungsrecht für jeden der elf NZB-Präsidenten. Von diesen dürften lediglich drei – und das noch auf rotierender Basis – dem EZB-Rat angehören. Der deutsche Zentralbankpräsident hingegen wäre immer dabei. Es versteht sich von selbst, daß Frankreich einer solchen Konstellation niemals zustimmen würde.

Bei den Verhandlungen über den Vertrag von Maastricht hat Frankreich denn auch etwas gänzlich anderes durchgesetzt: die Wiedergewinnung seiner monetären Souveränität gegen das – nur scheinbare – Zugeständnis der von Deutschland gewünschten politischen Unabhängigkeit der EZB und ihrer Ansiedlung in Frankfurt. Das ESZB ist welthistorisch somit etwas vollkommen Neues. Es wird das erste dezentrale Zentralbanksystem ohne starke Zentrale sein.

3. Welche Ausstattung hat die Europäische Zentralbank und auf welchen Märkten darf sie tätig sein?

Seit dem 1. Juni 1998 ist das Europäische Währungsinstitut (EWI) von der EZB abgelöst worden. Spätestens bis zum 31.12. 1998 muß im Detail bekannt sein, wie ihre operative Bankausstattung aussieht.

In der deutschen Öffentlichkeit ist nur gelegentlich wahrgenommen worden, daß Frankreich die EZB am liebsten nicht als Bank zum Zuge kommen lassen will, während die Deutschen sie in jedem Fall so stark wie die Bundesbank machen wollen. So hat Frankreich – wie im Wahlkampf vom Mai 1997 deutlich wurde[23] – die EZB nur als «einen Versammlungsplatz der Gouverneure» akzeptiert, dessen Aufgabe darauf beschränkt sein solle, Vorstellungen für eine europäische Geldpolitik zu formulieren. Ausgeschlossen ist die EZB in diesem Konzept vom Tagesgeschäft einer wirklichen Zentralbank, also von der Regulierung der Geldmenge durch Offenmarkt- und Kreditgeschäfte. Frankreich will nicht einmal erlauben, daß die EZB die ihr von den NZBs über-

---

23 Cf. etwa egl, «Geldpolitik: Frankreich befürchtet Stärkung des Finanzplatzes Frankfurt – Paris will schwache Europäische Zentralbank». In: *Handelsblatt*, 3./4./5.5. 1997, p. 1. Cf. auch G. Braunberger, «Auseinandersetzung um Funktionen der EZB: Frankreich will den Finanzplatz Paris schützen». In: *Frankfurter Allgemeine Zeitung*, 7.5. 1997, p. 15sq.

tragenen – und von vornherein kargen – Währungsreserven anrührt. Sogar der Zugang zum europäischen Zahlungssystem (TARGET), ohne den schon rein technisch eine einheitliche Geldpolitik nicht durchführbar ist, möchte Frankreich der EZB untersagen.

Nicht richtig am gallo-germanischen Streit ist der Eindruck einer tapfer für eine bundesbankgleiche EZB kämpfenden deutschen Seite. Auch die deutschen Zentralbanker befürworten eine starke Stellung der NZBs und damit ihrer eigenen Bundesbank. Gleichwohl soll die EZB nicht ganz auf Null gebracht werden, sondern wenigstens so ausgestattet sein, daß sie ausgewählte, wenn auch nachrangige Operationen durchführen kann. Dabei denkt man vor allem an Schnelltender, also Wertpapierpensionsgeschäfte mit einer Laufzeit von wenigen Tagen zur Überwindung plötzlicher Liquiditätsengpässe am Geldmarkt. Ganz unklar bleiben dabei Herkunft und Qualitätsmerkmale solcher Papiere. Sollen es etwa Schuldverschreibungen der Europäischen Kommission sein? Zusätzlich ist an Interventionen der EZB auf dem Devisenmarkt gedacht, wo sie dann allerdings mit den NZBs in Konkurrenz tritt, bei denen ja auch weiterhin die Masse der Währungsreserven bleibt.

Auf welche Aktiva kann die EZB für den Fall rechnen, daß sie wenigstens nach dem deutschen Minimalprogramm operieren darf, das der ja noch nicht widerrufenen Satzung des EZB und der ESZB immerhin ein Stück weit Rechnung trägt? Nach ihr soll die EZB – parallel zu den NZBs – Offenmarkt- und Kreditgeschäfte sowie Devisengeschäfte tätigen dürfen (Artikel 18). Dafür wird sie aber nur einen kleinen Teil der Aktiva der NZBs erhalten und diesen lediglich in Form von Gold- und Devisenreserven. Gemäß Artikel 30 werden der EZB Währungsreserven bis zu einer Höhe von 50 Mrd. Euro (knapp 100 Mrd. DM) übertragen.[24] Das entspricht knapp 15% der Gold- und Devisenreserven der NZBs in Höhe von insgesamt 340 Mrd. Euro. Darüber hinaus wird die EZB von den NZBs nach Artikel 28 mit einem Eigenkapital in Höhe von 5 Mrd. Euro ausgestattet.

Zu Übertragungen von Wertpapieren an die EZB für die geldpolitisch doch entscheidenden Offenmarkt- und Kreditgeschäfte schweigt die Satzung sich von vornherein aus. Der Eindruck vom schließlichen Obsiegen der französischen Linie einer schwachen EZB kann deshalb substantiell nicht zurückgewiesen werden.

Für das Miniaturformat der EZB spricht nicht zuletzt ihre bescheidene Personalausstattung. So soll der ehemalige Stab des EWI von 250 auf zunächst 500 und später maximal 700 Personen aufgestockt werden – also etwa auf die Stärke der Dänischen Nationalbank. Allein die Bundesbank beschäftigt rund 15 000 Kräfte. Nun mag eingewandt werden, daß bei intensiver Rationalisierung doch auch eine kleine Gruppe von Mitar-

---

24 Da vorerst nur 11 der 15 EU-Mitgleider an der Währungsunion teilnehmen, ist diese Ausstattung zunächst auf knapp 40 Mrd. Euro beschränkt worden.

Euro-Franc oder Euro-Mark?

beitern die gewaltige Menge an Euronoten achtbar emittieren könne. Für die Macht über die Geldschöpfung aber sind Menge und Qualität der Aktiva sowie ein hinreichend großes Eigenkapital ausschlaggebend und nicht die Zahl der Leute, die damit umgeht. Daran aber mangelt es – wie gezeigt – der EZB am allerschmerzlichsten.

Vergleicht man das vorgesehene EZB-Eigenkapital von 5 Mrd. Euro lediglich mit dem Eigenkapital (im weitesten Sinn, das heißt einschließlich Rücklagen, Rückstellungen und Gewinn) der Bundesbank, das zum 31.12. 1997 über 45 Mrd. DM bzw. knapp 23 Mrd. Euro betrug, so ist nicht ersichtlich, womit die EZB auch nur eine der Bundesbank vergleichbare Stellung erringen könnte. Nun ließe sich – obwohl Frankreich gerade das verhindern will – durchaus vorstellen, daß die 5 Mrd. Euro Eigenkapital dazu genutzt werden, um in Offenmarkt- und Kreditgeschäften den Kauf von Wertpapieren abzusichern, bei deren Erwerb die EZB selbst Euro in Umlauf bringen würde und sich so einen wachsenden Bestand von geldschöpfungsfähigen Aktiva akkumulieren könnte.

Bei einer solchen Überlegung wird aber vergessen, daß die EZB ihr Eigenkapital auch zur Absicherung der ihr übertragenen Gold- und Devisenreserven in Höhe von 50 Mrd. Euro vorhalten muß. Das ist ein besonders delikates Thema, weil diese 50 Mrd. zu Markt-, aber nicht zu den Anschaffungspreisen der jeweiligen NZBs bilanziert werden sollen. Das bedeutet zunächst, daß sie nach den strengen Bewertungsregeln der Bundesbank nur höchstens 33 Mrd. Euro oder 66 Mrd. DM wert wären. Entsprechend umfassen die von der Bundesbank auf das EWI übertragenen Gold- und Devisenreserven in ihrer eigenen Bilanz zum 31.12. 1997 nur ca. 23 Mrd. DM, während sie in der entsprechenden Bilanz des EWI um über 50% auf knapp 36 Mrd. DM hochgebucht sind. Die Bewertung der EZB-Devisenreserven zu Marktpreisen bedeutet, daß ihre 5 Mrd. Euro Eigenkapital im Hinblick auf eventuelle Abwertungen der Währungsreserven wesentlich anfälliger sind als das der Bundesbank, da deren Gold- und Devisenreserven dank ihrer niedrigen Bewertung zu Anschaffungspreisen Abwertungen aufzufangen vermögen. Sänke etwa der Wert der EZB-Währungsreserven von 50 Mrd. Euro lediglich um 10%, so wäre das diesen Verlust ausgleichen müssende Eigenkapital der EZB von 5 Mrd. umgehend vernichtet. Es ist bisher nicht geklärt, wie die NZBs nach einem solchen Fall ihre Tochter EZB wieder flott machen würden. Werden sie die nach Artikel 30 der Satzung vorgesehenen Nachschüsse bei ihrer Mehrheit im EZB-Rat tatsächlich leisten?

Insgesamt wird die Ausstattung der EZB von 33 Mrd. Euro bzw. von 66 Mrd. DM Bundesbankbuchwert gerade einmal ca. 17% der Aktiva der Bundesbank in Höhe von 381 Mrd. DM (31.12. 1997) ausmachen. Damit entsprechen die Erstausstattungs-Aktiva der EZB nicht einmal den Aktiva der Niederländischen Zentralbank in Höhe von 86 Mrd. Gulden (ca. 40 Mrd. Euro zum 31.12. 1996). Bezogen auf die Gesamtkapazität der zur Geldschöpfung geeigneten Aktiva aller fünfzehn EU-NZBs von ca. 432 Mrd. Euro

Ende 1995[25] wird die entsprechende EZB-Ausstattung von 33 Mrd. Euro zu Anschaffungspreisen knapp 8% ausmachen. Selbst wenn man berücksichtigt, daß etliche NZBs bereits heute nicht nach den strengen Bundesbankregeln bilanzieren, wird das EZB-Volumen kaum über 10 % hinaus gelangen.

4. Was ist Ökonomie – und was ist Geld?

Die Rede von einer unvergleichlichen Machtfülle der EZB ist also ein Mythos. Das bedeutet aber nicht automatisch, daß damit auch die Rede vom harten Euro als ein Mythos entlarvt wäre. Würden nämlich alle NZBs im ESZB ihre einheitlich aussehenden Euro auch nach einheitlichen Regeln für eine stabile Währung emittieren, dann wäre ein harter Euro auch neben der machtlosen Frankfurter EZB immer noch machbar.

Ein Währung ist hart, wenn eine Zentralbank bei ihrer grundlegenden Aufgabe, jederzeit – das heißt insbesondere im Fall einer Liquiditätskrise – die Zahlungsfähigkeit der Geschäftsbanken als *lender of last resort* zu sichern, ihre Noten ebenso emittiert wie eine solide Geschäftsbank ihre Kredite vergibt. Eine solide Geschäftsbank zu sein, bedeutet, daß Kredite nicht nur gegen marktübliche Zinsen, sondern vor allem gegen gute Eigentumstitel als Sicherheiten vergeben werden.[26] Entsprechend handelt eine Zentralbank solide, wenn sie ihr Geld nur an solche Geschäftsbanken verleiht, die ihr dafür neben marktüblichen Zinsen ebenfalls gute – und darüber hinaus marktfähige – Sicherheiten abtreten müssen. Das bedeutet, daß sie zumindest dazu in der Lage sein muß, ihre Banknoten jederzeit durch Verkauf dieser Sicherheiten wieder aus dem Umlauf zu ziehen, auch wenn es dabei zu einem Preisverfall ihrer Vermögenswerte kommen sollte. Diesem hat sie durch entsprechende Rücklagen oder durch eine relativ niedrige Bewertung ihrer Aktiva Rechnung zu tragen. Damit gilt für eine Zentralbank das gleiche wie für eine seriöse Geschäftsbank, die stets in der Lage sein muß, ihre Verbindlichkeiten aus dem Umlauf zu ziehen. Wäre sie dazu nicht in der Lage und verlöre sie dabei auch noch ihr Eigenkapital, so würde sie zahlungsunfähig. Wäre eine Zentralbank nicht in der Lage, ihre Banknoten zurückzuholen, verlöre sie ebenfalls ihr gesamtes Eigenkapital. Anders als eine Geschäftsbank kann sie zwar nicht zahlungsunfähig werden, würde bei diesem Verlust aber zur Quelle einer inflationären Geldemission, gegen die dann mit strangulierender Hochzinspolitik angegangen werden müßte.

---

25 Cf. H.-W. Sinn, H. Feist, «Eurowinners and Euroloosers», *art. cit.*, p. 675.
26 Die Befolgung dieser beiden Regeln auch durch die Zentralbank ist im Jahre 1873 von Walter Bagehot in seiner erstmaligen Begründung ihrer Funktion als *lender of last resort*, der Idee des «offenen Diskontfensters», als unverzichtbar angesehen worden. Cf. W. Bagehot, *Lombard Street. Der Weltmarkt des Geldes in den Londoner Bankhäusern*, Leipzig, Hartung & Sohn, 1874, Kap. 7, p. 102sq..

Euro-Franc oder Euro-Mark?

Zum Verständnis dieser Thesen läßt sich ein kleiner Ausflug in die Theorie der Wirtschaft[27] deshalb nicht vermeiden, weil ihre herrschenden Schulen dazu nicht beitragen können. Allgemein wird heute nämlich angenommen, daß uneinlösbares Zentralbankgeld aus dem «Nichts» geschaffen werde, die Bedeutung guter Sicherheiten allenfalls für die Qualität einer Währung für die einlösbaren Zentralbanknoten des 19. Jahrhunderts von Bedeutung gewesen seien.

Das Versagen der ökonomischen Theorien beim Erklären des Wirtschaftens und des Geldes resultiert aus ihrer Bindung an eine Anthropologie, die einen an Vorteilen auf dem Markt interessierten Eigentümer als *homo oeconomicus* bereits für den Neandertaler unterstellt, obwohl die professionellen Anthropologen den Ökonomen einen solchen Menschen gerade nicht zeigen können.

In der menschlichen Gesellschaft hat es nur den Besitzer zu allen Zeiten und bei allen Völkern gegeben, ohne daß damit zugleich ein *homo oeconomicus* existiert hätte. Wer Ressourcen wann, wo, wie, gegenüber wem und in welchem Umfang nutzen darf, wurde durch Besitzrechte festgelegt. Besitz ist somit eine ewige, zeitlose oder natürliche Kategorie.

Das Eigentum hingegen hat es nicht immer gegeben. Es ist eine künstliche und damit historisch besondere Kategorie. Lukrez' berühmte Aussage, daß erst mit dem Eigentum das Geld kommt,[28] ist durch die Geschichtsforschung bestätigt worden. Sie weiß, daß Geldoperationen, die bei den mykenischen Feudalbesitzern – als Vorgängern von Polis und Civitas – noch vollkommen fehlen, in den von Eigentum geprägten Stadtstaaten als «Kauf und Verkauf, Darlehen und Kredit»[29] umgehend da sind. Lediglich der innige Zusammenhang zwischen Eigentum und Geld wird bisher nicht verstanden: «Die Art und Weise, in der Kredite eine so mächtige Maschine wurden, bleibt ein Geheimnis.»[30]

Wie kann nun die Geburt des Geldes aus dem Eigentum aufgeklärt werden? In der Menschheitsgeschichte gibt es drei idealtypische Gesellschaftsformen:

---

27 Cf. ausführlich G. Heinsohn, O. Steiger, *Eigentum, Zins und Geld: Ungelöste Rätsel der Wirtschaftswissenschaft*, Reinbek bei Hamburg, Rowohlt, 1996, passim sowie idem, «The Property Theory of Interest and Money». In: J. Smithin (ed.), *What is Money?*, London, Routlegde, im Erscheinen.
28 Cf. Lukrez, *De Rerum Natura: Libri Sex,* ed. K. Lachmann, Berlin, Reimer, 1860, Buch V, Zeilen 1113-1114.
29 Cf. S.C. Humphreys, *Anthropology and the Greeks*, London et al., Routledge & Kegan Paul, 1978, p. 73.
30 Cf. C.G. Starr, *The Economic and Social Growth of Early Greece: 800–500 B.C.,* New York/Oxford University Press, 1977, p. 183.

1. Die Stammesgesellschaft regelt Produktion, Verteilung und Konsumtion für ihre nicht freien Mitglieder gemeinschaftlich nach Tradition und solidarpflichtiger Sitte.
2. In der Befehlsgesellschaft regeln Herrscher Produktion, Verteilung und Konsumtion. Sie erzwingen Abgaben von Unfreien und versorgen diese in Notzeiten.
3. Die Eigentumsgesellschaft als System von Freien regelt Produktion, Verteilung und Konsumtion nicht nach Sitte oder Befehl, sondern steuert sie durch Geld.

Die ersten beiden Gesellschaftsformen sind reine Besitzgesellschaften. Sie kennen das Eigentum also nicht. In ihnen erfolgt lediglich eine Umwandlung von Ressourcen in Güter, die nach Sitte oder Befehl mehr oder weniger effizient verläuft. Sie kann als bloße Beherrschung von Ressourcen bezeichnet werden. In diesen Gesellschaften fallen keine Aktivitäten an, die auf eine Gelderfindung hintreiben: «Geldloser Markttausch stellte keine evolutionäre Stufe [...] vor dem Beginn eines geldvermittelten Markttausches dar».[31] Soweit kreditmarkttaugliches Geld in Besitzgesellschaften – neben den dort üblichen Staatsbanknoten – als Zahlungsmitteln empirisch angetroffen wird, stammt es aus benachbarten Eigentumsgesellschaften wie etwa der Umlauf von D-Mark und Dollar im ehemaligen Realsozialismus.[32]

Was bedeutet die Aussage, daß die künstliche Kategorie Eigentum zur natürlichen Kategorie Besitz hinzutritt? Eigentum ist eine historische Gegebenheit, die durch politische Entscheidung – auf durchaus unterschiedliche Weise – gegen Befehlsgesellschaften geschaffen wird. In der Antike wird der Palast- oder Priesterfeudalismus, in der Neuzeit der mittelalterliche Feudalismus und in der Gegenwart der feudalistische Realsozialismus durch eine Eigentumsverfassung abgelöst.

Rein physisch werden Eigentumstitel aus dem Nichts geschaffen. Man kann sie nicht sehen, hören, riechen, schmecken oder anfassen. Sie ändern an Umfang und Qualität des von dieser Verfassung betroffenen Besitzes erst einmal nichts. Nur mit diesem *ex nihilo* hervorgebrachten Eigentum wird Geld geschaffen und das Wirtschaften auf den Weg gebracht. Das geschieht mit wiederum nur an Eigentumstiteln haftenden Potenzen der Belastbarkeit und Verpfändbarkeit. Um die Konsequenzen dieser Haftung exekutieren zu können, muß die von einer unabhängigen Rechtsinstanz durchgesetzte Vollstreckbarkeit in Eigentum institutionalisiert werden. Die den Besitz kennzeichnenden bloßen Verfügungsrechte ermöglichen zwar unterschiedliche Einschränkun-

---

31 Cf. G.B. Dalton, «Barter». In: *Journal of Economic Issues*, vol. 16, Nr. 1, März 1982, p. 188.
32 Cf. F.L. Pryor, *The Origins of the Economy: A Comparative Study of Dstribution in Primitive and Peasant Economies,* New York/London, Academic Press, 1977, p. 166.

Euro-Franc oder Euro-Mark?

gen der Nutzung von Ressourcen oder Gütern bis hin zu ihrer Wegnahme, nicht jedoch die Haftung mit ihrem Besitz und die Vollstreckung in sie. Warum kann nun erst mit Eigentumstiteln und nicht schon mit bloßen Besitzrechten gewirtschaftet werden?

Beispielsweise kann der Besitz einer Feldmark in allen drei Gesellschaftstypen zum Pflügen, Einsäen und Ernten genutzt werden, also einen greifbaren Ertrag hervorbringen. Gewirtschaftet wird mit der Ackerkrume für sich genommen aber nicht. Mit ihr wird lediglich produziert. Zu einer wirtschaftlichen Verwendung des Ackers kann es erst kommen, wenn es an ihm neben dem Besitzrecht auch noch einen Eigentumstitel gibt. Wollte man ein Bild gebrauchen, so könnte man sagen, daß mit dem Acker produziert, mit dem Zaun darum jedoch gewirtschaftet wird, wobei der Zaun selbstredend für den Eigentumstitel, nicht jedoch für Draht und Pfosten steht. Während der Bauer seine Feldmark – durch eigenen Gebrauch oder durch Verpachten – nutzt, kann er mit dem Eigentumstitel an ihr gleichzeitig und eben zusätzlich wirtschaften – und das heißt, sie für die Schaffung von Geld – etwa Deutscher Mark – verwenden.

Anders als die reinen Besitzgesellschaften kennt die Eigentumsgesellschaft also nicht nur eine, sondern zwei Arten des Ertrags:

1. Wie in den Besitzgesellschaften gibt es in der Eigentumsgesellschaft den materiellen Ertrag aus der physischen Nutzung der Ressourcen.
2. Anders als in den Besitzgesellschaften gibt es in der Eigentumsgesellschaft zusätzlich zum materiellen einen immateriellen Ertrag aus den Eigentumstiteln an den Ressourcen.

Die Fähigkeit des Eigentums, durch zeitweilige Belastung und Verpfändung für die Geldschaffung eingesetzt werden zu können, haben wir als Eigentumsprämie bezeichnet. Sobald die Eigentumstitel geschaffen sind, erwächst aus ihnen diese immaterielle Prämie unmittelbar. Sie wird nicht durch eine besondere Leistung aufgebracht, ist also nichts, das produziert werden könnte, erspart oder gar «ursprünglich akkumuliert» werden müßte.

Für alle Wirtschaftstheorien lautet die zentrale Frage, für welchen Verlust Zins gefordert wird. Geld in seiner heutigen Form der «uneinlöslichen» Zentralbanknote ist – anders als die äußerlich davon ununterscheidbare Staatsbanknote – ein anonymisierter Eigentumstitel, der in einem Kreditkontakt geschaffen und verliehen wird. Bei der Untersuchung dieses Kontraktes muß der mit Zins zu kompensierende Verlust sichtbar werden. In jedem Kreditkontrakt wird mit Eigentum gehaftet. Dadurch verliert das Eigentum seine Dispositionsfreiheit, und es tritt für die Dauer des Kontraktes ein Verlust an Eigentumsprämie ein.

Die im Kreditkontrakt getroffenen Vereinbarungen konstituieren als Vereinbarungen über Eigentum von Gläubiger und Schuldner einen einheitlichen Wertmaßstab, der vom Gläubiger – heute der Zentralbank – gesetzt wird, das sogenannte Rechengeld. Es ist ein Geldstandard, der niemals mit dem von einem Standardgut abgebleiteten Maßstab, der neoklassischen Recheneinheit – Leon Walras' berühmten *numéraire* –, verwechselt werden darf. Letzterer ist also lediglich ein Güterstandard. Mit dem Rechengeld wird Eigentum unausweichlich quantifiziert. Das eigentliche Geld, das der Gläubiger dem Schuldner aushändigt, kann nur in Beziehung zu diesem Rechengeld existieren. Es erhält seinen Wert von dem in Rechengeld quantifizierten Eigentum und kann deshalb in seiner eigenen stofflichen Gestalt wertlos sein. Das eigentliche Geld ist mithin ein Dokument, das Eigentum repräsentiert. Das Formularmaterial dieser Dokumente ist dabei nicht wesentlich.[33]

In der heutigen Geldwirtschaft, in der sich Nichtbanken zur Verfügung über Güter und Ressourcen Geld beschaffen müssen, tritt der vorübergehende Verlust der Eigentumsprämie in einem ersten Schritt wie folgt auf: Die Nichtbank – typischerweise ein Unternehmer-Schuldner – verliert Eigentumsprämie durch Verpfändung belastungsfähigen Eigentums an eine Geschäftsbank und erhält dafür Geld in einem Kreditvertrag. In diesem Vorgang gewinnt der Gläubiger (Geschäftsbank) die Eigentumsprämie des Schuldners jedoch nicht unmittelbar. Diese muß vielmehr durch Zins von der Nichtbank an die Geschäftsbank kompensiert werden, während der Schuldner die Besitzseite seines verpfändeten Eigentums sehr wohl behält, das heißt nichts von dessen materiellem Ertrag verliert. Die Eigentumsprämie geht also insgesamt verloren.

Im heutigen zweistufigen Bankensystem kann die Geschäftsbank – anders als im Zeitalter des einstufigen Bankensystems (private Zettelbanken mit einlösbaren Banknoten) – das Geld, für das die Nichtbank ihr gegenüber Eigentum verpfändet hat, nicht selbst schaffen. Was die Geschäftsbank hingegen schaffen kann, sind notifizierte (in einer Note niedergeschriebene) Kreditdokumente als Forderungen gegen Nichtbanken, die sie als Wertpapiere marktfähig macht. Es sind diese Papiere, die von der Zentral-

---

33 Wird Geld bei Erfüllung des Kreditkontraktes getilgt, wird belastetes Eigentum wieder frei, hat also von neuem Eigentumsprämie. Sie kann für neuerliche Geldschaffung und Geldverleihung im Kredit einmal mehr aufgegeben werden und so ihre Kompensation durch Zins auf den Weg bringen. Dafür kann die geldschaffende Bank die an sie zurückgegangenen Gelddokumente von neuem benutzen. Diese Dokumente sind jedoch bis zu ihrer Wiederbenutzung in einem neuen Kreditkontrakt kein Geld. Sie können durchaus in einem Tresor liegen, sind dort aber lediglich ruhende Formulare. Werden diese allerdings gestohlen, also unter Umgehung eines Vertrags, in dem sich ein Schuldner zu Tilgung, Verzinsung und Verpfändung verpflichtet hat, in die Zirkulation gebracht, sind sie dort von korrekt emittiertem Geld nicht zu unterscheiden. Wenn die Zentralbank ihre refundierten Geld-Dokumente nicht wiederbenutzt, sondern zerstört, verliert sie kein Geld, sondern nur den Materialwert von Formularen. Sie holt das unzerstörte Formularmaterial also nicht aus einer Truhe, in der Vorrat von etwas läge, das bereits Geld ist, sondern lädt die kalten Formulare durch neuerliche Kopplung an belastetes Eigentum wieder auf, wodurch diese genau so genuines Geld werden wie anonymisierte Eigentumstitel, die auf frische Formulare gedruckt sind.

bank als der einzigen Institution, die Geld schaffen darf, als sichere Vermögenswerte anerkannt werden. Für diese Anerkennung ist es notwendig, aber nicht hinreichend, daß die Wertpapiere auf der Grundlage einer Forderung der Geschäftsbank gegen eine Nichtbank geschaffen werden, für die letztere Eigentum verpfändet und sie allein damit wertvoll gemacht hat. Die Vermögenswerte werden nämlich erst dann zentralbankfähig, wenn die Geschäftsbank, die sie an die Zentralbank weiterreicht, mit ihrem Eigentum, also mit Eigenkapital, für ihre Nichtbanken-Schuldner haftet. Die von der Zentralbank herausgegebenen Noten sind mithin durch Eigentum der Nichtbank und Eigentum der Geschäftsbank doppelt gesichert. Auch die Geschäftsbank verliert als Schuldner die Eigentumsprämie, die aber wiederum ihr Gläubiger, die Zentralbank, nicht gewinnt. Auch die Geschäftsbank behält die Nutzungsrechte aus ihrem belasteten Eigenkapital, verliert materiell mithin ebenso nichts wie ihr Schuldner Nichtbank. Ihre Eigentumsprämie geht also wie bei dieser verloren und kann nur durch Zins, jetzt vom Schuldner Geschäftsbank an den Gläubiger Zentralbank, kompensiert werden.

Gegen den Marktwert der Wertpapiere gibt die Zentralbank der Geschäftsbank von ihr geschaffene Noten, Zentralbanknoten, heraus. Das kann über Ankauf oder Beleihung der Papiere erfolgen. Anders als die Noten der privaten Zettelbanken sind Zentralbanknoten nicht einlösbar, weshalb für den Laien der Eindruck entstehen kann, als seien sie vom Eigentum entkoppelt und würden sozusagen aus dem Nichts geschaffen. Der Halter einer Zentralbanknote muß aber darauf vertrauen, daß die Zentralbank ihre Währung so sichert, daß er bei Einlösung ihrer Note in die einer anderen Zentralbank (Fremdwährung) keinen Verlust macht. Daher muß auch die Zentralbank in dem Maße Eigenkapital vorhalten, in dem sie risikobehaftete Wertpapiere für die Emission ihrer Noten herein nimmt, die insofern eine dreifache Sicherung erfahren. Die Haftung mit dem Eigenkapital (einschließlich Rücklagen, Rückstellungen und Gewinne) der Zentralbank ist insbesondere notwendig bei endgültigem Ankauf von Eigentumstiteln der Geschäftsbanken, von marktbewerteten Devisen (verzinsliche Forderungen in Fremdwährung bei ausländischen Banken) und von marktbewertetem Gold. Hingegen ist bei Titeln mit Rückkaufvereinbarung (sogenannten Wertpapierpensionen) und bei nach dem Niedrigstwertprinzip (Anschaffungspreis) bilanzierten Gold- und Devisenreserven das Risiko für die Zentralbank gering.

Auch der Eigentumsprämienverlust, der bei Blockierung von Eigenkapital der Zentralbank anfällt, beeinträchtigt die Nutzung dieses Kapitals durch sie nicht. Die Zentralbank haftet für den Wert ihrer definitiv gekauften Positionen mit ihrem Eigenkapital. Sie kann den Kurs ihrer Währung gegen Fremdwährungen nur verteidigen, wenn ihre Haftungsmittel ausreichen, Abschreibungen in diesen Positionen auszugleichen und sie darüber hinaus bereit ist, gegebenenfalls Verluste durch neues Eigenkapital aufzufüllen. Gelingt ihr das nicht, so kann die Zentralbank mit den von ihr hereingenommenen Titeln die von ihr ausgegebenen Banknoten nicht ausreichend zurückkaufen. Dieses behindert ihre Möglichkeiten zur Inflationsbekämpfung, schwächt ihre Währung gegenüber besser gesicherten Währungen, fügt also dem Halter ihrer Noten Verluste zu.

Verluste fügt die Zentralbank dann vor allem aber auch den Haltern von in ihrer Währung denominierten Wertpapieren zu. Deren Bereitschaft, diese über die Geschäftsbanken an die Zentralbank zur Geldbeschaffung weiterzureichen, wird entsprechend abnehmen. Es werden daher oft Versuche unternommen, «schlechte», das heißt vor allem nicht-marktfähige staatliche Titel zentralbankfähig zu machen. In der deutschen Geldgeschichte – so mit den staatlichen Darlehenskassenscheinen im 1. Weltkrieg und den berüchtigten Mefo-Wechseln der Hitlerzeit – ist dadurch zweimal die Geldwirtschaft zerstört worden. Wie in Abschnitt 5 gezeigt wird, droht etwas ganz ähnliches im ESZB.

Sobald ein Unternehmer-Schuldner mit dem Geldvorschuß Produktionsmittel kauft, existieren diese für ihn unausweichlich und immer als monetäre Größe. Das bedeutet, daß die Menge der Produktionsmittel mit Preisen bewertet ist, die in demselben Rechengeld denominiert sind wie der kontrahierte Geldvorschuß, also in absoluten Geldpreisen. Das gleiche gilt für die mit den Produktionsmitteln geschaffenen Produkte, deren Wert mindestens der geschuldeten Summe aus Kapital und Zins entsprechen muß. Es ist diese besondere monetäre Produktion, die eine Ware von einem bloßen Gut unterscheidet. Das bedeutet, daß der Unternehmer nicht an einer Güterproduktion *per se*, an bloßen Mengen also, interessiert ist, sondern an mit Geldpreisen gemessenen Produktwerten, an erzielbaren Geldsummen also.

Die Zinsforderung bedeutet, daß der Wert – Menge mal Geldpreis – der Produktion des Unternehmer-Schuldners größer werden muß als der als Kapital erhaltene Geldvorschuß. Die aus der Eigentumsprämie resultierende Zinsforderung erzwingt mithin einen Wertüberschuß in der Produktion von Waren – den Profit. Dieser zinserzwungene Profit ist es mithin, der die für die Eigentumswirtschaft typische Akkumulation ermöglicht und nicht etwa eine vorherige Ansammlung von Kapitalgütern. Die Eigentumsgesellschaft gewinnt mithin ihre Dynamik nicht durch eine sogenannte ursprüngliche Akkumulation, sondern durch die gänzlich unphysische, güterneutrale Belastung von immateriellen Eigentumstiteln.

Die monetär ausgepreiste Produktion beziehungsweise die Waren erzwingen den Warenmarkt als Mechanismus für die Erlangung von eigentlichem Geld zur Erfüllung der für den Geldvorschuß eingegangenen Tilgungs- und Zinsverpflichtungen, das heißt für die Erlangung von Mitteln, deren Fähigkeit der Schuldenauflösung als – wiederum immaterielle – Liquiditätsprämie bezeichnet wird. Der Markt ist also kein Tauschplatz für Güter, auf dem nach den Nutzen-Präferenzen von Konsumenten (neoklassische Ökonomie) oder nach den Kosten von Produzenten (klassische Ökonomie) die relativen Preise der Güter bestimmt werden und letztere dann nach diesen Tauschverhältnissen ihre Besitzer zu deren Vorteil wechseln, sondern eine Instanz zur Einwerbung von Kaufverträgen über Waren, das heißt zur Gewinnung von Schuldendeckungsmitteln. Im Kaufkontrakt wird der Unternehmer, der im Kreditkontrakt Schuldner einer Geldforderung – seinem Kapital – ist, als Eigentümer einer Ware zum Gläubiger einer Geldforderung. Diesem Verkäufer steht – analog zum Kreditkontrakt – der Käufer als Schuldner einer Geldforderung gegenüber. Er verpflichtet sich, die für den Verkauf geforderte Geldsumme zu leisten.

Da die Operationen auf dem Warenmarkt durch Gläubiger-Schuldner-Kontrakte überhaupt erst auf den Weg gebracht werden, ist für ihr Funktionieren kreditmarkttaugliches Geld immer eine unverzichtbare Bedingung. Das führt zu der Frage, ob dieser Bedingung bei der Emission von Euro Rechnung getragen wird.

5. Nicht marktfähige Sicherheiten im Europäischen System der Zentralbanken

Die Diskussion guter Sicherheiten für die Qualität des Euro ist nun nicht allein aus theoretischem Unverständnis und öffentlichem Desinteresse unterblieben. Sie wurde auch dadurch erschwert, daß bis zur Publikation des EWI vom Januar 1997 über *Die einheitliche Geldpolitik in Stufe 3* nichts über den Handlungsrahmen des ESZB bekannt war.[34] In den bisherigen Kommentaren zu dieser und einer gleichnamigen Folgestudie vom September 1997 wurden lediglich die vom EWI vorgeschlagenen geldpolitischen Instrumente des ESZB beachtet.[35] Die zugleich präsentierten Überlegungen zu den Sicherheiten für die Herausgabe von Eurogeld sind vollkommen übergangen worden.

In Übereinstimmung mit Artikel 18 der Satzung des ESZB und der EZB deklariert das EWI – auf den ersten Blick beruhigend –, daß für alle Kreditgeschäfte des ESZB «ausreichende Sicherheiten»[36] zu stellen sind. «Ausreichende» Sicherheiten sind aber nicht ohne weiteres das gleiche wie gute Sicherheiten.

Schon ein näherer Blick macht dann auch deutlich, daß beispielsweise die Standards für gute Sicherheiten aus der bisherigen Praxis der Bundesbank entschieden unterlaufen werden. Es werden nicht etwa nur risikoarme Vermögenswerte definiert, gegen die die

---

34 Europäisches Währungsinstitut, *Die einheitliche Geldpolitik in Stufe 3: Festlegung des Handlungsrahmens*, Frankfurt/M., EWI, Januar 1997.
35 Europäisches Währungsinstitut, *Die einheitliche Geldpolitik in Stufe 3: Allgemeine Regelungen für die geldpolitischen Instrumente und Verfahren des ESZB*, Frankfurt/M., EWI, September 1997.
36 Cf. Europäisches Währungsinstitut, *Die einheitliche Geldpolitik in Stufe 3: Festlegung des Handlungsrahmens*, op. cit., p. 21; unsere Hervorhebung.

einzelnen NZBs Euro emittieren dürfen. Vielmehr gibt es zwei Gruppen mit teilweise absteigender Güte, Sicherheiten der «Kategorie-1» und der «Kategorie-2».[37]

Bereits die «Kategorie-1-Sicherheiten» geben Anlaß zur Sorge, weil sie keinesfalls so risikoarm sind wie etwa die von der Bundesbank für die DM-Emission verlangten Titel. Wie bei der Bundesbank sollen im ESZB vor allem Wertpapierpensionsgeschäfte durchgeführt werden, das heißt Transaktionen mit Rückkaufvereinbarung, bei denen das Risiko einer Wertverschlechterung der hereingenommenen Papiere bei den Geschäftsbanken bleibt. Entgegen der bisherigen Praxis der Bundesbank sollen die NZBs jedoch auch definitive[38] und damit für das ESZB risikoreiche Ankäufe von Wertpapieren tätigen dürfen.

Am alarmierendsten jedoch mutet die Zulassung bestimmter Vermögenswerte in den «Kategorie-2-Sicherheiten» an, deren Güte – anders als die der «Kategorie-1» – nicht etwa von der EZB, sondern von den NZBs zwischen Lissabon und Helsinki, Dublin und Rom geprüft werden sollen.[39] Darunter fallen nämlich Titel, die eine Zentralbank mit dem Ziel einer harten Währung niemals akzeptieren dürfte. Das EWI rechtfertigt sie damit, daß in der zukünftigen EWU «unterschiedliche nationale Finanzstrukturen und Zentralbankgepflogenheiten»[40] existieren. Das EWI preist die Zulassung von solchen, überwiegend als weich zu bezeichnenden «Kategorie-2-Sicherheiten» als besondere Potenz des ESZB, «ein breites Spektrum von Sicherheiten»[41] verwenden zu können. Bei der Rede von einem breiten Spektrum assoziiert man gewöhnlich ein solides Fundament, in Wirklichkeit ist aber das glatte Gegenteil der Fall. Denn die Solidität einer Währung kann nur einen ganz eng gezogenen Bonitätsrahmen ertragen, keineswegs aber irgendwelche nationalen Gepflogenheiten.

Im Breitspektrum-Vorschlag des EWI steckt Dynamit für den Euro und die geldpolitische Kultur Europas. Eine nationale Zentralbank, die heute eine schwache Währung emittiert, weil ihr Geld mit risikoreichen, allein von ihr geprüften Sicherheiten «gedeckt» wird, darf morgen unter demselben Mechanismus Euro herausgeben, die dann überall in der EWU angenommen werden müssen. Schlimmer noch, eine Zentralbank, die heute ihre eigene harte Währung pflegt, wird morgen in der Konkurrenz mit anderen NZBs Schwierigkeiten haben, die weichen Sicherheiten der «Kategorie-2» abzuweisen, die ihnen von den Geschäftsbanken für den Erwerb von Euro angeboten werden. Diese

---

37 Cf. *ibid.*
38 Cf. *ibid.*, p. 22.
39 Cf. Europäisches Währungsinstitut, *Die einheitliche Geldpolitik in Stufe 3: Allgemeine Regelungen die geldpolitischen Instrumente und Verfahren des ESZB*, op. cit., p. 41 et 43 (Tab. 4).
40 Cf. Europäisches Währungsinstitut, *Die einheitliche Geldpolitik in Stufe 3: Festlegung des Handlungsrahmens*, op. cit., p. 21.
41 Cf. *ibid.*, p. 20.

Euro-Franc oder Euro-Mark?

Sicherheiten dürfen überdies auch aus EU-Staaten stammen, die sich wie Griechenland nicht einmal als Mitglied der EWU qualifizieren konnten. Das Ergebnis kann nur ein Euro sein, der so weich ist wie die schlechtesten Sicherheiten – zum Beispiel griechische Staatspapiere –, die irgendwo zwischen Lissabon und Helsinki nach nationalen Gepflogenheiten für die Ausgabe von Euro akzeptiert werden.

Warum sind einige der «Kategorie-2-Sicherheiten» als besonders risikoreich und damit weich zu kennzeichnen? Nicht weich sind marktfähige Sicherheiten wie gute Handelswechsel. Ihre Überlassung wird nur noch von der Bundesbank und der Österreichischen Nationalbank für die Herausgabe von Geld akzeptiert, weil ihre Bonitätsprüfung sehr kostenintensiv ist. Darüber hinaus werden für den Euro jedoch ausdrücklich auch «nicht marktfähige Schuldtitel»,[42] also nicht zum Marktpreis bewertete Sicherheiten, zugelassen. Dazu gehören etwa Kreditforderungen der Geschäftsbanken gegenüber Firmen oder die in Frankreich üblichen, durch Zession mobilisierten Kredite, die ja selbst bei strengster Bonitätsprüfung keinesfalls so risikoarm sind wie Handelswechsel. Bestürzenderweise hat die Bundesbank einer solchen Praxis zugestimmt,[43] ohne zu verlangen, daß die für diese Kredite haftenden Geschäftsbanken entsprechend ihr Eigenkapital erhöhen müßten. Das kann nur bedeuten, daß auch dieser Gralshüter einer harten Währung von nicht bankmäßigen Gepflogenheiten infiziert worden ist.

Noch bedenklicher stimmt, daß Staatspapiere mit beschränkter Marktfähigkeit als Sicherheiten mit Eurogüte unter die «Kategorie-2» fallen. Bisher durften diese, nicht mit ausreichender Rendite handelbaren Papiere in Italien, Spanien und Portugal, aber auch in Finnland, Irland und Belgien den Geschäftsbanken per Gesetz ins Portefeuille gedrückt werden. In der Vergangenheit waren das bis zu zwei Drittel der ausgegebenen Staatsschuldtitel. Da diese Schuldenbestände mit dem Euro ja nicht verschwinden, sondern in Euro umdenominiert werden, steht schon heute fest, daß ursprünglich nicht marktfähige Papiere – etwa über Lire – plötzlich zu Euroschulden werden, die nun jedoch von anderen Euroschulden, die aus entschieden marktfähigen Papieren – wie etwa solchen über DM – entstanden sind, ununterscheidbar werden. Im Ergebnis wird dann auf alle staatlichen Schulden in Euro der lange Schatten von Lira und Pesete fallen, also ihre Marktfähigkeit beeinträchtigen. Bei jetzigen italienischen Staatsschulden von ca. 2,9 Billionen DM würden Staatspapiere im Werte von knapp 2 Billionen DM (zwei Drittel der italienischen Staatsschulden) bei Euro-Beginn auf dem Euro-Anleihemarkt

---

42 Cf. *ibid.*, p. 22. Zur Analyse dieser Schuldtitel cf. bereits G. Heinsohn, O. Steiger, «Kategorie-2-Sicherheiten: alarmierende Defekte im zukünftigen ESZB». In: *Wirtschaftsdienst: Zeitschrift für Wirtschaftspolitik*, vol. 77, Mai 1997, p. 265-267; unsere Hervorhebung.

43 Cf. Deutsche Bundesbank, «Geldpolitische Strategie und Instrumentarium des Europäischen Systems der Zentralbanken». In: *Informationsbrief zur Europäischen Wirtschafts- und Währungsunion*, Nr. 4, Februar 1997, p. 3-16/14 et 16.

erscheinen. Mit einer derartigen Transformation wackliger Sicherheiten wird elegant und unter der Hand die Bestimmung des Maastricht-Vertrages (Artikel 104a) umgangen, daß öffentlichen Einrichtungen ein bevorrechtigter Zugang zu Geschäftsbanken untersagt ist.

Mit dem Problem nicht marktfähiger Staatspapiere erschöpft sich die Liste wackliger Sicherheiten keineswegs. So sollen nach den Vorstellungen des EWI auch auf einem geregelten Markt gehandelte Aktien als «Kategorie-2-Sicherheiten» für Euro akzeptiert werden. Sie sind zwar ausgesprochen marktfähig, aber bei ihrer typischen Crashanfälligkeit mit einem hohen Risiko behaftet. Über ihre Absicherung durch eine entsprechende Erhöhung des Eigenkapitals der Geschäftsbanken schweigt sich das EWI aus.

Das EWI weiß allerdings um die Risiken der weichen «Kategorie-2-Sicherheiten» und auch um die empfindlichen Verluste, die sie für das ESZB bedeuten können. Im Bericht von Januar 1997 hat sich das EWI noch mit der lapidaren Feststellung begnügt, daß diese Risiken durch «feste Abschläge»[44] auf diese risikoreichen Sicherheiten kontrolliert werden können. Darüber hinaus sollen sie nicht bei definitiven Käufen zum Zuge kommen, bei denen das Risiko ja schon beim ESZB liegt.

Im Bericht vom September 1997 hat das EWI sich nicht mehr mit dieser vagen Aussage begnügt, sondern Wert darauf gelegt, ausführlich verschiedene Maßnahmen zur Risikokontrolle vorzulegen, die nicht nur die «Kategorie-1-», sondern auch die «Kategorie-2-Sicherheiten» umfassen. Damit hat das EWI die kühne Ermunterung aus Sicht der sogenannten Berliner Schule des Monetärkeynesianismus in den Wind geschlagen, die Qualität der Sicherheiten für «zweitrangig» zu erklären, weil sie ja nur kurzfristig auf zwei Wochen hereingenommen werden.[45] Die neuen Maßnahmen zur Risikokontrolle umfassen Sicherheitenmargen, Bewertungsabschläge, Schwankungsmargen (Marktpreisbewertung), Obergrenzen für die Schuldner, zusätzliche Garantien und sogar den Ausschluß bestimmter Sicherheiten. Allerdings dürfen die NZBs auch weiterhin für

---

44 Cf. Europäisches Währungsinstitut, *Die einheitliche Geldpolitik in Stufe 3: Festlegung des Handlungsrahmens*, op. cit., p. 24.
45 Cf. H.-P. Spahn, «Der Euro – Geldtheoretische Grundlagen und wirtschaftspolitische Probleme». In: *Leviathan*, vol. 26, 1998, Nr. 1, p. 12-23/14. In diesem Zusammenhang ist nicht uninteressant, daß in der Hitlerzeit als ausreichendes Qualitätsmerkmal der bereits erwähnten Mefo-Wechsel – Wechsel von staatlichen Pseudoinstitutionen wie der «Metallurgischen Forschungsanstalt», die von Geschäftsbanken zur Refinanzierung bei der Reichsbank eingereicht werden konnten – ihre Kurzfristigkeit galt; cf. R. Brinkmann, *Wirtschaftspolitik aus nationalsozialistischem Kraftquell*, Jena, Fischer, 1939, p. 34. Bisweilen wird diese Option der Geldschöpfung in der deutschsprachigen Literatur auch heute noch als «Primat der Regierung» über das «Primat der Zentralbank» gelobt; cf. H. Lechner, *Währungspolitik*, Berlin, de Gruyter, 1988, p. 51-53.

Euro-Franc oder Euro-Mark?

ihre nicht marktfähigen «Kategorie-2-Sicherheiten» «eigene Bewertungsgrundsätze»[46] festlegen. Jede sizilianische, aber auch französische Kommune kann sich so vor Ort die Güte ihrer Schuldtitel bescheinigen lassen und in Rom, Frankfurt oder Paris damit neue Euro auf den Weg bringen. Damit ist das Haupteinfallstor für die Einschleusung risikoreicher Sicherheiten offen geblieben, die den Euro zu einer reinen Papierwährung degradieren können.

Wege, die Kontrolle der EZB zu umgehen, finden sich aber nicht nur in Europa. So sorgt etwa die Banque Nationale de France dafür, daß der CFA-Franc, der in vierzehn afrikanischen Staaten mit etwa 100 Millionen Einwohnern – Frankreichs ehemaligen Kolonien – umläuft, einen festen Wechselkurs zum Französischen Franc (FFR) beibehält. Sie emittiert also FFR, wenn sie CFA-Francs aufkauft. Für einen Franc der französischen Übersee-Départements, den CFP, handelt sie ganz ähnlich. Wenn diese Sonder-Franken vor Ort gegen nicht marktfähige Sicherheiten herausgegeben werden, stellen sie für den FFR eine permanente Bedrohung für die Sicherheit ihrer Währung dar. Das ist ein Luxus, der niemanden etwas angeht.

In Zukunft emittiert die Banque Nationale Euro, wenn sie CFA- oder CFP-Francs kauft. Eine wirklich mächtige EZB würde so etwas nur akzeptieren können, wenn sie – und nur sie allein – den Zentralbanken, die CFA- und CFP-Francs emittieren, die Sicherheiten vorschreiben könnte, gegen die Sonder-Franken in Umlauf kommen. Ansonsten wird – bei Beibehaltung der festen Wechselkurse – aus der Bedrohung für die Sicherheit des FFR eine solche für die Härte des Euro, da mit ihm «Riesendefizite finanziert werden»[47] müssen.

Nach dem 13. Protokoll des Maastrichtvertrages wird jedoch nicht die EZB das Geschäft mit den Sonderfranken-Zentralbanken abwickeln, sondern Frankreich behält «das Recht [...], in seinen Übersee-Territorien Geldzeichen auszugeben, und ist allein befugt, die Parität des CFP-Franc festzusetzen».

6. Resümee: Wiedergewinnung französischer monetärer Souveränität!

Wenn das Direktorium der EZB gegenüber den Präsidenten der NZBs auch weitgehend machtlos dasteht, so wäre dennoch nicht alles verloren, wenn ihre Mitglieder wirklich unabhängige Geldfachleute wären. Sie könnten dann immerhin vor der europäischen Öffentlichkeit lautstark und qualifiziert Klage erheben, wann immer sie schlecht gesi-

---

46 Cf. Europäisches Währungsinstitut, *Die einheitliche Geldpolitik in Stufe 3: Allgemeine Regelungen für die geldpolitischen Instrumente und Verfahren des ESZB*, op. cit., p. 44-47/47. Cf. auch European Monetary Institute, *Standards for the Use of EU Securities Settlement Systems in ESCB Credit Operations*, Frankfurt/M., EMI, 1998, insb. p. 21-24.

cherte Euro im Umlauf kommen sehen. Die Unabhängigkeit der EZB gegenüber politischen Mächten wäre immer noch ein verteidigenswertes europäisches Gut.

Beim Gerangel um die Besetzung des Präsidentenamts der EZB ist jedoch deutlich geworden, daß gerade für Unabhängigkeit bürgende Kandidaten schon im Vorfeld bekämpft werden. Vielfach ist die Beschädigung der politischen Unabhängigkeit der EZB durch die Halbierung der Amtszeit ihres ersten Präsidenten zugunsten Jean-Claude Trichets, des Zentralbankpräsidenten Frankreichs, beklagt worden, das mit Christian Noyer bereits von Beginn an den Vizepräsidenten stellt. Dabei wird jedoch vergessen, daß es der jetzt gestutzte Wim Duisenberg gewesen ist, der als Präsident des EWI keinen Alarm geschlagen hat, als seine Experten für die einheitliche Geldpolitik die Zulässigkeit nicht marktfähiger Sicherheiten für die Emission des Euro abgesegnet haben. Überdies hat er – zumindest öffentlich – darüber geschwiegen, daß die Mehrheit der EWU-Teilnehmer erst verspätet der Verpflichtung nachgekommen ist, ihren NZBs politische Unabhängigkeit zu garantieren.[48]

Der inzwischen verwirklichte nationale Proporz hat die sechs Direktoren auf vier große – Deutschland, Frankreich, Italien und Spanien – sowie auf zwei der übrigen sieben kleinen Länder – Holland und Finnland – verteilt. Bisher gelten als unbestritten unabhängige Zentralbanken diejenigen Deutschlands, der Niederlande und Österreichs. Auf sie sind zwei der sechs Direktorenposten entfallen. Von diesem Ergebnis her muß bereits jetzt bezweifelt werden, daß es jemals eine Mehrheit des EZB-Direktoriums geben wird, die opponiert, wenn im EZB-Rat eine weiche Geldpolitk festgelegt wird. Zwei gegenüber politischen Einflüssen resistente EZB-Direktoren plus drei gleichgesinnte NZB-Präsidenten führen im EZB-Rat im Konfliktfall eben nur zu einer durch die zwölf übrigen Ratsmitglieder lässig überstimmbaren Minderheit von fünf.[49]

Anders als in Deutschland wird denn auch in Frankreich die Einführung des Euro bereits als Gewinn an nationaler monetärer Souveränität gefeiert und nicht etwa als deren Verlust beklagt. So konnte Anfang April 1998 Wirtschafts- und Finanzminister Dominique Strauss-Kahn in der Debatte der französischen Nationaversammlung über das

---

47 Cf. dazu W. Hankel et al., *Die Euro-Klage: Warum die Währungsunion scheitern muß*, Reinbek, Rowohlt, 1998, p. 172.
48 Cf. European Monetary Institute, *Legal Convergence in the Member States of the European Union, As at August 1997*, Frankfurt/M., EMI, Oktober 1997.
49 Es lassen sich selbstredend auch andere Konstellationen auszählen. Bestenfalls wird aber in der deutschen Öffentlichkeit nur eine «knappe 9 : 8-Stabilitätsmehrheit» angenommen, das heißt Deutschland, Holland und Finnland mit je zwei Stimmen, unterstützt von den Zentralbankchefs aus Luxemburg, Österreich und Irland auf der harten Seite sowie Frankreich, Italien und Spanien mit je zwei Stimmen – flankiert von Portugal und Belgien – auf der weichen; cf. F. Kral, M. Kurm-Engels, «Europäisches System der Zentralbanken – Vor Machtkämpfen: Die nationalen Zentralbankchefs haben im EZB-Rat Übergewicht». In: *Handelsblatt*, 10.6. 1998, p. 12.

Euro-Franc oder Euro-Mark?

neue Zentralbank-Gesetz, das die Abtretung von Souveränitätsrechten der Banque de France an die EZB regelt, frohlocken: Die EZB werde «nicht unabhängiger gegenüber dem französischen Finanzminister sein als es heute die Banque de France ist». Vielmehr werde Frankreich «einen großen Teil seiner währungspolitischen Unabhängigkeit wiedererlangen».[50] Dank ihres Einflusses im ESZB werde die französische Notenbank endlich nicht länger im Schatten der Bundesbank stehen. Was darunter näher zu verstehen ist, hat Strauss-Kahn kürzlich mit bewundernswerter Offenheit deutlich gemacht: «Es wäre besonders naiv zu glauben, daß die Währungsunion funktionieren kann, wenn die EZB in ihrer Geldpolitik langfristig gegen den Willen der Regierungen und der Bürger handelt. Was die EZB damit an Glaubwürdigkeit gewinnt, würde sie an Legitimation verllieren.»[51]

Diesem warnenden Urteil können wir nur zustimmen. Der Euro ist keine deutsche, sondern eine französische Konstruktion, kurz: ein Euro-Franc statt einer Euro-Mark!

Résumé

Alors qu'en Allemagne l'opinion est répandue que l'introduction de l'euro entraînera un élargissement à l'Europe du système préconisé par la Bundesbank d'une monnaie forte, il semble que l'on est persuadé, en France, que l'euro contribuera à un regain de la souveraineté monétaire française. Ces deux conceptions qui sont incompatibles sont examinées à la lumière d'une analyse du pouvoir de la Banque centrale européenne (BCE) au sein du Système européen de banques centrales (SEBC) et d'une analyse de la dotation de la BCE et des marchés sur lesquels elle agit. La mise en évidence, en définitive, d'une BCE relativement faible est associée à une réflexion sur ce qui rend une monnaie forte. Pour cela, une analyse détaillée du lien entre l'économie et l'argent est présentée qui souligne l'importance centrale des titres de propiété adaptés au marché

---

50 Cf. o.V., «Euro: Frankreich ändert Gesetz über Notenbank». In: *Frankfurter Rundschau*, 9./10.4. 1998, p. 15; cf. auch ebo, «Paris gewinnt an monetärer Souveränitat: Strauss-Kahn verteidigt den Euro». In: *Handelsblatt*, 9.4. 1998, p. 8.
51 CF. o.V., «Strauss-Kahn warnt die EZB». In: *Frankfurter Allgemeine Zeitung*, 13.2.1999, p. 13.

lors de l'émission monétaire à la différence de simples moyens de paiement délivrés par l'Etat. Au sein du SEBC, nous assistons à un amalgame de l'argent et des moyens de paiement publics par la mise en circulation des titres non adaptés au marché, notamment des titres publics. Ceci signifie, en vertu du principe de Gresham que «le mauvais argent supplante le bon», en fin de compte, un euro faible par lequel les aspirations françaises et non les aspirations allemandes à l'Union monétaire européenne s'imposeront.

Mark und Franc im 20. Jahrhundert

von Klaus Reeh

1. Einführung

1982 hielt Wolfgang Stützel auf Einladung des Walter-Eucken-Instituts in Freiburg einen Vortrag *Über unsere Währungsverhältnisse*, den er mit einem Zitat von Joseph Schumpeter beschloß:

> Der Zustand des Geldwesens eines Volkes ist ein Symptom aller seiner Zustände. Jede Art von Politik [...] kann zur Währungspolitik werden, jede Art von Ereignis zum währungspolitischen Ereignis. Und endlich folgt, daß die letzten Daten dieses sozialen und politischen Geschehens auch die tiefsten Bestimmungsgründe der Währungspolitik und der Geldgeschichte sind: Die geographische und politische Lage eines Volkes; die objektiven und subjektiven Möglichkeiten seiner Wirtschaft; seine soziale Struktur und politische Organisation; seine Einstellung zu wirtschaftlichen Dingen und zur Zukunft; seine Moral und Energie; alles das, was die Worte Volksgeist und Volkscharakter decken. Nichts sagt so deutlich, aus welchem Holz ein Volk geschnitzt ist, wie das, was es währungspolitisch tut.[1]

Diese Einschätzung teilend, will ich mich im folgenden darum bemühen, sie durch einige Bemerkungen zur französisch-deutschen Währungsgeschichte zu untermauern.

Auch ohne von Schumpeter eigens hervorgehoben worden zu sein, spielt Nachbarschaft natürlich eine große Rolle in der Währungspolitik. Nachbarn, ob sie es wollen oder nicht, sind wechselseitigen Einflüssen ausgesetzt. Folglich ist ihre Außen- auch Währungs- und ihre Währungs- auch Außenpolitik. Deshalb wirken sich wirtschaftliche und gesellschaftliche Integrations- oder Desintegrationsprozesse auf die Währungen der beteiligten Länder aus. Umgekehrt bleiben die Zustände, Veränderungen und Beziehungen von Währungen benachbarter Länder nicht ohne Einfluß auf den Ablauf jener Prozesse.

---

1   Joseph Alois Schumpeter, *Das Wesen des Geldes*, Göttingen, Vandenhoek, 1970, p. 1, zit. n. Wolfgang Stützel, *Über unsere Währungsverhältnisse*, Tübingen, J.C.B. Mohr (Paul Siebeck), 1983, p. 38. Der etwas altmodische und politisch belastetet Begriff «Volk» mag etwas befremden, doch an der Substanz der Aussage Schumpeters ändert sich nichts, wenn er durch den Begriff «Gesellschaft» ersetzt wird.

Eine spezifisch deutsche und französische Währungspolitik und damit auch Währungsgeschichte gibt es erst seit Ausbruch des 1. Weltkriegs, seit jenem Tag im August 1914, an dem die Einlösungspflicht der Notenbanken für von ihnen emittierte Noten in Frankreich und Deutschland – aber nicht nur dort, sondern praktisch überall in Europa – abgeschafft wurde. Ihre gemeinsame, zumindest von beiden Ländern seitdem gemeinsam erlebte und erlittene Währungsgeschichte stellt deshalb einen interessanten Ausschnitt aus der Geschichte des Umgangs mit mehr oder weniger definitivem Papiergeld dar, jener zweifelhaften Errungenschaft des 20. Jahrhunderts, auf die sich letztlich die oben zitierte Aussage Schumpeters bezieht.

2. Ein kurzer Abriß der deutsch-französischen Währungsgeschichte

Wie bewegt die französisch-deutsche Währungsgeschichte war, zeigt bereits ein grober Überblick. Am Anfang des 20. Jahrhunderts stand eine supranationale Währungsordnung, aus der sich seit dem 1. Weltkrieg im Laufe der Jahre weitgehend nationalisierte und politisierte Währungsordnungen entwickelten.[2] Die Nationalisierung und Politisierung der Währungsordnung verlief in Deutschland schneller als in Frankreich und ging auch weiter als dort. Deshalb kam es auch zuerst in Deutschland zur Emission von reinem «Herrschaftsgeld». Im Verlauf des 2. Weltkriegs wurde Vichy-Frankreich (wie auch andere Länder) von Nazi-Deutschland in eine «Währungsunion der besonderen Art» gezwungen, die dem Herrschaftsgeld auch jenseits des Rheins Geltung verschaffte. Mit dem Untergang Nazi-Deutschlands ging freilich auch diese «Währungsunion» unter. Während das Geldwesen in Deutschland zunächst völlig erodierte, wurde das Frankreichs relativ bruchlos in das System von Bretton Woods eingebracht.

In der Folge entwickelten sich nicht zuletzt unter dem Schutz von internationalen Kapitalverkehrskontrollen ähnliche, wenn auch national geprägte Währungsordnungen. Als ein hinreichender Emissionsgleichschritt sich jedoch nicht mehr aufrechterhalten ließ und die USA die ohnehin nur noch rudimentäre, auf von Notenbanken gehaltene Dollar beschränkte Goldbindung ihrer Währung einseitig aufkündigten, zerbrach dieses System. Als Folge des *De facto*-Bankrotts der Federal Reserve Bank, die ihrer (Einlö-

---

2 Dabei soll unter einer Währungsordnung das Regelwerk verstanden werden, nach dem Kredit und damit Geld geschaffen und zerstört wird. Cf. dazu die von Wolfgang Stützel, *Über unsere Währungsverfassung*, Tübingen, J.C.B. Mohr (Paul Siebeck), 1975 p. 9, in den Vordergrund gestellten fünf Normen: Supranationalität; Geldfluchtfreiheit; Notenbanken sind Banken und keine Auslandsfinanziers; und Freiheit der Wahl des Schuldenmaßstabs. Von Nationalisierung und Politisierung einer Währungsordnung ist im folgenden die Rede, wenn von diesen Normen aufgrund autonomer nationaler Entscheidungen in der einen oder anderen Form abgewichen wird.

se-)Verpflichtung nicht mehr nachkommen konnte, wollte oder durfte, kam es weltweit zur Einführung von definitivem Papiergeld mit flexiblen Wechselkursen.

In Europa, Deutschland und Frankreich eingeschlossen, bemühte man sich zwar sofort um eine gewisse Stabilisierung der Wechselkurse («Währungsschlange»). Ein Emissionsgleichschritt wurde aber nicht erreicht, weil sich die dafür notwendige Angleichung der Kreditkonditionen im Rahmen national geprägter und verstandener Währungsordnungen nicht durchsetzen ließ. In der Folge gelang es jedoch, die einzelnen Währungen in ein europäisches System (EWS) einzubinden, das die Stabilisierung der Wechselkurse zumindest zum Ziel hatte und die währungspolitische Zusammenarbeit insbesondere zwischen Frankreich und Deutschland auf eine solidere Basis stellte. Aufgrund der durch zunehmende Kapitalverkehrsfreiheit verschärften Währungskonkurrenz, aber auch der fortschreitenden wirtschaftlichen und politischen Integration im Rahmen der Europäischen Gemeinschaft (EG), gelang es schließlich, einen gewissen Emissionsgleichschritt sicherzustellen.

Ermuntert durch die Erfolge und genötigt durch die Mißerfolge des EWS wurde im Maastricht-Vertrag eine Währungsunion beschlossen. Dabei hat sicherlich eine Rolle gespielt, daß sich Deutschland durch die der D-Mark zugewachsen EWS-Ankerrolle in einer immer stärker privilegierten Position befand. Das EWS übte auf die an ihm beteiligten Notenbanken, also auch auf die Banque de France, einen starken Druck aus, ihre Kreditkonditionen weitgehend an die der Deutschen Bundesbank anzupassen, zumindest wenn sie den Verdacht und damit die Gefahr eine Abwertung ihrer Währungen abwenden und sich die Deutsche Bundesbank als potentiellen «*lender of last resort*» erhalten wollten. Die Deutsche Bundesbank bestand ihrerseits jedoch darauf, nicht zuletzt aufgrund ihres gesetzlichen Auftrags, ihre Zinskonditionen, aber auch den Umfang ihrer Bereitschaft als *lender of last resort* einzuspringen, nach binnenwirtschaftlichen Erfordernissen zu gestalten. Deshalb war das EWS trotz seiner Erfolge als Dauersystem politisch nicht tragbar. Eingedenk der Unterschiedlichkeit gewachsener Währungsordnungen, aber auch aufgrund der Unmöglichkeit, sich explizit auf eine gemeinsame Währungsverfassung zu einigen, wurde der Weg zu einer Währungsunion schließlich über eine Kombination von realwirtschaftlicher und monetärer Konvergenz gesucht und auch gefunden.

Somit scheinen Deutschland und Frankreich heute wieder da zu stehen, wo sie Anfang dieses Jahrhunderts schon einmal standen: *de facto* durch eine gemeinsame Währung verbunden. Doch der Schein trügt, denn die vom Europäischen System der Zentralbanken (ESZB) emittierten Euro sind nicht nur mit dem Privileg des «*cours légal*», sondern auch des «*cours forcé*» ausgestattet, das heißt, sie sind nicht nur gesetzliches Zahlungsmittel, sondern befinden sich auch in Zwangszirkulation. Dabei wird der Zirkulationszwang jedoch im Rahmen eines öffentlich-rechtlichen Auftrags an die Mitglieder des ESZB, Preisstabilität sicherzustellen, kollektiv ausgeübt. Gehofft wird, daß diese weder zu viel, noch zu wenig Geld emittieren.

Zwar sind die faktische Konvergenz des geld- und wirtschaftspolitischen Regelwerks sowie die zunehmende wirtschaftliche, politische und gesellschaftliche Integration beider Länder im Rahmen der Europäischen Union (EU) sicherlich notwendige Voraussetzungen für eine erfolgreiche Währungsunion, doch die Vergemeinschaftung des politischen Entscheidungsprozesses im Rahmen der Europäischen Wirtschafts- und Währungsunion (EWWU) verlangt darüber hinaus ein hinreichend ähnliches Geldverständnis der am Entscheidungsprozeß Beteiligten. Gerade angesichts der Tatsache, daß es sich beim Euro um eine definitive Papierwährung, um ein dem internationalen Wettbewerb ausgesetztes politisches Geld handelt, ist es aufschlußreich, die unterschiedlichen Wahrnehmungsmuster und Lernprozeße, sowie die währungspolitischen Weichenstellungen, aber auch die Erfolge und Mißerfolge, in Deutschland und Frankreich im Verlauf dieses Jahrhunderts kurz zu skizzieren.

3. Bezugspunkt Goldstandard

Bis zum Ausbruch des 1. Weltkriegs galt weltweit der Goldstandard.[3] Der Goldstandard repräsentierte eine internationale und liberale Währungsordnung. Mehr noch, er garantierte eine verläßliche Wirtschaftswelt, in der, um mit Stützel zu sprechen, Versprechen fest, Preise aber frei waren. Ein Konkurs war noch ein Konkurs, ein Vergleich noch ein Vergleich, und zwar nicht nur für die individuellen Akteure, sondern auch für Notenbanken und Staaten.

Gold war allerdings auch damals kein Geld, vielmehr waren Notenbanken als Emittenten von Geld schlicht Banken, die ein konkretes, an Gold gebundenes, Einlösungsversprechen abgaben und ihre Liquidität mit bankwirtschaftlichen Mitteln sicherzustellen hatten. Notenbanken waren zwar staatlich reglementiert, doch konnten sie sich durchaus in Privateigentum befinden. Noten waren im Kern nichts anderes als standardisierte privatrechtliche Ansprüche auf Gold, die nötigenfalls eingeklagt und zwangsvollstreckt werden konnten. Noten wurden also nicht aufgrund eines diffusen Versprechens, irgendwelche Preise oder Preisindizes konstant zu halten, sondern aufgrund einer soliden Geschäftspolitik emittiert und nur deshalb auch akzeptiert.

---

3   Die französischen Reparationszahlungen nach dem Krieg von 1870/71 haben es Deutschland erst ermöglicht, sich mit seiner Reichsmark dem Goldstandard anzuschließen. Sie haben die Kapitalbasis der Reichsbank und so die Glaubwürdigkeit ihres Goldeinlösungsversprechens erhöht.

Mark und Franc

Der Goldstandard repräsentierte eine Währungsordnung, in der nach Wolfram Engels «ein Nagel in die Wand geschlagen» war.[4] Sie verfügte über eine Basis, die es den wirtschaftlichen Akteuren relativ problemlos ermöglichte, Erwartungen über Wechselkurse und Zinsen zu bilden. Im Rahmen des damals technisch Möglichen kam es durch Zinsdifferenz-Arbitrage, aber auch durch eine stabilisierende Spekulation, zu weltweit weitgehend einheitlichen Finanzierungskonditionen. Notenbanken konnten gar nicht anders als «stets das Richtige tun» – nämlich als Banken zu handeln. Kurz, die auf dem Goldstandard basierende Währungsordnung stand im Zentrum eines Weltwirtschaftssystems, in dem Märkte aller Art aufgrund des geringen Wechselkursrisikos sowie der global relativ niedrigen Zinsen tatsächlich funktionieren konnten.

Mit Kriegsausbruch wurde das Goldeinlösungsversprechens suspendiert. Die Eigenkapitalausstattung der Notenbanken verschlechterte sich aufgrund einer exzessiven Kreditgewährung an den Staat überall dramatisch. An die Stelle von soliden Eigentümern, die konkrete Vermögenswerte verpfändeten, um Notenbankgeld zu erhalten, traten Staaten, die keine derartigen Werte, sondern ihr Steuerpotential verpfändeten. Zur Kriegsfinanzierung drückten die Staaten entweder ihre Schuldtitel in die Bilanzen von Geschäfts- und Notenbanken und wurden somit direkt zu Schuldnern ihrer Notenbanken, oder sie emittierten selbst dem Notenbankgeld gleichgestellte Schuldtitel. In jedem Fall wurde die durch den Krieg bedingte Staatsverschuldung in großem Stil monetarisiert. Die für die Erwartungsbildung des Publikums wichtige Form der Gelddeckung wurde umgestellt von Konkretem auf Abstraktes, von Supranationalem auf Nationales, von Wirtschaft auf Politik.

Erst seit der Erosion des Goldstandards trifft Schumpeters Ansicht, nach der im Zustand des Geldwesens einer Gesellschaft ein Symptom ihrer allgemeinen Befindlichkeit zu sehen sei, wirklich zu. Das Geldwesen wird seither weniger von bankwirtschaftlichen als vielmehr von politischen Faktoren geprägt. Nach dem 1. Weltkrieg entstand eine Währungsordnung, in der Stützels zentrale Frage: «Was bestimmt denn in einer Papiergeldwelt die Erwartungen über den künftigen Wechselkurs?»[5] ohne befriedigende Antwort bleibt, ja, bleiben muß. Sie lautet nämlich: «Alles!», aber somit auch nichts. Seither herrscht Beliebigkeit, mal mehr, mal weniger, je nachdem wie bankwirtschaftlich oder politisch sich die Notenbanken verhalten können oder wollen, dürfen oder müssen. Instabilität und Unsicherheit prägen seither das Klima. Zwischen Bank- und Politikgeschäft hin- und hergerissen wissen die Notenbankiers kaum noch, worin eigentlich ihre Aufgabe besteht. Verzweifelt suchen sie nach neuen, vermeintlich objektiven Orientie-

---

4   Cf. Wolfram Engels, *Der Kapitalismus und seine Krisen. Eine Abhandlung über Papiergeld und das Elend der Finanzmärkte*, Stuttgart, Schäffer & Poeschel, 1997, p. 217sqq.
5   Cf. Wolfgang Stützel, *Über unsere Währungsverhältnisse*, op.cit., p. 38.

rungspunkten. Gestoßen sind sie dabei bisher nur auf Verbraucherpreisindizes und Geldmengenkonvolute.

Währungsordnung und Geldverständnis haben sich in Frankreich und Deutschland erst nach dem Ende des Goldstandards auseinanderentwickelt: Das Bemühen um eine supranationale Währung, zumindest eine supranationale Währungsordnung, wurde zu einer Konstante der französischen Außen- und Währungspolitik. Ganz im Gegensatz dazu hat sich Deutschland an internationaler Kooperation lange Zeit uninteressiert gezeigt und seine Währungs- immer als Innenpolitik verstanden. Tatsächlich jedoch können währungspolitische Erfolge national kaum mehr errungen werden. Denn ob eine Währung reüssiert, entscheidet sich immer auch daran, wie es um die anderen steht – auch dies lehrt die französisch-deutsche Geschichte.

4. Vom Umgang mit Kriegsfolgen: Abwertung in Frankreich, Hyperinflation und Herrschaftsgeld in Deutschland

Frankreich glaubte, als Siegermacht des 1. Weltkriegs durchsetzen zu können, daß die kriegsbedingten Staatsschulden weitgehend von Deutschland übernommen werden. Durch die Unterzeichnung des Versailler Vertrags schien sich diese Hoffnung auch zu erfüllen. In den ersten Jahren nach Kriegsende ging man in Frankreich dementsprechend davon aus, die Banque de France rekapitalisieren und zur Vorkriegsgoldparität des Franc zurückkehren zu können. Diese Hoffnung erwies sich jedoch als unrealistisch. Die letztlich gescheiterte Besetzung des Ruhrgebiets durch Frankreich machte deutlich, daß Staatsschulden, zumindest wenn sie eine gewisse Größenordnung übersteigen und als politisch erzwungen angesehen werden, nicht unbedingt einzutreiben sind. Um dem permanenten Abwertungsverdacht des französischen Franc entgegenzutreten, mußte deshalb nach einer innenpolitischen Lösung gesucht werden. Die bereits seit Kriegsbeginn praktizierte Geldmengenadministration, die Begrenzung des Notenumlaufs sowie die Monetarisierung von Staatsschulden, reichte dazu jedoch nicht aus. Zu groß war die politische Instabilität, zu gering waren die Steuereinnahmen, als daß die Emissionsgrenzen nicht immer wieder nach oben hätten verschoben werden müssen.

Die Stabilisierung begann 1926, wurde aber erst mit dem Franc-Poincaré 1928 erfolgreich abgeschlossen. Dabei war sicherlich hilfreich, daß die Entscheidung über die festzusetzende Parität des Franc lange in der Schwebe gehalten werden konnte.[6] Nachdem das Vereinigte Königreich zur Vorkriegsparität zurückgekehrt war, ging man davon aus, daß Frankreich sich diesem Schritt anschließen würde. Folglich stieg die Nachfrage nach französischen Franc und Staatsschuldtiteln. Spekulanten, wenn man ihre Phantasie

---

6 Cf. René Sédillot, *Histoire du Franc*, Paris, Édition Sirey, 1979, p. 142: «*La France est alors divisée en deux clans: celui des gens honnêtes et celui des gens efficaces.*»

nur anzuregen versteht, können durchaus hilfreich sein. Poincaré gelang es sogar, diese am Ende hinters Licht zu führen. Letztlich entscheidend für die erfolgreiche Stabilisierung waren jedoch andere Faktoren: der Haushalt wurde saniert, und die Banque de France besann sich auf bankwirtschaftliche Grundsätze: Nach langem Zögern griff sie zum Dollar-Anker und war gewillt, ihn auch festzuhalten.

Rückblickend läßt sich sagen, daß Frankreich damals richtig entschieden hat, auch wenn es immer noch heißt, daß die Abwertung der Goldparität des Franc der monetäre Sündenfall gewesen sei, durch den der spätere Abwertungswettlauf allererst ausgelöst wurde. Denn für eine Rückkehr zur Vorkriegsparität war die Entwertung der Aktiva der Notenbanken zu groß – und dies nicht nur in Frankreich. Steuerkraft und -wille des französischen Staates waren zu gering, um die aufgelaufenen Schulden bedienen, abtragen und die Notenbanken rekapitalisieren zu können. Es ging deshalb nicht um eine Wahl zwischen «*honnêteté*» und «*efficacité*», sondern um die notwendige Beseitigung von «*faux droits*»,[7] um die Streichung von Ansprüchen der *rentiers* an den Staat, die, um dessen Bankrott abzuwenden, unerfüllt bleiben mußten. Technisch wurde der faktische Kurs des Franc lediglich offizialisiert. Die Wirtschaft insgesamt profitierte jedoch davon, daß Schuldtitel von nun an (zumindest für einige Jahre) wieder einen festen Inhalt hatten.

Der *cours forcé* wurde jedoch trotz der gelungenen Stabilisierung nicht abgeschafft, sondern sogar sukzessive verschärft. Die Geldmengenadministration gewann wieder an Boden und mit ihr auch Kapitalverkehrskontrollen. In den folgenden Jahren verteidigte Frankreich seine neu festgesetzte Goldparität mit bankwirtschaftlich nicht unbedenklichen Mitteln. Gleichzeitig warb es allerdings für die Aufrechterhaltung des internationalen Goldstandards, selbst als wichtige Länder wie das Vereinigte Königreich oder die USA die Goldbindung ganz aufgaben oder aufweichten. Die Bemühungen blieben jedoch vergebens. Die neuerliche «Vorkriegszeit» schien einheitliche und als solche für die Aufrechterhaltung des Goldstandards notwendige Kreditkonditionen offensichtlich nicht zuzulassen. Der Weg in die Abwertung und Einschränkung der Kapitalverkehrsfreiheit war schon vorgezeichnet. Daß am Ende dieser Entwicklung die monetäre Unterjochung Frankreichs stand, war hingegen nicht abzusehen.

Bemerkenswert ist, daß im Frankreich der Zwischenkriegszeit – ob rechts oder links regiert – die Erkenntnis tief verwurzelt war, daß es eines supranationalen Fixpunktes bedürfe. So stellte Vincent Auriol, Finanzminister der Volksfront-Regierung, 1936 fest: «*Il n'est question, en effet, que d'alignement. Or, alignement sur quoi ? [...] Pour*

---

7 Jacques Rueff, aufgrund dessen Berechnungen die Gold-Parität des französischen Franc festgesetzt wurde, hat darauf hingewiesen, daß die Beseitigung unerfüllbarer Ansprüche an den Staat in demokratisch verfaßten Staaten schwierig, aber notwendig ist, um eine stabile wirtschaftliche Entwicklung zu ermöglichen.

s'aligner, il faut un point fixe.»[8] In Frankreich wird diese Position den Krieg überleben und bei der Schaffung von Bretton Woods sowie der europäischen Währungsunion stets präsent sein; in Deutschland hingegen wurde und wird sie als interventionistisch stigmatisiert.

In Deutschland verliefen die Dinge anders. Es bestand wenig Hoffnung, sowohl Kriegsschulden abtragen und Reparationen leisten als auch die Reichsbank rekapitalisieren zu können. An eine Rückkehr zur Vorkriegsparität war zu keinem Zeitpunkt zu denken. Die erste deutsche Republik war bankrott, noch bevor sie überhaupt gegründet war.[9] Die Voraussetzungen für den Aufbau eines geordneten Geldwesens waren kaum gegeben. Die politische Autorität des neuen Staates reichte nicht einmal aus, um einen weiteren Anstieg der Staatsverschuldung zu verhindern. Dabei spielten die «Lasten von Versailles» allerdings nicht die ihnen üblicherweise zugeschriebene Rolle.[10] Es fehlte vielmehr ein gesellschaftlicher Grundkonsens. In der Weimarer Republik herrschten immer wieder bürgerkriegsähnliche Zustände. Die alten Eliten hatten sich und ihre Organisationen über Niederlage und Revolution hinübergerettet und so einen politischen und wirtschaftlichen Neuanfang verhindern können.

Wenn es zu keinem allgemein als gerecht empfundenen, (demokratisch) legitimierten Lasten- und Anspruchsausgleich kommt, dann ist in einer Papiergeldwelt der Weg in die Inflation vorgezeichnet. Daß die Weginflationierung von Ansprüchen an den Staat anders als in Frankreich nicht vor dem völligen Untergang von in Reichsmark denominierten Schulden gestoppt werden konnte und es zum «monetären Supergau» kam, war trotzdem in keiner Weise zwangsläufig. Vieles spricht deshalb für die Erklärung Engels': Neben fiskalischer Verantwortungslosigkeit stand schiere Inkompetenz der Reichsbank, die, auch nachdem ihr weitgehende Unabhängigkeit gewährt worden war, mit viel zu niedrigen Zinsen und allzu weichen Kreditkonditionen operierte.[11] Es mußte folglich zu destabilisierender Spekulation kommen, an deren Ende die schlichte Repudiation der Mark durch die Wirtschafter stand.[12]

---

8   Zit. n. René Sédillot, op.cit., p. 158. Auriol war schon damals auf der Suche nach dem Nagel, dessen Fehlen von Wolfram Engels als das zentrale Problem unserer heutigen Wirtschafts- und Währungsordnung angesehen wird.
9   Mit der Maastricht-Elle gemessen hat alleine die interne Schuldenstandsquote der Weimarer Republik 1918 bei rund 300% gelegen, nachdem die Staatsschuld im Verlauf des Krieges um das dreißigfache erhöht worden war.
10 Cf. insb. Hans-Joachim Stadermann, *Die Fesselung des Midas. Eine Untersuchung über den Aufstieg und Fall der Zentralbankkunst*, Tübingen, J.C.B. Mohr (Paul Siebeck) 1994, p. 132.
11 Cf. Wolfram Engels, *Notenbanktechnik. Instrumente und Verfahren der monetären Stabilitätspolitik*, Frankfurt/M./New York, Campus, 1979, p. 46.
12 Cf. Wolfgang Stützel, *Über unsere Währungsverhältnisse*, op.cit., p. 30sqq.

Mark und Franc

Trotz der brutalen Entschuldung kam es nur scheinbar zu einem Neubeginn. Es war eigentlich nur ein Währungsschnitt (eine Streichung von zwöf Nullen) ohne ordnungspolitische Wende.[13] Sicherlich wurde mit der Rentenmark eine voll funktionsfähige Währung eingeführt, die nicht als Schuldner-, sondern Gläubigergeld konzipiert und somit knapp zu halten war, doch wurde sie durch die Unterordnung der Renten- unter die Reichsbank schnell ausgehöhlt. Daß die alte Goldparität wiederhergestellt wurde, kann kaum als besondere Leistung anerkannt werden, waren doch alle Schulden zwischenzeitlich weginflationiert worden. Zudem blieb die Einlösungspflicht, ähnlich wie später in Frankreich, weiterhin suspendiert.

Mit dem Ende des Rentenmarkprovisoriums war 1924 trotzdem einiges erreicht worden. Nachdem der Staat weitgehend entschuldet war, wurde ihm der Weg zur Reichsbank versperrt. Auch lag das Zinsniveau nicht mehr ganz so niedrig. Schließlich wurde die Notenbanktechnik der Schachtschen Reichsbank den neuen Gegebenheiten angepaßt und – wie in Frankreich – der Dollar-Rettungsanker ergriffen. Das Ruder konnte allerdings nicht mehr herumgeworfen werden: Die sich abzeichnende Weltwirtschaftskrise wurde durch die europäische und vor allem amerikanische Notenbankinkompetenz wenn nicht ermöglicht, so dochverschärft.

Der monetäre, wirtschaftliche und politische Zusammenbruch Deutschlands mündete mit der Machtübernahme der Nationalsozialisten in der (Selbst-)Isolation. Durch die Abschaffung des «monetären Emigrationsrechts» wurden, in Anlehnung an ein Bild von Engels,[14] die wenigen noch verbliebenen bankwirtschaftlichen durch polizeistaatliche Instrumente ersetzt, und es entstand eine durch Herrschaftsgeld kontrollierte Wirtschaft, deren Mächtige nach einer ersten Konsolidierungsphase auch außerhalb der Grenzen Deutschlands nach Eroberungen strebten. Hans-Joachim Stadermann hat diese Zeit prägnant zusammengefaßt: «Die Republik war schon 1923 zum Scheitern verurteilt, weil sie zu keiner der demokratischen Gesellschaftsordnung kompatiblen Zentralbankpolitik gefunden hatte. Die Reichsbank verteilte Willkürgeld an ein Kartell von öffentlich geförderten Projektemachern und lieferte diesen den Rest der Wirtschaft aus. Die Republik konnte dort nicht gedeihen, wo es kein Bürgergeld gab. Der autoritäre Staat war kein aus heiterem Himmel über sie hereinbrechendes Mißgeschick. Er war die Konsequenz [...] [einer] gesamtwirtschaftlich zerstörerisch wirkenden Reichsbankpolitik.»[15]

Doch nicht nur die Notenbankpolitik und -technik waren verfehlt, sondern die Geldordnung insgesamt war ausgehöhlt worden. Deshalb haben nicht nur deutsche Notenbankpraktiker, angefangen bei Rudolf von Havenstein bis hin zu Hjalmar Schacht, sondern auch deutsche Geldtheoretiker, die Geld mehr als Staats- denn als Bürgergeld,

---

13 Cf. Hans-Joachim Stadermann, op.cit., p. 143sqq.
14 Cf. Wolfram Engels, *Notenbanktechnik*, op.cit., p. 46.

mehr als Schuldner- denn als Gläubigerwährung, mehr als Instrument des Herrschens denn des Dienens verstanden, in erheblichem Umfang mit zum Untergang der Weimarer Republik beigetragen. In einem durch ein staatliches Geldverständnis geprägten Umfeld – das hat die Geschichte der ersten deutschen Republik und anderer Staaten (z.B. Sowjetunion) gezeigt – sind nicht nur Wohlstand und Demokratie, sondern auch innerer und äußerer Friede hochgradig gefährdet.

5. Vom Umgang mit Herrschaftsgeld. Deutsche Geldherrschaft in der Zeit vor und während des Zweiten Weltkriegs

Die Einführung eines reinen Herrschaftsgelds im Zuge der Gleichschaltung der Reichsbank wurde in Deutschland von der Öffentlichkeit gar nicht wahrgenommen. Der Übergang wurde geschickt maskiert, da mit Hjalmar Schacht erneut demjenigen die Leitung der Reichsbank übertragen wurde, dem es Deutschland nach landläufiger Meinung (die auch heute noch von vielen Historikern geteilt wird) zu verdanken hatte, vom Ungeheuer der Hyperinflation befreit worden zu sein. Dabei war die Reichsmark, nicht zuletzt auch durch das Wirken Schachts, schon vor 1933 zu einem Geld privater Projektemacher geworden. Nach 1933 degenerierte es sukzessive zum Geld der Kriegstreiber und staatlich lizensierten Ausbeuter.

Frankreich bemühte sich zur gleichen Zeit ebenso redlich wie vergeblich um die Erhaltung eines supranationalen Währungsstandards. Während Nazi-Deutschland durch die Einführung von Herrschaftsgeld die kriegsnotwendigen Ressourcen mobilisieren und in die Rüstung umleiten konnte und auf diese Weise kriegsfähig wurde, gelang es Frankreich nicht einmal, die Verteidigung finanziell sicherzustellen. Am Ende stand der rasche militärische Sieg Deutschlands.[16]

Doch aus dieser tragischen Episode der deutsch-französischen Geschichte ist mehr zu lernen, als daß Herrschaftsgeld zum Krieg befähigt und eine supranationale Währungsordnung deshalb umgekehrt ein wichtiger Baustein einer internationalen Friedensordnung ist. Zu lernen ist weiter, daß Herrschaftsgeld zur Ausbeutung Dritter taugt. Denn mit dem militärischen Sieg Nazi-Deutschlands wurde Vichy-Frankreich nicht nur zum Vasallen, sondern der französische Franc auch zu «Vasallengeld», durch das Frankreich zur Kriegsfinanzierung herangezogen werden konnte.

---

15 Hans-Joachim Stadermann, op.cit., p. 160.
16 Für eine ausführlichere Darstellung der Ereignisse cf. Charles P. Kindleberger, *A Financial History of Western Europe*, London, Allen & Unwin, London, 1984.

Mark und Franc

Dies geschah im Rahmen einer «Währungsunion der besonderen Art»,[17] an der neben Frankreich noch andere, nicht nur besiegte, sondern auch alliierte Länder beteiligt waren. Sie fußte im Prinzip auf demselben (Ausbeutungs- beziehungsweise Mobilisierungs-)Mechanismus, mit dem Regierung und Reichsbank diejenigen ausgeplündert hatten, die als Schuldner keinen privilegierten Zugang zur Notenpresse und als Gläubiger keinen Zugriff auf die Vermögenswerte der Reichsbank besaßen. Dieser Mechanismus wurde schlicht auf die neuen Vasallen übertragen. In Gang setzen ließ er sich dadurch, daß die «Herren» systematisch mehr Notenbankgeld (oder andere dem Notenbankgeld gleichgestellte Zahlungsmittel) emittierten als die Vasallen.

Auf dem Wege einer derartigen Notenemission durch die Reichsbank (in Form von großzügigen Krediten an Staat und Kriegsindustrie) wurde ein «Zahlungsbilanzüberschuß» Frankreichs erzwungen. Die ihr zufließenden Reichsmark-Noten hatte die Banque de France zu einem festen Wechselkurs von 1 : 20 in Franc-Noten umzutauschen, um die Reichsbanknoten dann im Auftrag der Vichy-Regierung an die Reichsbank weiterzuleiten, die diese wiederum dem Reich als «Stationierungskosten» gutschrieb. Ein systematischer Vorsprung bei der Papiergeldemission, wie ihn Deutschland Frankreich gegenüber erzwang, wirkt letztlich genauso wie das Eintreiben eines Tributs. Die Banque de France hätte auf den Transport der Reichsbanknoten in die nächste Reichsbankfiliale auch verzichten und sie als Altpapier gleich in den Schredder stecken können. Die Herrschaftsgeldemittenten waren sich ihres Tuns übrigens durchaus bewußt, sonst hätten sie nicht durch einen für Deutschland ungünstigeren Wechselkurs und entsprechende administrative Auflagen zu verhindern versucht, daß es auf Seiten der deutschen Verbündeten zu ähnlichen «Zahlungsbilanzüberschüssen» kommt.[18]

---

17 In den Jahren 1940 bis 1944 fand eine lebhafte Diskussion um eine europäische Währungsunion statt. Der interessierte Leser findet dazu einige Hinweise in David Marsh, *Die Bundesbank. Geschäfte mit der Macht,* München, Bertelsmann, 1992 und John Laughland, *The Tainted Source. The Undemocratic Origins of the European Idea*, London, Little, Brown & Co., 1997.

18 In einer Währungsunion mit dezentraler Papiergeldemission, die mißbräuchlich auszubeuten nicht möglich sein soll, müssen systematische Emissionsvorsprünge einzelner Notenbanken verhindert werden. Dazu ist es hilfreich, wenn überall die gleichen Kreditkonditionen herrschen. Notwendig ist allerdings auch, daß eventuell nachhinkende Notenbanken einen ihrem Überschuß entsprechenden Anteil an den Vermögenswerten der vorauseilenden Notenbanken erhalten. Wenn den nachhinkenden Notenbanken der Zugang zu den Vermögenswerten versperrt wird, wie dies für die Vasallennotenbanken der Reichsbank galt, so ist es gleichgültig, ob sie ihren Überschuß den vorauseilenden Notenbanken zinslos auf ewig kreditieren oder gleich schenken. Unter derartigen Umständen können sich diejenigen, die über einen privilegierten Zugang zu Notenbankkredit verfügen oder denen die Notenbank gehört, problemlos bereichern. Das Geld einer solchen Währungsunion wird dann von einem Geld der Gläubiger zu einem der Schuldner. Nicht nur Deutsche und Fran-

Als Spätfolge dieser «Währungsunion» entstand in Frankreich ein Geldüberhang, weil die Vichy-Regierung einen großen Teil der von ihr zu tragenden «Stationierungskosten» nicht über Steuern hatte eintreiben können, sondern sich diese von der Banque de France kreditieren lassen mußte. Daß es der IV. Republik nach 1945 nicht gelungen ist, die Banque de France zu rekapitalisieren oder den besagten Geldüberhang anderweitig zu beseitigen (etwa über eine Währungsreform), hat sicherlich nicht unwesentlich zu ihrem Niedergang beigetragen. Die Nachkriegsschwäche der französischen Währung war eine Erblast deutscher Herrschaft über französisches Geld.[19]

6. Frankreich und Deutschland unter amerikanischer Geldherrschaft in der unmittelbaren Nachkriegszeit

Das monetäre Kriegsregime Nazi-Deutschlands in weiten Teilen Europas wurde nach 1945 durch eine Art monetärer Friedensherrschaft der Vereinigten Staaten abgelöst. Das Bretton Woods-System stellte den darniederliegenden Staaten Europas mit dem Dollar eine «vergoldete Rettungsbrücke» zur Verfügung, über die sie Glaubwürdigkeit für ihr Papiergeld importieren konnten. Feste Wechselkurse machten das Marktgeschehen erneut kalkulierbar. Die Notenbanken aller am System beteiligten Staaten sollten dabei die Wechselkurse ihrer jeweiligen Währungen zum Dollar zumindest langfristig eher mit bankwirtschaftlichen als politischen Mitteln verteidigen und ihre Papiergelder durch eine entsprechend solide Gestaltung ihrer Kreditkonditionen im Umlauf halten.

Da die amerikanische Notenbank ein konkretes, zumindest damals über (fast) jeden Zweifel erhabenes Einlösungsversprechen einging, ist die Behauptung nicht falsch, daß im Rahmen des Bretton Woods-Systems eine Art supranationaler Nagel in die Wand geschlagen wurde. Das einzige Problem bestand darin, daß die Amerikaner ihn jederzeit wieder herausziehen konnten. Und genau das sollte knapp drei Jahrzehnte später passie-

---

zosen, sondern alle, die an der EWWU teilnehmen, sollten sich dieser Erkenntnis bewußt sein.

19 Deutlich wird hier noch ein weiteres: Staaten sind nicht dadurch souverän, daß sie eine eigene Währung haben und eine nationale Währungspolitik verfolgen und verlieren ihre Souveränität nicht, wenn sie sich in eine Währungsunion begeben. Staaten sind vielmehr dann souverän, wenn sie nicht zur Emission von Vasallengeld und/oder zur Tributzahlung gezwungen werden können, und verlieren ihre Souveränität, sobald sie sich dagegen nicht (mehr) wehren können. Da die Mitgliedstaaten der EWWU ihren Willen zur Bewahrung ihrer Souveränität zum Ausdruck gebracht haben, haben sie folgerichtig eine Währungsunion beschlossen, die nicht nur auf Preisstabilität eingeschworen ist, sondern auch Tributzahlungen ausschließen soll und einzelnen Mitgliedsstaaten deshalb keine Emissionsprivilegien gewährt. Zudem bleiben die Mitgliedsstaaten Herren der Verträge und verfügen damit *de facto* über ein (nicht weiter kodifiziertes) Austrittsrecht.

ren, nachdem der Dollar zunehmend zu Herrschafts- und die mit ihm verbundenen Währungen zu Vasallengeld geworden waren.

Um sich in das Bretton Woods-System einfügen zu können, mußten die vom Krieg gebeutelten europäischen Staaten ihre Kriegs- und Verteidigungsschulden abtragen und die überall aufgestaute Inflation abbauen. Nur so konnte die wirtschaftliche Gesundung eingeleitet werden. Gleichzeitig galt es jedoch, den Hoffnungen der Bürger nach Jahren der Entbehrungen gerecht zu werden und die an Staat und Wirtschaft gerichteten Erwartungen mit deren Möglichkeiten in Einklang zu bringen. Es galt, die materiellen Kriegsfolgen zu beseitigen, die staatlichen Budgets zu sanieren, eine demokratisch verfaßte Marktwirtschaft aufzubauen und nicht zuletzt den sozialen Frieden zu wahren.

Frankreichs Teilnahme am Bretton Woods-System stand von Anbeginn unter keinem besonders guten Stern, da die wirtschaftlichen und sozialen Ansprüche der Bürger (aber auch die weltpolitischen Ansprüche der politisch Verantwortlichen) an Staat und Wirtschaft deren materielle Möglichkeiten überstiegen. Schon die erste Grundsatzentscheidung machte dies deutlich. Der Geldüberhang war enorm.[20] De Gaulle hatte zwischen Währungskontinuität, für die sein (konservativer) Finanzminister Pleven, und Währungsreform, für die sein (sozialistischer) Wirtschaftsminister Mendes-France stand, zu wählen. Im Gegensatz zu den meisten Ländern Kontinentaleuropas, die sich für eine Reform entschieden, fiel die Entscheidung in Frankreich zugunsten einer für möglich gehaltenen Kontinuität. Doch das «monetäre Gift», scheinbar verbriefte Ansprüche auf Güter und Dienstleistungen, aber auch Vermögenswerte, die es für dieses Geld aber gar nicht gab, also das, was Jacques Rueff *faux droits* nannte, verhinderte eine schnelle Gesundung von Wirtschaft und Gesellschaft in Frankreich.

Es war eine Entscheidung gegen ein privates und für ein verstaatlichtes Geldwesen. Als Frankreich Ende 1945 dem Bretton Woods-System beitrat, wurde obendrein ein zu hoher Dollar-Kurs festgeschrieben. Die Schwierigkeiten begannen den französischen Wirtschaftsadministratoren deshalb auch schon bald über den Kopf zu wachsen. Zu Beginn des Jahres 1948 gab es nicht nur einen Schwarzmarktkurs, sondern selbst die Verwaltung benutze eine Vielzahl von offiziellen Wechselkursen (zwischen 119 FF und mehr als 330 FF pro US$), um sich der Flucht aus dem Franc entgegenzustemmen. Die Verzweiflung wurde schließlich so groß, daß man – wenn auch vergeblich – versuchte, den Goldschatz der Franzosen mit Hilfe der Polizei zu konfiszieren. Als die Peitsche nicht wirkte, probierte man es mit Zuckerbrot: doch auch einer «vergoldeten Anleihe» war nur ein beschränkter Erfolg beschieden.

---

20 640 Mrd. FF befanden sich am 13.7. 1944 im Umlauf, davon waren 426 Mrd. FF monetarisierte Stationierungskosten.

Die Konvertierung des Franc von Vasallen- in Bürgergeld mißlang weitgehend. Totalitäres Herrschaftsgeld wurde durch eine Art demokratisches Herrschaftsgeld ersetzt. Es war zweifellos ein Fortschritt, daß Herrschaft wieder demokratisch legitimiert war, doch das Geld blieb von vornherein weit mehr ein Geld staatlicher und privater Schuldner als eins der Gläubiger.

Die IV. Republik war zu keinem Zeitpunkt in der Lage, sich wirklich ins Bretton Woods-System einzufügen und mußte immer wieder zum Mittel des staatlichen «Vergleichs» greifen.[21] Das System war eigentlich gerade dafür gedacht, eine solide Basis für die Erwartungsbildung zu schaffen, doch der Franc stand permanent unter einem lähmenden Abwertungsverdacht und mußte schließlich auch abgewertet werden. Grundsätzlich können Abwertungen zwar helfen, doch wie Stützel mit Recht feststellt, «über Erfolg oder Mißerfolg einer Änderung von Währungsrelationen entscheidet das, was außerdem geschieht».[22] Leider geschah im Frankreich der IV. Republik sonst nichts, so daß nach jeder Abwertung lediglich eine weitere zu erwarten war. Erst als de Gaulle, mehr als ein Jahrzehnt klüger, erneut an die Macht kam, gelang ihm der Kraftakt aus politischer Reform und fiskalischer Gesundung. Die Abwertung vom Dezember 1958 sorgte zumindest für die Dauer von zehn Jahren für Stabilität.

In Deutschland nahm die Geschichte einen anderen Verlauf. Die staatlichen Strukturen überlebten den totalen Zusammenbruch ebensowenig wie das alte Netzwerk von Interessen und Solidaritäten. Der Neubeginn wurde in Deutschland durch die Siegermächte bestimmt und aufgrund ihrer Gegensätze auch verzögert. Insofern war der Ausbruch des Kalten Krieges hilfreich, denn er zwang die Westalliierten, insbesondere die Vereinigten Staaten, die wirtschaftliche Genesung West-Deutschlands nun mit Nachdruck zu befördern.[23] Es waren im wesentlichen alliierte Entscheidungen, die West-Deutschland einen guten Start in die Nachkriegswährungsordnung ermöglichten.

Durch die Währungsreform wurde der auch in Deutschland vorhandene Geldüberhang beseitigt oder – was auf dasselbe hinausläuft – der Staat fast völlig entschuldet.[24]

---

21 Lag der US$/FF-Wechselkurs am 26.12. 1945 (Franc Pleven) noch 119,1 FF pro US$, so war er am 27.12. 1958 (Franc Baumgartner) auf 493,7 FF gefallen. Damit hat der Franc im Lauf von 13 Jahren mehr als 75% seines Dollar-Werts verloren, eines Wertes, der während derselben Jahre dritten Währungen gegenüber seinerseits erheblich gefallen war.
22 Wolfgang Stützel, *Über einige Währungstheorien*, Tübingen, J.C.B. Mohr (Paul Siebeck), 1969, p. 31; cf. auch p. 27-29.
23 Ich gehe an dieser Stelle nur auf West-Deutschland ein, kam es doch nur dort zu einer richtigen Währungsreform, während in Ost-Deutschland weiterhin Herrschaftsgeld emittiert wurde – einzig die Herrscher wechselten. Interessanterweise zog übrigens das ZK der SED in das Gebäude der Reichsbank.
24 Es wurde eigentlich kein Staat entschuldet, vielmehr war der Staat mit seinen Schulden untergegangen und seine Rechtsnachfolger (erst die Länder, danach die Bundesrepublik Deutschland) haben die Schulden nicht wieder aufleben lassen. Zudem wurden auch Ent-

Darüber hinaus verlangten die Alliierten, durch einen «Lastenausgleich» die durch die Währungsreform verursachten sozialen Spannungen zumindest ein Stück weit abzubauen. Daß die bereits existierenden deutschen politischen Institutionen an den währungspolitisch zentralen Weichenstellungen nicht entscheidend beteiligt waren, war aus zwei Gründen von Vorteil: Zum einen wäre jede in deutscher Verantwortung durchgeführte Reform nicht gleichermaßen radikal und kompromißlos ausgefallen. Und zum anderen erleichterte eben diese unfreiwillige «Verantwortungslosigkeit» der deutschen Eliten den politischen Neubeginn. Ohne die zwar relativ späte, doch durch die Änderung der weltpolitischen Lage dafür um so mutigere Entscheidung der Alliierten für die Währungsreform hätte es in West-Deutschland leicht zu einer der französischen vergleichbaren Entwicklung kommen können. So gesehen war die fehlende staatliche, national legitimierte Autorität zum Zeitpunkt der Währungsreform eine Grundvoraussetzung nicht nur für den wirtschaftlichen, sondern auch für den späteren politischen Erfolg der Bundesrepublik.

Die Grundelemente seiner Währungsverfassung wurden Deutschland von den Alliierten weitgehend vorgeschrieben. Die Unabhängigkeit der Bank deutscher Länder von der deutschen Politik ergab sich zwangsläufig aus dem Fehlen einer deutschen Autorität, die demokratisch legitimiert hätte Einfluß nehmen können. Im politischen Vakuum der ersten Nachkriegsjahre war es der Notenbank deshalb möglich, ihre Entscheidungen dadurch zu «legitimieren», daß sie – übrigens erfolgreich – um Unterstützung durch die öffentliche Meinung und die Wirtschaftswissenschaft warb. Dieser Umstand hat gewiß dazu beigetragen, daß die Bundesbank sich später darum bemühte – und sogar glaubte, sich bemühen zu müssen – Distanz zur deutschen Politik zu halten. Es war deshalb nicht so sehr die vielzitierte Angst vor einer neuen Hyperinflation, die ja auf das Konto einer politisch unabhängigen Reichsbank ging, als vielmehr die politische Unmündigkeit Nachkriegsdeutschlands, die es der Notenbank erlaubte, eine wirtschaftspolitisch so zentrale Rolle zu spielen. Das technokratische deutsche Geldwesen, dessen Erfolg das Geldverständnis der Deutschen bis heute prägt, ist im wesentlichen ein politisches Erbe des 2. Weltkriegs. Allerdings war es der Sonderstellung der deutschen Notenbank sicherlich zuträglich, daß sie als Bank der deutschen Länder föderal strukturiert wurde.

Der deutsche Beitrag zum Start in die neue Währungswelt war recht bescheiden. Er beschränkte sich im wesentlichen darauf, wirtschaftspolitisches Handeln an den Prinzipien des Ordo-Liberalismus auszurichten oder es zumindest zu versuchen und das Ganze politisch attraktiv in den Begriff der «sozialen Marktwirtschaft» zu verpacken. Die Gefahr einer Politisierung des Geldes bestand nicht, weil es zunächst gar keine Instanz

eignungen von belasteten Personen vorgenommen und so natürlich auch Schulden vernichtet.

gab, die das Geld hätte politisieren können. Und selbst nachdem die Bundesrepublik gegründet worden war und ihre ersten Jahre bestanden hatte, gab es kaum jemanden, der das Geld hätte politisieren wollen. Wenn es überhaupt einen originär deutschen Beitrag zum Start in die neue Währungswelt gab, dann bestand er in der Freigabe der Preise unmittelbar nach Vollzug der Währungsreform. Doch selbst dieser Schritt wurde eher aus Versehen getan, da sich die alliierten und deutschen Autoritäten nicht einigen konnten, welche Güter einer Preiskontrolle unterworfen werden sollten.[25]

Nach Überwindung einiger anfänglicher Turbulenzen – einer Abwertung der D-Mark gegenüber dem Dollar, der allerdings eine (relative) Aufwertung im Verhältnis zu den anderen europäischen Währungen gegenüberstand – stabilisierten sich die Verhältnisse schnell. Mehr noch, die Bundesrepublik Deutschland und ihre Bank deutscher Länder avancierten zu ausgesprochenen Nutznießern des Bretton Woods-Systems.[26] Zugegebenermaßen haben Ereignisse wie die Korea-Krise und der damit verbundene Exportboom zur rechten Zeit geholfen. Am Ende honorierte jedoch gerade das Bretton Woods-System die von der Bundesbank immer wieder angestrebte Unterbewertung der D-Mark recht fürstlich. Denn diese erlaubte und förderte nicht nur die Exportorientierung der deutschen Wirtschaft, sondern drosselte zugleich die Zinsen auf ein moderates, der wirtschaftlichen Dynamik förderliches Niveau. Die Kapitalverkehrsbeschränkungen konnten unter diesen Umständen bereits Ende der fünfziger Jahre weitgehend aufgehoben werden.

7. Der «Preis» des Saarlands

Auch wenn die monetären Beziehungen zwischen Frankreich und Deutschland in der Nachkriegszeit im Kern nur indirekter Natur und trotz Europäischer Zahlungsunion durch das Bretton Woods-System strukturiert waren, so muß doch auf ein währungspolitisches Problem hingewiesen werden, das zwischen den beiden Ländern direkt geregelt werden mußte: die Ausgliederung des Saarlandes aus dem Franc- und seine Eingliederung in den D-Mark-Raum. Dieses Ereignis illustriert, wie leicht es ist, politische Lösungen durch monetäre Argumente zu rechtfertigen, die im krassen Widerspruch zu den proklamierten Prinzipien stehen.

So hat sich Deutschland verpflichtet, die im Saarland zirkulierenden Franc-Noten «aufzukaufen» und Frankreich «zurückzugeben». Nun sind Noten aber nie Eigentum der emittierenden Notenbank, sondern ein Anspruch ihrer Halter auf die Vermögenswerte des Emittenten. Daß Notenbankgeld heutzutage nicht einlösbar ist, sich also im

---

25 Cf. Volker Hentschel, *Ludwig Erhard. Ein Politikerleben*, München, Olzog, 1996.
26 Die BR Deutschland trat dem Internationalen Währungsfonds am 14. August 1952 bei.

Mark und Franc

Zwangsumlauf befindet, ändert daran nichts.[27] Natürlich handelte es sich bei Aufkauf und Rückgabe weit eher um den Preis, den Frankreich für die Eingliederung des Saarlandes gefordert hatte und den die Bundesrepublik dafür zu zahlen bereit war.[28] Daß dieser «Kuhhandel» in der Öffentlichkeit nicht bemerkt wurde, zeugt davon, daß das allgemeine Geldverständnis in einer Papiergeldwelt auf recht wackeligen Beinen steht.

8. Frankreich und Deutschland unter amerikanischer Geldherrschaft. Vom Beginn der sechziger Jahre bis zum Ende des Bretton Woods-Systems

Anfang der sechziger Jahre hatten sich die Währungen nicht nur in Deutschland, sondern in Europa allgemein so weit stabilisiert, daß man auch mit der Beseitigung von Schranken im Warenverkehr vorankam. Doch kaum waren Emissionsgleichschritt der Bretton Woods-Währungen und Abbau von Handels- und Kapitalverkehrsbeschränkungen einigermaßen erreicht, wurde aus der Dollar-Lücke der fünfziger zunehmend eine Dollar-Schwemme der sechziger Jahre.

In den Fünfzigern hatten die europäischen Notenbanken bei der Gestaltung ihrer Finanzierungskonditionen stets und zunehmend genauer darauf zu achten, nicht vom US-Standard abzuweichen und Kredite zu vergleichsweise günstigeren Konditionen zu vergeben. Taten sie dies nicht, wurden sie mit einer «Privatisierung» ihrer Devisenreserven bestraft, da die Halter ihrer Noten diese in Dollar einwechseln konnten. Ende der fünfziger Jahre begann jedoch die Bundesbank aufgrund ihres nationalen Auftrags, eine im Vergleich zur Federal Reserve Bank (FRB) restriktivere Geldpolitik zu betreiben.[29] Allerdings war die FRB auch keinem vergleichbaren Anpassungsdruck bei der Festlegung ihrer Kreditkonditionen ausgesetzt. Denn ihre Reserven konnten nicht direkt von den Dollar-Haltern «privatisiert» werden. Statt dessen aber konnten die amerikanischen Anleger ihre Dollar einer europäischen Notenbank ihrer Wahl anbieten, da diese gehalten waren, die Fed-Dollar zu einem festen Kurs in ihre jeweilige Währung umzuwandeln. Dieses Geld konnte dann von den Anlegern spekulativ gehalten oder investiert werden.

---

27 Cf. Wolgang Stützel, *Volkswirtschaftliche Saldenmechanik*, Tübingen, J.C.B. Mohr (Paul Siebeck), 1978, p. 64, Anm. 1.
28 Genaueres ist nachzulesen ibid., p. 184, Anm. 2 und in dem dort angeführten Gutachten *Währungsumstellung – Eine Nachkalkulation*, Frankfurt/M., Fritz Knapp, 1971.
29 Zwar wurde die Deutsche Bundesbank vom Gesetzgeber nur ganz lapidar beauftragt, «die Währung zu sichern» und zur Erfüllung dieses Auftrag in die Unabhängigkeit entlassen. Sie hatte dazu die Kreditkonditionen so zu setzen, daß ihre Noten im Umlauf blieben. Zudem hatte sie ausreichend liquide zu bleiben, damit ihr Dollar-Einlösungsversprechen nicht in Zweifel gezogen wurde. Doch sie glaubte aus dem Auftrag auch ableiten zu können, die Preise stabil halten und zu diesem Zweck eine autonome Geldpolitik betreiben zu müssen.

Die Notenbanken gelangten auf diesem Wege natürlich zu beträchtlichen Forderungen gegenüber der FRB, doch war ihnen entgegen der in Bretton Woods gemachten Zusagen der Zugriff auf die Vermögenswerte (insbesondere die Goldreserven) der amerikanischen Notenbank letztlich versperrt. Im politischen Raum wurde immer wieder deutlich gemacht, daß ein Einlösungsbegehren als ein «unfreundlicher Akt» angesehen würde. Da die Notenbanken ihre Fed-Dollars nicht einmal für Goldkäufe verwenden durften, blieb ihnen gar nichts anderes übrig, als entweder den amerikanischen Staat zu finanzieren oder die Entstehung eines Dollar-denominierten *Off shore*-Kapitalmarkts nicht nur zu dulden, sondern gar zu befördern.

Dementsprechend wurde die FRB zunehmend zum Emittenten von Herrschaftsgeld und entwickelten sich die europäischen Notenbanken umgekehrt zu Emittenten von Vasallengeld. Die Vereinigten Staaten konnten durch ihren autonom gesetzten Emissionsvorsprung eine Kreditgewährung durch europäische Notenbanken erzwingen und taten dies auch recht zielstrebig. Damit wurde immer deutlicher, daß dem Bretton Woods-System eine solide Verankerung und damit auch eine umfassende, weil alle Länder erfassende Disziplinierung fehlte. Die Zusage der USA, die von den im Internationalen Währungsfonds (IWF) zusammengeschlossenen Notenbanken gehaltenen Dollar auf Verlangen in Gold umzutauschen, hatte sowohl politisch wie wirtschaftlich erheblich an Glaubwürdigkeit verloren.

Interessant ist nun, wie Deutsche und Franzosen mit der veränderten Lage umgingen. Technisch haben sicherlich die Deutschen als erste reagiert, denn schon 1961 setzten sie eine Aufwertung der D-Mark durch. Finanziell bedeutete dies für die Bundesbank einen Verlust, weil sie ihre Dollar-denominierten Aktiva wertberichtigen mußte. Man kann von einer Art Partialvergleich zwischen Deutschland und den Vereinigten Staaten sprechen. Die Vergleichsquote wurde dabei jedoch vom (deutschen) Gläubiger und nicht vom (amerikanischen) Schuldner festgesetzt wurde. Und was bedeutete dieser Schritt ökonomisch? Einerseits stellte er eine Bevorzugung der deutschen «Finanz-» gegenüber den «Realkapitalisten» dar (zu denen nicht nur die Arbeitgeber, sondern auch die Arbeitnehmer zu rechnen sind), andererseits nahm er den Disziplinierungsdruck temporär von der FRB und den Vereinigten Staaten.

Politisch handelte es sich um den Anfang vom Ende des Bretton Woods-Systems, den Beginn des monetären Nachkriegsnationalismus, zuerst in Deutschland, später dann weltweit. Stützel sprach von einem währungsgeschichtlichen Atavismus und einer Schildbürgerei, die die Kaufleute der Welt in die längst überwunden geglaubte Zeit der «Kipper und Wipper» zurückwarf.[30] Auf jeden Fall war die Aufwertung von 1961 das

---

30 Cf. Wolfgang Stützel, *Währung in weltoffener Wirtschaft*, Frankfurt/M., Fritz Knapp, 1973, insb. Kap. 5.

Schlüsselerlebnis der deutschen Währungspolitik. Denn von diesem Zeitpunkt an glaubte die deutsche Politik, allen voran die Bundesbank, eine autonome Geldpolitik durchsetzen und die Binnenkaufkraft absichern zu können. Mehr noch, seitdem machen öffentliche und veröffentlichte Meinung die Bundesbank nicht mehr nur für die Stabilität des Wechselkurses, sondern auch und gerade für die Stabilität der Preise verantwortlich. Mit diesem Schritt wurde der Grundstein für die politische Macht der Bundesbank gelegt, die sie nicht nur zur mächtigsten Notenbank in Europa, sondern auch zu einer zentralen politischen Kraft machen sollte.

Politisch richtig haben nur die Franzosen auf diese sich abzeichnende Entwicklung reagiert. De Gaulle fragte sich schon im August 1963, «*pourquoi nous gardons des dollars dans notre encaisse. [...] En gardant des dollars, nous prolongeons artificiellement la maladie.*» Er forderte deshalb am 4. Februar 1965, daß

> *les échanges internationaux s'établissent, comme c'était le cas avant les grands malheurs du monde, sur une base monétaire indiscutable, et qui ne porte la marque d'aucun pays en particulier. Quelle base? En vérité, on ne voit pas qu'à cet égard il ne puisse y avoir de critère, d'étalon, autres que l'or. Eh oui, l'or, qui ne change pas de nature, qui se met indifféremment en barres, en lingots ou en pièces, qui n'a pas de nationalité, qui est tenu, éternellement et universellement, comme la valeur inaltérable et fiduciaire par excellence.*

De Gaulle verlangte schlicht und einfach von den Vereinigten Staaten, sich entweder an die Regeln von Bretton Woods zu halten oder ihr Privileg aufzugeben, die Emissionsgeschwindigkeit bestimmen zu können. Eben deshalb bestand die Banque de France in den Jahren nach der erfolgreichen Stabilisierung des französischen Franc darauf, ihre Dollar weitestgehend in Gold umzutauschen. Sie war nur in geringem Umfang bereit, Dollar als Reserve zu halten. Während Deutschland also den Disziplinierungsdruck von den Vereinigten Staaten genommen hatte, versuchte Frankreich, ihn zu erhöhen. Doch als Frankreich aufgrund der Wirren des Mai 1968 ins Straucheln geriet, wurde dem berechtigten Verlangen de Gaulles nach einer Einhaltung der Regeln oder einer Reform des Bretton Woods-Systems die Basis entzogen.

Die erneute wirtschaftliche und politische Schwäche Frankreichs war besonders unglücklich, denn die Antwort des IWF auf die sich abzeichnende Krise stand nicht nur im Widerspruch zu den französischen Vorstellungen, sondern war eindeutig systemwidrig. Von 1960 an wurde zunächst der Versuch unternommen, mit Hilfe eines Gold-Pools die Parität von 35 US$ pro Feinunze Gold zu verteidigen. Doch tatsächlich hätte einzig die FRB den Dollar durch eine Verschärfung ihrer Emissionsbedingungen stützen können (und müssen). Nachdem dieser Versuch an der unverändert exzessiven Dollar-Emission gescheitert war, wurde der Gold-Markt in einen «monetären», den Notenbanken vorbehaltenen, und einen freien, «nicht-monetären», Teil gespalten.

Damit war der Nagel so weit aus der Wand gezogen, daß er dem ganzen Währungssystem keinen rechten Halt mehr geben konnte. Die Vereinigten Staaten ließen ihren Partnern nur die Wahl zwischen der Beschleunigung ihrer eigenen Geldemission und damit der Hinnahme des amerikanischen Inflationsniveaus oder der Finanzierung und Monetarisierung des amerikanischen Haushalts- und Zahlungsbilanzdefizits. Denn der monetäre Gold-Markt war zu keinem Zeitpunkt ein Markt, auf dem irgend jemand mit Gold gehandelt hätte. Es handelte sich vielmehr um einen politisch-administrativen Raum, in dem die europäischen Notenbanken, sofern sie Dollar benötigten, gezwungen waren, eine Feinunze Gold je 35 Dollar herauszugeben. Umgekehrt war die FRB nicht dazu verpflichtet, 35 Dollar gegen eine Feinunze Gold umzutauschen. Die Logik des Bretton Woods-Systems wurde regelrecht auf den Kopf gestellt, wenn amerikanische Politiker fragten, warum die FRB überhaut bereit sein sollte, eine Feinunze Gold auf Verlangen ausländischer Notenbanken für nur 35 Dollar herzugeben, wenn Marktakteure auf der ganzen Welt doch bereit waren, einen viel höheren Preis zu bezahlen. Es entstand der Eindruck, als würde der Goldpreis künstlich niedrig und der Dollar-Kurs künstlich hoch gehalten. In Wirklichkeit wurde schlicht und einfach die den Dollar-Noten zugrundeliegende Schuld mit dem Preis verwechselt, zu dem sie «gehandelt» wurde.

Engels hat die Ende der sechziger Jahre herrschende Verwirrung von Währungspolitik und -wissenschaft treffend charakterisiert: «Die Wechselkursverpflichtung wurde zum „administrierten Dollarkurs", die Konversionsverpflichtung des Dollar zum „festen Goldpreis". [...] Aus Konkursen wurden Abwertungen, aus Sanierungsaktionen Aufwertungen, der Vertragsbruch hieß „Freigabe der Wechselkurse" und der Bruch von Zahlungsversprechen „Freigabe des Goldpreises".»[31] Auf die Konsequenzen eines solchen Wirrwarrs währungstheoretischer Begriffe hatte Stützel schon 1969 eindringlich hingewiesen:

> Wer irgendwo in der Welt in welchen Zusammenhängen auch immer eine Zahl zur Bestimmung des Inhalts eines Geldtitels mit dessen Marktpreis verknüpft, macht den Schuldner des Titels zum Herrn beliebiger nachträglicher Änderungen des Inhalts seines Versprechens. Dann gibt es insoweit keine Verträge mehr. Verträge und ihre regelmäßige pünktliche Erfüllung aber sind die organisatorischen Voraussetzungen dafür, daß Marktwirtschaft überhaupt eine Chance hat, einigermaßen sinnvoll zu funktionieren.[32]

Die FRB kreierte in der Tat «Pfiffikusgeld» (Stützel), hat sie sich doch – durch ihren Unwillen und auch ihre Unfähigkeit, ihrer Goldeinlösungspflicht nachzukommen – zum Schiedsrichter über den Wert des von ihr emittierten Geldes gemacht. Allerdings war

---

31 Cf. Wolfran Engels, *Notenbanktechnik*, op.cit., p. 46sq.
32 Wolfgang Stützel, *Über einige Währungstheorien*, op.cit., p. 28.

die orthodoxe Wirtschaftswissenschaft nicht in der Lage, die Bedeutung dieses Vorgangs zu erkennen: aus «marktwirtschaftlichen» Gründen verlangte sie zunächst eine «Abwertung» des Dollar, danach eine «Freigabe» des Goldpreises und endlich die «Freigabe des Wechselkurses»! Mit dieser «Position» hat sie sowohl dem Zusammenbruch des Bretton Woods-Systems Vorschub geleistet als auch der Marktwirtschaft als solcher einen Bärendienst erwiesen.

Im Unterschied zu Frankreich hat man sich in Deutschland weder politisch noch wirtschaftlich um den Erhalt des Systems bemüht. Zerstörerisch wirkte nämlich nicht nur die Währungspolitik des IWF und der USA, sondern auch das Agieren der Deutschen Bundesbank. Denn diese wähnte sich vom Gesetzgeber damit beauftragt, nicht etwa den Wechselkurs zu sichern, sondern die Inflation durch eine im internationalen Vergleich einmalig rigide Geldpolitik bekämpfen zu müssen. Doch gerade durch ihr Ausscheren aus dem weltweiten «Inflationsgeleitzug» importierte sie erst die Inflation, die sie in der Folge durch eine eigenmächtige Zinspolitik zu kontrollieren versuchte.

Die restriktive Emissionspolitik der Bundesbank beförderte den Export und erzwang einen Exportüberschuß. In Maßen kann eine solche Politik durchaus sinnvoll sein, wird sie jedoch überreizt, schlägt sie auf den Markt für Vermögenswerte durch. Denn die liquideren Dollar-Halter erwerben auf die Dauer betrachtet einen höheren Anteil der überhaupt gehandelten Güter, Dienstleistungen und Vermögenswerte als die Halter knappen Geldes. Der Bundesbank flossen also reichlich Dollar zu, die sie entweder zinslos halten oder in amerikanische Staatsschuldtitel umwandeln konnte. Da jedoch stets Dollar-denominiert, lag die Definitionsmacht über den Inhalt der Forderungen in Schuldnerhand.

Während Frankreich also auf der Einhaltung der Regeln des Bretton Woods-Systems bestand, trug Deutschland massiv zu dessen Untergang bei. Die französische Politik schätzte die Entwicklung der Weltwährungsordnung und deren Problematik zwar richtig ein, ihr fehlte aber die wirtschaftliche Basis, um sie auch beeinflussen zu können. In Deutschland hätte es diese Basis gegeben; es fehlte jedoch an Einsicht und Wille, sie in Anspruch zu nehmen. Hier und dort herrschten (und herrschen) unterschiedliche Vorstellungen darüber, was besser dem Markt und was dem Staat überlassen werden sollte. Diese sachlichen Gegensätze wurden durch die persönlichen Gegensätze zwischen Erhard, dem «Vater des deutschen Wirtschaftswunders», und de Gaulle, dem *«Gardien de la Grandeur de la France»*, verstärkt. Den deutschen «währungstechnokratischen» Eliten fehlte es an Gespür für das ordnungspolitische Anliegen Frankreichs – de Gaulles Kritik an den Mechanismen des Bretton Woods-Systems blieb deshalb unverstanden.

Zu einem europäischen Versuch, die Vereinigten Staaten zu einer disziplinierteren Fiskal- und Geldpolitik zu drängen, konnte es damals nicht kommen, weil die deutschen Notenbankiers zu national und die deutschen Wirtschaftswissenschaftler zu orthodox dachten. Zu keinem Zeitpunkt wurde in Deutschland ernsthaft eine Diskussion über die Problematik flexibler Wechselkurse geführt.[33] Nachlesen läßt sich das monetärnationalistische Credo der deutschen Experten bespielsweise im Jahreswirtschaftsgutachten von 1974: «Flexible Wechselkurse machen es grundsätzlich möglich, auf Dauer aus dem internationalen Preisverbund auszuscheren. Sie verhindern, daß eine konsequente Steuerung der Geldbasis durch außenwirtschaftliche Einflüsse unterlaufen wird.»[34] Man glaubte, sich selbst schützen zu können, und bemühte sich dementsprechend auch nicht um den Erhalt des Bretton Woods-Systems. Die amerikanische Politik hatte unter diesen Umständen leichtes Spiel, war doch nur zu deutlich, daß Deutschland und Frankreich – geschweige denn die Europäer – sich in Fragen der Währungspolitik nicht einigen würden.

Weltpolitisch gesehen, ist es allerdings nicht ganz so einfach, den Vereinigten Staaten die Schuld am Niedergang des Systems zuzuschreiben. Immerhin haben sie es nach dem 2. Weltkrieg zum Wohle Europas installiert und getragen. Daß sie es später für sich ausgenutzt und untergraben haben, hat durchaus nachvollziehbare Gründe: Der Kalte Krieg war ein kostspieliges Unterfangen, und auch die vielen heißen, wenn auch lokal oder regional beschränkten, Konflikte wollten finanziert sein. Das notwendige Geld wurde jedoch nicht über Steuern, sondern durch die Monetarisierung von Staatsschulden beigebracht. Und diese Art der Finanzierung war für den Westen durchaus bequem, ließ sich die «Inflationssteuer» doch quasi unbemerkt und scheinbar schmerzlos erheben.

Unvermeidlich wurde der Zusammenbruch des Bretton Woods-Systems, als eine Reihe wichtiger Länder die Inflationssteuer nicht mehr zu zahlen bereit waren. Die Gründe dafür waren durchaus verschieden. In Deutschland wurde der politische Hintergrund der Inflation zumindest in der öffentlichen Diskussion eher verdrängt. In Frankreich hingegen wurde offen beklagt, auf der einen Seite zwar gezwungen zu sein, zur Finanzierung «weltpolizeilicher» Aufgaben beizutragen, auf der anderen Seite aber auf Entscheidungen der USA kaum Einfluß zu haben. Da alternative Formen der Finanzierung nicht zur Diskussion standen, hätte das System allein durch die Vereinigten Staaten gerettet werden können, um den Preis freilich, ihre Rolle auf die einer weltweit agierender Ordnungsmacht zu reduzieren.

Bedauerlich war an dem Untergang des Bretton Woods-Systems vor allem, daß seine zentrale Bedeutung für eine funktionsfähige Marktwirtschaft von der Politik – wenn überhaupt – nur in geringem Maße, von der Wirtschaftswissenschaft jedoch gar nicht, erkannt worden war. Die Ökonomen tragen aus diesem Grunde eine nicht unerhebliche

---

33 Die Meinung Stützels blieb nicht nur eine Minderheitsmeinung. Ihm wurde sogar verwehrt, seine Position als Minderheitsvotum in das Jahresgutachten des Sachverständigenrates einzubringen.
34 Sachverständigenrat, *Jahresgutachten 1974*, Tz 423.

Verantwortung für den Zusammenbruch der Nachkriegswährungsordnung.[35] Das System fester Wechselkurse wurde von der Fachwelt als «interventionistisch» und «unmarktwirtschaftlich» diffamiert. Doch gibt es etwas «Unmarktwirtschaftlicheres» als die Abschaffung des Konkurses? Mit dem Untergang des Bretton Woods-Systems wurde alles Notenbankgeld der Welt endgültig zu Papiergeld. Und ein solches Geld ist *per definitionem* ein politisches Geld, das mehr denn je dem Sturm der Ereignisse ausgesetzt ist.

9. Deutschland und Frankreich auf dem drei Jahrzehnte langen Marsch in die Währungsunion

Für die EG und ihr Ziel einer Europäischen Währungsunion kam das Ende des Bretton Woods-Systems etwas zu früh. Zwar lag der Werner-Plan für eine solche Union innerhalb von zehn Jahren bereits auf dem Tisch, für die Bewältigung der Krise blieb er jedoch ohne Bedeutung. Der Ungeist flexibler Wechselkurse war aus der Flasche entwichen und wurde für fast zwei Jahrzehnte zum währungspolitischen Bekenntnis. Der einer derartigen Politik entgegengesetzte Werner-Plan verschwand deshalb in einer der untersten Schubladen, und es bedurfte einer ganzen Reihe schmerzlicher Erfahrungen, letztlich eines Wechsels der politischen Rahmenbedingungen, um ihn wieder auszugraben.

Trotzdem war sich die Politik gerade in Europa – und dies über die Grenzen der damaligen Gemeinschaft hinaus – der Gefahren eines monetären Nationalismus durchaus bewußt.[36] Man erinnerte sich an den Abwertungswettlauf aus der Zwischenkriegszeit, den zu wiederholen man tunlichst zu verhindern suchte. Gemeinsames Ziel war es, europaintern soviel Stabilität wie nur möglich zu schaffen, dabei aber europaextern soviel Flexibilität wie nötig zuzulassen. Dieser Balanceakt war es, der für mehr als ein Vierteljahrhundert die Währungspolitik nicht nur Frankreichs und Deutschlands sondern ganz Europas in Atem gehalten hat. Heute läßt sich sagen, daß der politische Wille, ihn trotz zwischenzeitlicher Schwierigkeiten und Enttäuschungen durchzustehen, die zentrale Voraussetzung zur Schaffung der EWWU war.

Einen gemeinsamen währungspolitischen Rahmen zu finden, war allerdings nicht einfach. Hilfreich war zweifellos die Erweiterung der EG. Schließlich ist eine viele Länder umfassende Integration der Gütermärkte ein probates Mittel gegen monetären Nationalismus. Auch waren inzwischen Gremien geschaffen worden, die den gemeinschaftsinternen Gedankenaustausch über Währungsfragen fördern und zur Koordinie-

---

35 Der Kreis der Verteidiger eines Systems fester Wechselkurse war in Deutschland ausgesprochen klein, beschränkte er sich doch auf Wolfgang Stützel und Claus Köhler.
36 Cf. Friedrich A. von Hayek, *Monetary Nationalism and International Stability*, London, Longmans & Green, 1937.

rung der Geldpolitik beitragen konnten, doch ohne daß die EG entscheidende Kompetenzen auf diesem Gebiet gehabt hätte. Dennoch war der gemeinsame Start in die neue Währungswelt nicht sonderlich erfolgreich, denn die 1972 geschaffene «Währungsschlange» verlor mit dem Vereinigten Königreich recht schnell ein wichtiges Glied, um nach dem Ausscheiden Frankreichs im Jahre 1976 bis 1979 nur noch als «Papierschlange» zu existieren. Wo lag das Problem?

Zunächst einmal ist festzuhalten, daß es in einer Welt definitiven Papiergeldes auch bei völliger Freiheit des Kapitalverkehrs den Notenbanken technisch möglich ist, jeden Wechselkurs zu stabilisieren. Das, was es dazu braucht, ist Papier – und politischer Wille. Der freilich hat seinen Preis. Um den DM/FF-Wechselkurs möglichst kostenneutral stabil zu halten, müßten erstens die Leitzinsen auf gleichem oder ähnlichem Niveau liegen. Etwaige Zinsdifferenzen auf den Märkten wären dann auf Unterschiede in der jeweiligen Schuldnerbonität oder der Liquidität des jeweiligen Kapitalmarktes, nicht aber auf die Denomination der Schulden in D-Mark oder Franc zurückzuführen. Zweitens müßten die Deutsche Bundesbank und die Banque de France bereit sein, sich – so notwendig – wechselseitig unbegrenzt Kredit zu gewähren oder, anders gesagt, für die jeweils andere Notenbank die Rolle des *lender of last resort* zu übernehmen. Unter diesen Umständen bliebe den Marktteilnehmern gar nichts anderes übrig, als davon auszugehen, daß der Wechselkurs zwischen D-Mark und Franc stabil bleibt. Die Erwartung, daß der künftige Kassakurs gleich dem aktuellen Kassakurs sein wird, trüge dann ihrerseits zur Stabilisierung bei.

Beide Voraussetzungen waren anfangs nicht erfüllt. Vielmehr waren die flexiblen Wechselkurse gerade deshalb eingeführt worden, weil man meinte, national zinsautonom sein zu müssen und anderen Notenbanken weder Kredit zu geben noch Kredit zu nehmen bereit war. Immerhin hatte die orthodoxe Wirtschaftswissenschaft prognostiziert, daß flexible Wechselkurse Unterschiede zwischen den nationalen Inflationsraten sowie die Leistungsbilanzsalden automatisch ausgleichen und den einzelnen Staaten dadurch einen konjunkturpolitisch größeren Handlungsspielraum gewähren würde.[37] Was die Politik nur allzu gern glaubte. Sie wähnte sich souverän. Überall machte man sich auf die Suche nach einem an nationalen Interessen ausgerichteten Mix aus Fiskal-, Geld- und Lohnpolitik. Damit kam es notwendigerweise zur «Endogenisierung» der Wechselkurse. Der DM/FF-Wechselkurs war kein ausdrückliches Versprechen, sondern das mehr oder weniger zufällige Ergebnis (des Zusammenspiels) der Wirtschaftspolitik beider Länder.

Für die Akteure auf den Finanzmärkten entstand dadurch eine ganz neue Situation. Bei festen Wechselkursen hatten sie sich nur zu fragen gehabt, ob eine Notenbank in der

---

37 Cf. Wolfgang Stützel, *Über einige Währungstheorien*, op.cit., p. 15sqq.

Lage war, das Wechselkursversprechen zu halten oder nicht. Die Antwort darauf war relativ einfach, genügte dafür doch ein Blick auf Reserven, Kreditlinien und Zinssätze, also auf Indikatoren aus dem Bankgeschäft. Natürlich mußte auch das allgemeine wirtschaftliche und politische Klima in Rechnung gestellt werden. Im Prinzip aber war den Akteuren recht schnell klar, ob die Kurse hielten (Regelfall) oder eine Abwertung ins Haus stand (Ausnahme). Bei flexiblen Wechselkursen müssen die Finanzmarktakteure nicht nur erwägen, ob abgewertet wird oder nicht, sondern wann und wie stark der Wechselkurs steigt oder fällt. Einfache Bankkennzahlen reichen zur Beurteilung des Geschehens nun nicht mehr aus. Es ist deshalb nicht weiter verwunderlich, daß die Marktteilnehmer sich mit auf die Vorhersage von Wechselkursen spezialisierten Fachleuten umgaben. Helfen tat es allerdings kaum. Denn weil und insofern die Kursentwicklung von Annahmen über die Kursentwicklung abhängt, die Analysten sich also gegenseitig zu beobachten begannen, wurde die Dynamik der Finanzmärkte weiter angeheizt. Das Ergebnis ist bekannt: In einer Welt flexibler Wechselkurse herrschen Volatilität und Willkür. Es handelt sich um eine aufgrund ihrer Selbstreferenzialität «übersteuerte» Welt.

Das Ziel, die europainternen Wechselkurse auf der einen Seite zu stabilisieren, den europaexternen Wechselkursen auf der anderen Seite jedoch möglichst freien Lauf zu geben, war praktisch kaum zu erreichen. Es konnte keine stabilen Wechselkurse geben, solange die Finanzmarktakteure nicht von stabilen Kursen ausgingen. Anstatt auf deren Erwartungen Einfluß zu nehmen, wurde die Rolle der Erwartungen in den ersten Jahren gründlich unterschätzt. Zu stark war der preistheoretische Glaube, daß, gleiche Inflationsraten einmal vorausgesetzt, freie Wechselkurse sich selbst stabilisierten.

Am wichtigsten wäre natürlich die Stabilisierung des DM/FF-Wechselkurses gewesen.[38] Wäre dessen Stabilisierung gelungen, wären die Chancen gestiegen, das Wechselkursgefüge insgesamt stabil zu halten. Doch gerade die Notenbanken und Regierungen in Deutschland und Frankreich sprachen bloß von der Notwendigkeit stabiler Wechselkurse, während ihre Taten die Finanzmarktakteure vom Gegenteil überzeugen mußten. Grob gesprochen wurde in Frankreich eine Zins-, in Deutschland hingegen eine Geldmengenpolitik verfolgt. Kompromisse schienen den Beobachtern geradezu ausgeschlossen. Hinzu kam, daß unterschiedliche Veränderungen der DM/US$- und FF/US$-Wechselkurse immer wieder zu Veränderungen und Anpassungen des DM/FF-Kurses führten, daß sich, mit anderen Worten, das Gefüge der europäischen Währungen dem Dollar gegenüber als nicht fest erwies. Weiter standen organisatorische Differenzen einer deutsch-französischen Wechselkursstabilisierung entgegen. Zwar hatte die Unab-

---

38 Der DM/£-Wechselkurs hatte eine geringere Bedeutung schlicht deshalb, weil die Finanzmarktakteure davon überzeugt waren, daß der DM/FF Wechselkurs politisch wichtiger sei.

hängigkeit der Deutschen Bundesbank im Vergleich zur «Abhängigkeit» der Banque de France eine nur geringe Bedeutung, solange beide Institutionen zuallererst Banken waren, die ein Wechselkursversprechen einzuhalten hatten. Nach dem Wegfall dieses Versprechens jedoch nahmen Handlungsspielraum und Einfluß der Bundesbank enorm zu, während für die Banque de France eher das Gegenteil galt.

Nicht zuletzt fußte die Macht der Bundesbank auf dem Vertrauen, das die Finanzmarktakteure in den Markt setzten. Der Kreis derjenigen, die ihr Vermögen in D-Mark anlegten, wuchs, und auch als Schuldwährung war die Mark gefragt. Faktisch wurde die Bundesbank zumindest für die sich um eine Wechselkursstabilisierung bemühenden europäischen Notenbanken zum *lender of last resort*. Eine entsprechende Verpflichtung wollte die Bundesbank gleichwohl nicht übernehmen, weil sie ihrer Meinung nach im Widerspruch zu ihrem Auftrag gestanden hätte. Der berühmte Emminger-Brief mag als Beweis dafür dienen, hatte sich die Bundesbank doch darin das Recht vorbehalten, einer Interventionspflicht dann nicht nachzukommen, wenn dies die interne Stabilität gefährden würde. Hinzu kam der weitverbreitete Irrglaube, gegen die Spekulation nicht ankommen zu können: In Wahrheit verhelfen erst mangelnde Bereitschaft zu solidarischem Handeln und mangelndes Vertrauen in die eigene Kraft den Spekulanten zum Sieg.

Zwar machte sich die Politik der Bundesbank auch jenseits der deutschen Grenzen bemerkbar, um aber als monetärer «Zuchtmeister» Europas auftreten zu können, verfügten die Deutschen nicht über die notwendige Autorität. Gerade weil sie für die Abwertung europäischer Währungen zumindest indirekt verantwortlich zeichneten, stand es ihnen nicht zu, die Gewerkschaften auch außerhalb des eigenen Landes auf eine moderate Lohnpolitik zu verpflichten. Die Autorität, die es braucht, um den Teufelskreis aus Abwertung und Inflationsschub zu durchbrechen, kann weder exportiert noch «von oben» verordnet werden.

Die Wende bei den Bemühungen um eine Stabilisierung der Wechselkurse trat deshalb auch nicht schon mit der Einrichtung des EWS ein, sondern erst als die Wechselkursstabilisierung auch in Frankreich glaubhaft verfolgt wurde. Anstatt sich, wie vorher üblich, auf die Seite der Kritiker der Bundesbank zu schlagen, bemühte sich die französische Regierung seit 1983 nachhaltig darum, den Teufelskreis sukzessiver Abwertungen zu durchbrechen. Es sollte jedoch noch fast zehn Jahre dauern, bis sich die Bundesbank klar und deutlich zu ihrer Rolle als *lender of last resort* bekannte und sich in einer gemeinsamen Erklärung mit der Banque de France dazu verpflichtete, den DM/FF-Wechselkurs zu verteidigen. Allerdings tat sie diesen Schritt nur, um nicht für das Scheitern der bereits vereinbarten Währungsunion verantwortlich gemacht werden zu können. Denn das britische Pfund und die italienische Lira hatten das EWS bereits verlassen müssen, und der französische Franc stand kurz davor. Indem die Deutsche Bun-

Mark und Franc

desbank die Banque de France damals mit rund 80 Mrd. D-Mark – frisch aus der Druckerpresse – unterstützte, überwand sie ihren bislang gepflegten monetären Nationalismus. Die Finanzmarktakteure mußten von nun an damit rechnen, daß die Bundesbank jeden Wechselkurs verteidigen würde. Und in der Tat stieg der Franc wieder im Wert. Die Notenbanken freuten sich über einen schönen Gewinn, und die Spekulanten leckten ihre Wunden.

Zur endgültigen Stabilisierung der Wechselkurse im europäischen Währungsgefüge kam es jedoch erst, als mehr oder weniger klar war, daß alle Mitgliedsstaaten, die ernsthaft in die Währungsunion wollten, dies auch können würden. Der politische Wille aller Beteiligten war stark genug, um jeden Zweifel der Finanzmärkte zu ersticken. Und daß die Finanzwelt mit dem Erfolg der Währungsunion rechnete, trug nicht unwesentlich dazu bei, daß sie auch durchgesetzt werden konnte. In diesem Zusammenhang war es übrigens hilfreich, daß selbst der «Stabilitätsweltmeister» Deutschland auf der Zielgeraden am zulässigen Defizit nur knapp vorbeigeschrammt ist. Entscheidend war jedoch, daß der politische Wille, die Währungsunion zu realisieren, allen Fährnissen zum Trotz seit den achtziger Jahren nie wieder ernsthaft erschüttert worden ist.

10. Ein spekulativer Ausblick

Am 1. Januar 1999 hat mit dem Euro eine neue Währung das Licht der Welt erblickt, die Deutsche und Franzosen auf Dauer verbinden soll. Doch die Hoffnungen und Sorgen, die beide an die neue Währung knüpfen, sind nicht zuletzt aufgrund der dargestellten Grundeinstellungen und Erfahrungen verschieden. In Deutschland schaut man vor allem auf die Preiswertstabilität und hofft, daß der Euro «hart» sein wird, so hart wie die D-Mark es war, während man in Frankreich eher auf den Wechselkurs der Währung blickt und wünscht, daß mit dem Euro der vormalige *De jure-* und jetzige *De facto-*Dollar-Standard überwunden werden wird. Die Blickrichtungen sind zweifellos unterschiedlich, doch wenn sich die Hoffnungen der einen erfüllen sollten, muß dies den anderen nicht notwendigerweise Sorgen bereiten.

Auch wenn der Euro eine *per se* ungewisse Zukunft vor sich hat, so stehen die Chancen doch recht gut, daß es in Deutschland und Frankreich (und darüber hinaus) zu einer gemeinsamen Geld- und einer damit kompatiblen Fiskalpolitik sowie dauerhaft stabilen Wechselkursen[39] kommen wird. Die zwangsläufig mehr oder weniger einheitlichen Finanzierungskonditionen werden den Ländern der EU, allen voran Frankreich und

---

39 Merke: auch nach Vollzug der Währungsunion und der Emission von Euro in einheitlicher Stückelung bedarf es des politischen Willens, etwa zwischen von der Deutschen Bundesbank und von der Banque de France emittierten Euro einen festen «Wechselkurs» von 1:1 aufrecht zu erhalten.

Deutschland, zum wirtschaftlichen und politischen Vorteil gereichen. Der Wettbewerb, dem die Wirtschafter auf dem gemeinsamen Markt in verstärktem Maße ausgesetzt sein werden, wird nur dann als gerecht empfunden werden, sofern sie ihre Aktivitäten, von reinen Bonitätsunterschieden einmal abgesehen, zu einheitlichen Konditionen werden finanzieren können. Nur dann wird der europainterne Wettbewerb auch die Effizienz steigern. Des weiteren wird es dem politischen Klima zuträglich sein, wenn zwischenstaatliche Kredite oder Fiskaltransfers weder durch Emissionsvorsprünge erzwungen werden können, noch zur Stabilisierung der Finanzmärkte gewährt werden müssen. Es wird nicht nur der Wirtschaft, sondern auch dem sozialen Frieden dienlich sein, wenn das gemeinsame Bemühen um möglichst niedrige Zinssätze mit Erfolg gekrönt sein wird.

Damit die neue Währungsordnung reüssiert, sind eine Vielzahl von Vorkehrungen getroffen worden, die das Binnenverhältnis der Staaten und ihrer Notenbanken regeln. Doch, wie man seit Schumpeter weiß, hängt in Währungsfragen alles von allem ab. Unter Bedingungen der Kapitalverkehrsfreiheit kann Währungsstabilität nicht nur bedeuten, daß die Preise in Euroland sich kontrolliert entwickeln, sondern auch und vor allem daß der Euro-Dollar-Kurs einigermaßen fest liegt. Doch diesbezüglich hat man nichts unternommen. Das Bemühen um Wechselkursstabilität ist noch nicht einmal als Ziel formuliert worden. Ausgeblendet wurde dieses Anliegen nicht zuletzt, weil dem Wechselkurs im deutlich durch das deutsche Geldverständnis geprägten Regelwerk der EWWU kein besonderer Stellenwert eingeräumt wird.

Um die externe Stabilität zu befördern, ist interne Stabilität sicherlich nicht nur hilfreich, sondern auch notwendig. Eine Kontrolle der Staatsverschuldung leistet dazu zweifellos einen wichtigen Beitrag. Denn wenn es gelingt, den Umfang der Staatsschulden zu begrenzen, wird es auch gelingen, deren Monetarisierung im Rahmen zu halten. Eine solide Haushaltspolitik wird die Finanzmärkte beruhigen und die andernfalls sehr labilen Arbitrage- und Spekulationsgleichgewichte stabilisieren. Nur so kann es überhaupt gelingen, mögliche Mitreißer- und sich selbst verstärkende Erwartungsänderungseffekte zu reduzieren. Denn gerade die letzten Jahre haben gezeigt, wie sehr in einer Welt definitiver Papierwährungen die Psychologie regiert. Wird deshalb in Euroland Stabilitätspolitik betrieben, wird es auch für andere Währungsräume attraktiver, eine entsprechende Politik zu betreiben. Umkehrt würde Instabilität im Dollar- oder Yen-Bereich sich zwangsläufig auch auf den Euro-Raum auswirken.

Deshalb müßte die weltweite Stabilisierung der Währungsverhältnisse den Europäern im Prinzip ein Anliegen sein. Denn die EWWU fände erst dann einen erfolgreichen Abschluß, wenn es erneut zu einem Weltwährungssystem auf der Grundlage eines supranationalen Standards käme. Gerade die europainterne Stabilisierung hat mit dem Bemühen um eine Stabilisierung der Wechselkurse begonnen, und nichts spricht dagegen, an dieser Stelle fortzufahren.

Möglichkeiten zu einer direkten Stabilisierung des Euro-Dollar-Wechselkurses bestehen durchaus, denn Europäische Zentralbank (EZB) und FRB als Papiergeldemittenten könnten jeden Wechselkurs garantieren, wenn sie denn nur wollten, müßten oder dürften. Doch risikolos stabilisiert werden kann nur dann, wenn beide bereit sind, zumindest langfristig weitgehend gleiche Finanzierungskonditionen zu akzeptieren. Nur dann werden sie auch bereit sein, sich im Notfall kurzfristig (unbegrenzt) Kredit zu gewähren. Dazu waren die EWS-Länder allerdings erst nach rund zehnjähriger Erfahrung mit flexiblen Wechselkursen bereit. Ob es zur Gründung eines «Nordatlantischen Währungssystems» (NAWS) kommt, bleibt deshalb abzuwarten – wenn auch zu wünschen.

Es wäre hilfreich, wenn EZB und FRB sich schon im Vorfeld einer solchen Vereinbarung um ein Angleichen ihrer Finanzierungskonditionen und den entsprechenden Emissionsgleichschritt bemühten. Doch um die Finanzmärkte davon zu überzeugen, daß der beste «Erwartungswert» für zukünftige Kassakurse zwischen Euro und Dollar der gegenwärtige Kassakurs ist, müßte mehr passieren. Förderlich wäre sicherlich, wenn eine von der Geldpolitik der Schuldner und Gläubiger möglichst gleichermaßen unabhängige Definition von Schuldinhalten vereinbart werden könnte, um die gegenseitige Kreditgewährung zu erleichtern. Es sei in diesem Zusammenhang daran erinnert, daß im EWS eine Kreditgewährung in Ecu nur deshalb in relativ engen Grenzen stattfand, weil Gläubiger und Schuldner (geld-)politisch Einfluß auf den Wert des Ecu nehmen konnten. Möglich wäre deshalb die Definition des Schuldinhalts durch ein Marktportefeuille, das aus amerikanischen und europäischen Werten zu bestehen hätte.[40] Bei etwaigen Stabilisierungskrediten der EZB an die FRB oder umgekehrt sollte es sich jedoch keinesfalls um Summenkredite handeln, die auf x Mrd. Euro oder y Mrd. Dollar lauten, sondern um Mengenkredite, die auf x Mrd. Stück eines Euro-Portfolios, auf y Mrd. Stück eines Dollar-Portfolions oder auf z Mrd. Stück eines gemischten NAWS-Portfolios lauten. Wichtig wäre zudem, daß sich in den Portefeuilles keine Staatsschuldtitel, sondern ausschließlich börsennotierte Aktien befinden.

Hierbei bliebe, anders als beim Standardbank-Vorschlag von Engels, der Anspruch auf die Aktiva der kreditnehmenden Notenbank auf die kreditgebende Notenbank beschränkt und würde nicht auf alle Halter von Noten ausgeweitet. Dies wäre eine dem Bretton Woods-System verwandte Regelung, denn der Goldeinlösungsanspruch an die FRB war auf Notenbanken beschränkt. Die Rolle des Goldes aus dem Bretton Woods-System übernähme hier ein Standardportefeuille. Eine solche Vereinbarung hätte den großen Vorteil, nicht nur die Stabilisierung der Wechselkurse zu befördern, sondern den

---

40 Cf. Wolfram Engels, *Der Kapitalismus und seine Krisen,* op.cit., insb. Kap. 3.3.

Nagel, der mit der Aufhebung der Goldbindung des Dollar aus der Wand gezogen worden war, aufs neue in die Wand zu schlagen. Doch im Unterschied zum durch die USA zu manipulierenden (und manipulierten) Goldnagel hätte ein Standardportefeuille den Vorteil, daß es von FRB und EZB gemeinsam zu garantieren wäre. as ewige Hin und Her zwischen Inflations- und Deflationsangst würde abklingen. Die heute immer wieder auftretenden Herdeneffekte gingen zurück. Vielleicht fände das von Engels so eindringlich beschriebene Elend der Finanzmärkte sogar ein Ende.

Umzudenken hätten allerdings auch die Wirtschaftswissenschaftler. Denn ihre die Diskussion bestimmenden preistheoretischen Überlegungen taugen nicht oder zumindest nur bedingt zur Analyse von Wechselkursen. Nicht zuletzt in Deutschland wird zwar immer wieder behauptet, daß die Preisniveaustabilität durch spekulative Geldzuflüsse gefährdet werde und eine der Preisstabilität verpflichtete Notenbank anderen Notenbanken deshalb nur in sehr begrenztem Umfang Kredit einräumen könne. Doch dem ist nicht so, denn derartiges Geld wird nie nachfragewirksam und kann die Preisstabilität deshalb überhaupt nicht gefährden. Mit spekulativem Geld werden weder Waren und Dienstleistungen noch reale Vermögenswerte erworben. Vielmehr wird es nur extrem kurzfristig (und deshalb oft auch zinslos) geparkt. Kein Bankier kommt unter diesen Umständen auf die Idee, ihm zugeflossenes Geld auch nur einen Tag länger als die Bindungsfrist zu verleihen. Es steht deshalb zu hoffen, daß die EZB aus ihrem Auftrag, für Preisstabilität zu sorgen, nicht folgert, anderen Notenbanken, also auch der FRB, keine Kredite einräumen zu dürfen.

Nachdem das deutsches Geldverständnis der letzten 30 Jahre maßgeblich die Gründung der EWWU geprägt hat, bleibt zu wünschen, daß das französische Geldverständnis deren Weiterentwicklung prägt. Umgekehrt wäre es höchst bedauerlich, wenn die Verpflichtung der EZB auf das Ziel der Preisstabilität von dieser als unüberwindliches Hindernis für eine wie auch immer geartete Wechselkursvereinbarung mit den Vereinigten Staaten oder anderen Ländern verstanden würde. Es sei hier deshalb daran erinnert, daß die Deutsche Bundesbank rechtlich nie für Preisstabilität zu sorgen, sondern nach Artikel 3 des Bundesbankgesetzes allein «die Währung zu sichern» hatte. Wenn es gelänge, die EZB in eine Wechselkursvereinbarung mit der FRB und anderen Notenbanken einzubinden, dann wäre dies ein weiterer wichtiger Schritt, um Europa zukunftsfähig zu machen. – Die Zukunft Europas, das hat Olaf Sievert gezeigt,[41] liegt in der Akzeptanz des Wirtschaftlichen. Und eine Zentralbank, die sich diese Einsicht zueigen macht, entwickelte sich automatisch von einer politisch zu einer wirtschaftlich geprägten Institution.

---

41 Olaf Sievert, «Europa-Dominanz des Wirtschaftlichen?». In: Deutsche Bundesbank (ed.), *Auszüge aus Presseartikeln*, Nr. 40, 24.6. 1996.

Mark und Franc

Résumé

L'Allemagne domine aujourd'hui les affaires monétaires en Europe. Elle n'est pas seulement le maître du jeu monétaire européen mais aussi l'éditeur des règles monétaires au sein de l'Union Européenne (UE). Par son succès des dernières années et par son simple poids elle semble avoir pu obliger les autres pays de l'UE et surtout la France à adhérer à sa soit disant «culture de stabilité», aussi bien pour le pour bien de chacun que pour celui de l'UE entière. Pourtant dans une perspective historique ce n'est pas l'Allemagne, mais la France qui a conduit une bonne politique en matière de monnaie. La France a défendu et soutenu la supranationalité de l'étalon monétaire tandis que l'Allemagne s'est tantôt retiré de l'étalon supranational, tantôt mise à en profiter. On en conclut que l'Allemagne est plutôt le siège du nationalisme tandis que la France est plutôt celui de l'internationalisme monétaire. Certes, la concurrence monétaire rude pratiquée par l'Allemagne depuis la fin du système de Bretton Woods a eu et peut avoir des effet bénéfiques, mais en tant que régime permanent elle est trop déstabilisante et elle ne peut que provoquer un déclin économique. Un régime autour des taux de changes fixes est donc l'extension naturelle de l'Union monétaire. Pour qu'un tel régime puisse être adopté il serait nécessaire que la position traditionnelle française soit mieux prise en compte.

Über die Autoren

Jens Beckert, geb. 1967. Studium der Soziologie und der Betriebswissenschaft in Berlin und New York. Promotion in Soziologie. Wissenschaftlicher Mitarbeiter am Institut für Soziologie der Freien Universität Berlin. Forschungsschwerpunkte: Wirtschafts- und Organisationssoziologie, soziologische Theorie und Soziologie Nordamerikas.
Wichtigste Veröffentlichung: *Grenzen des Marktes. Die sozialen Grundlagen wirtschaftlicher Effizienz* (1997).

Philippe Chanial, geb. 1967. Studium des Öffentlichen Rechts, der Soziologie und der Politikwissenschaft. Promotion in Politikwissenschaft. *Maître de conférences* an der Universität Caen. Forschungsschwerpunkte: utilitaristische Modelle in den Sozialwissenschaften und das Paradigma der Gabe, soziale Gerechtigkeit und Demokratie. Diverse Aufsätze u.a. in *La Revue du MAUSS*.

Paul Dumouchel, geb. 1951. Professor für Philosophie an der Universität von Québec in Montreal. Arbeitsschwerpunkt: Sozialphilosophie.
Ausgewählte Veröffentlichungen: *Tolérance, pluralisme et histoire* (1998, mit Bjarne Melkevic); *Emotions. Essai sur le Corps et le Social* (1995); *L'Enfer des choses. René Girard et la logique de l'économie* (1979, mit Jean-Pierre Dupuy).

Gunnar Heinsohn, geb. 1943. Studium der Soziologie, Geschichte, Psychologie, Ökonomie, Publizistik und Religionswissenschaft an der FU Berlin. Promotionen in Soziologie und Politik. Professor für Sozialwissenschaft an der Universität Bremen. Forschungsschwerpunkte: Bevölkerungs- und Wirtschaftstheorie, Religion, Völkermord.
Ausgewählte Veröffentlichungen: *Die Erschaffung der Götter. Das Opfer als Ursprung der Religion* (1997); *Eigentum, Zins und Geld* (1996, mit Otto Steiger); *Die Vernichtung der weisen Frauen. Beiträge zur Theorie und Geschichte von Bevölkerung und Kindheit* (1985, mit Otto Steiger); *Privateigentum, Patriarchat, Geldwirtschaft* (1984); *Menschenproduktion. Allgemeine Bevölkerungstheorie der Neuzeit* (1979, mit Rolf Knieper und Otto Steiger).

Jachen C. Nett, geb. 1963. Studium der Soziologie, Ethnologie und Wirtschaftswissenschaften an der Universität Basel. Momentan mit der Durchführung des Forschungsprojekts «Austausch und Kooperation in lokalen Drogenmärkten» im Rahmen des Na-

tionalen Forschungsprogramms «Gewalt im Alltag und organisierte Kriminalität» des Schweizerischen Nationalfonds betraut.
Herausgeberschaft von *Gesellschaftstheorie und Normentheorie* (1993, mit Urs Fazis); diverse Aufsätze zur Soziologie des informalen Sektors.

Axel T. Paul, geb. 1965. Studium der Soziologie, Geschichte und Philosophie an den Universitäten Göttingen und Freiburg. Promotion in Soziologie. Wissenschaftlicher Assistent am Institut für Soziologie der Universität Freiburg. Arbeitsschwerpunkte: Gesellschaftstheorie, Wirtschaftssoziologie, Sprachphilosophie.
Wichtigste Veröffentlichung: *FremdWorte. Etappen der strukturalen Anthropologie* (1996).

Klaus Reeh, geb. 1945. Studium der Betriebs- und Volkswirtschaftslehre an den Universitäten Hamburg und Saarbrücken. Promotion in Volkswirtschaftslehre. Berater für makro-ökonomische Statistik bei der Europäischen Kommission. Lehrtätigkeit an den Universitäten Saarbrücken, München und Trier.
Diverse Aufsätze zur Währungspolitik.

Otto Steiger, geb. 1938. Studium der Wirtschaftstheorie, der Wirtschaftsgeschichte und der Publizistik an der Freien Universität Berlin und der Universität Uppsala. Promotion in Ökonomie. Professor für Makroökonomie an der Universität Bremen. Arbeitsschwerpunkte: Geld- und Währungstheorie, Wirtschaftsgeschichte, Bevölkerungstheorie.
Ausgewählte Veröffentlichungen: *Eigentum, Zins und Geld* (1996, mit Gunnar Heinsohn); *Keynes' General Theory nach fünfzig Jahren* (1988, Herausgeberschaft mit Harald Hagemann); *Die Vernichtung der weisen Frauen. Beiträge zur Theorie und Geschichte von Bevölkerung und Kindheit* (1985, mit Gunnar Heinsohn); *Menschenproduktion. Allgemeine Bevölkerungstheorie der Neuzeit* (1979, mit Gunnar Heinsohn und Rolf Knieper). *Bertil Ohlin and the Origins of the Keynesian Revolution* (1976).

Jean-Marie Vincent, geb. 1934. Professor für Soziologie und Politikwissenschaft an der Universität Paris 8. Forschungsschwerpunkt: deutsche Soziologie.
Ausgewählte Veröffentlichungen: *Max Weber ou la démocratie macherie* (1998); *Critique du travail* (1987); *Les Mensonges de l'état* (1979); *La Théorie critique de l'Ecole de Francfort* (1976); *Fetichisme et société* (1973).

Ausgewählte Literatur*

Aglietta, Michel, André Orléan (ed.), *Souveraineté, légitimité de la monnaie*, Paris, Association d'économie financière, Caisse des dépôts et consignations, 1995.
Albert, Hans, *Marktsoziologie und Entscheidungslogik. Zur Kritik der reinen Ökonomik*, Tübingen, J.C.B. Mohr (Paul Siebeck), 1998.
Arendt, Hannah, *Vita activa. Oder vom tätigen Leben*, München, Piper, ⁴1996.
Axelrod, Robert, *The Evolution of Cooperation*, New York, Basic Books, 1984.
Baecker, Dirk, *Information und Risiko in der Marktwirtschaft*, Frankfurt/M., Suhrkamp, 1988.
Bataille, Georges, *Die Aufhebung der Ökonomie*, München, Matthes & Seitz, 1985.
Baudrillard, Jean, *Der symbolische Tausch und der Tod*, München, Matthes & Seitz, 1982.
Beckert, Jens, «Was ist soziologisch an der Wirtschaftssoziologie. Ungewißheit und die Einbettung wirtschaftlichen Handelns». In: *Zeitschrift für Soziologie*, 25, 1996, p. 125-146.
Beckert, Jens, *Grenzen des Marktes. Die sozialen Grundlagen wirtschaftlicher Effizienz*, Frankfurt/M./New York, Campus, 1997.
Berking, Helmuth, *Schenken. Zur Anthropologie des Gebens*, Frankfurt/M./New York, Campus, 1996.
Blau, Peter M., *Exchange and Power in Social Life*, New York, Wiley, 1964.
Bloch, Marc, Jonathan Parry (ed.), *Money and the Morality of Exchange*, Cambridge, Cambridge University Press, 1998.
Boas, Franz, *12th Report of the Committee on the North-Western Tribes of the Dominion of Canada*, London, British Association for the Advancement of Science, 1898.
Caillé, Alain, *Critique de la raison utilitaire*, La Découverte, Paris, 1989.
Caillé, Alain, *Don, intérêt et désintéressement*, La Découverte, Paris, 1994.
Coase, Ronald, *The Firm, the Market and the Law*, Chicago/London, University of Chicago Press, 1990.
Copans, Jean, *Critiques et politiques de l'anthropologie*, Paris, Maspero, 1974.
Cordonnier, Laurent, *Coopération et réciprocité*, PUF, Paris, 1997.
Dalton, George, «Barter». In: *Journal of Economic Issues*, 16, 1982, p. 181-190.

---

*   Im folgenden eine von den Autoren des Bandes gemeinsam erstellte, möglichst allgemein gehaltene Literaturliste zum Thema «Ökonomie und Anthroplogie».

Ausgewählte Literatur

Dalton, George, «Economic Theory and Primitive Society». In: *American Anthropologist*, 63, 1961, p. 1-25.

Dalton, George, «Primitive Money». In: Idem (ed.), *Tribal and Peasant Economies. Readings in Economic Anthropology*, Austin/London, University of Texas Press, 1967, p. 254-228.

Demeulenaere, Pierre, *Homo oeconomicus. Enquête sur la constitution d'un paradigme*, Paris, PUF, 1996.

Dumouchel, Paul, Jean Pierre Dupuy, *L'Enfer des choses. René Girard et la logique de l'économie*, Paris, PUF, 1979.

Evers, Hans-Dieter, Heiko Schrader, *The Moral Economy of Trade. Ethnicity and developing markets*, London/New York, Routledge, 1994.

Finley, Moses I., *The Ancient Economy*, Berkeley, University of California Press, 1973.

Foucault, Michel, *Les Mots et les choses*, Paris, Gallimard, 1967.

Frank, Robert, «Rethinking Rational Choice». In: Roger Friedland (ed.), *Beyond the Marketplace. Rethinking Economy and Society*, New York, Aldine de Gruyter, 1990, p. 53-87.

Gambetta, Diego (ed.), *Trust. Making and Breaking Cooperative Relations*, Oxford, Blackwell, 1988.

Geertz, Clifford, «The Bazaar Economy. Information and Search in Peasant Marketing». In: Mark Granovetter, Richard Swedberg (ed.), *The Sociology of Economic Life*, Boulder et al., Westview, 1992, p. 225-232.

Godbout, Jacques, Alain Caillé, *L'Esprit du don*, La Découverte, Paris, 1992.

Godelier, Maurice, *L'Enigme du don*, Fayard, Paris, 1996.

Godelier, Maurice, *Natur, Arbeit, Geschichte. Zu einer universalgeschichtlichen Theorie der Wirtschaftsformen*, Hamburg, VSA, 1990.

Gorz, André, *Kritik der ökonomischen Vernunft*, Berlin, Rotbuch, 1989.

Gouldner, Alwin W., *Reziprozität und Autonomie. Ausgewählte Aufsätze*, Frankfurt/M., Suhrkamp, 1984.

Granovetter, Mark, «Economic Action and Social Structure. The Problem of Embeddedness». In: *American Journal of Sociology*, 91, 1985, p. 481-510.

Gregory, Chris A., *Gifts and Commodities*, London, Academic Press, 1982.

Heinsohn, Gunnar, *Privateigentum, Patriarchat, Geldwirtschaft. Eine sozialtheoretische Rekonstruktion zur Antike*, Frankfurt/M., Suhrkamp, 1984.

Hirsch, Fred, *Social Limits to Growth*, Cambridge, Mass., Harvard University Press, 1977.

Hirschman, Albert O., *Entwicklung, Markt und Moral. Abweichende Betrachtungen*, Frankfurt/M., Fischer, 1993.

Hirschman, Albert O., *Leidenschaften und Interessen*, Frankfurt/M., Suhrkamp, 1987.

Ausgewählte Literatur

Homans, George C., «Social Behavior as Exchange». In: *American Journal of Sociology,* 63, 1958, p. 597-606.

Humphreys, Sarah C., *Anthropology and the Greeks*, London et al., Routledge, 1978.

Karsenti, Bruno, *L'Homme total. Sociologie, anthropologie et philosophie de M. Mauss*, Paris, PUF, 1997.

Krader, Lawrence, *The Ethnological Notebooks of Karl Marx*, Assen, Van Gorcum, 1972.

Laum, Bernhard, *Heiliges Geld. Eine historische Untersuchung über den sakralen Ursprung des Geldes*, Tübingen, J.C.B. Mohr, 1924.

Lévi-Strauss, Claude, *Anthropologie structurale*, Paris, Plon, 1958.

Luhmann, Niklas, *Die Wirtschaft der Gesellschaft*, Frankfurt/M., Suhrkamp, 1988.

Malinowski, Bronislaw, *Argonauten des westlichen Pazifik*, Frankfurt/M., Syndikat, 1979.

Marx, Karl, «Auszüge aus James Mills Buch „Elémens d'économie politique"». In: Karl Marx, Friedrich Engels, *Werke*, vol. sup. 1, Berlin, Dietz, 1973, p. 445-463.

Marx, Karl, *Grundrisse der politischen Ökonomie (Rohentwurf 1857-1858)*, Berlin, Dietz, 1983.

Marx, Karl, «Ökonomisch-philosophische Manuskripte». In: Karl Marx, Friedrich Engels, *Werke*, vol. sup. 1, Berlin, Dietz, 1973, p. 465-588.

Mauss, Marcel, *Sociologie et anthropologie*, Paris, PUF, 1950.

Meillassoux, Claude, *Femmes, greniers et capitaux*, Paris, Maspero, 1982.

Menger, Carl, «Geld». In: *Handwörterbuch der Staatswissenschaften*, vol. 4, Jena, Fischer, ³1909, p. 555-610.

Morgan, Louis Henry, *Die Urgesellschaft. Untersuchungen über den Fortschritt der Menschheit aus der Wildheit durch die Barbarei zur Zivilisation*, Lollar/Lahn, Achenbach, 1976.

North, Douglass C., *Theorie des institutionellen Wandels. Eine neue Sicht der Wirtschaftsgeschichte*. Tübingen, J.C.B. Mohr (Paul Siebeck), 1988.

Olson, Mancur, *Die Logik kollektiven Handelns*, Tübingen, J.C.B. Mohr (Paul Siebeck), 1968.

Polanyi, Karl, *Ökonomie und Gesellschaft*, Frankfurt/M., Suhrkamp, 1979.

Polanyi, Karl, *The Great Transformation. Politische und ökonomische Ursprünge von Gesellschaften und Wirschaftssystemen*, Frankfurt/M., Suhrkamp, 1978.

Popkin, Samuel, «The Political Economy of Peasant Society». In: Jon Elster (ed.), *Readings in Social and Political Theory*, New York, New York University Press, 1986, p. 198-247.

Pryor, Frederic L., *The Origins of the Economy. A Comparative Study of Distribution in Primitive and Peasant Economies*, New York/London, Academic Press, 1977.

Ausgewählte Literatur

Rospabé, Philippe, *La Dette de vie. Aux origines de la monnaie*, La Découverte, Paris, 1995.
Sahlins, Marshall, *Stone Age Economies*, London, Tavistock, 1974.
Schneider, Harold K., *Economic Man. The Anthropology of Economics*, New York/London, The Free Press, 1974.
Scott, James C., *The Moral Economy of the Peasant. Rebellion and Subsistence in Southeast Asia*, New Haven/London, Yale University Press, 1976.
Sen, Amartya K., «Rational Fools. A Critique of the Behavioral Foundations of Economic Theory». In: *Philosophy and Public Affairs,* 6, 1977, p. 317-344.
Servet, Jean-Michel et al., *La Modernité de Karl Polanyi*, Paris, L'Harmattan, 1998.
Servet, Jean-Michel, *Numismata. Etat et origines de la monnaie,* Presses Universitaires de Lyon, Lyon, 1984.
Siegenthaler, Hansjörg, *Regelvertrauen, Prosperität und Krisen. Die Ungleichmäßigkeit wirtschaftlicher und sozialer Entwicklung als Ergebnis individuellen Handelns und sozialen Lernens*, Tübingen, J.C.B. Mohr (Paul Siebeck), 1993.
Simmel, Georg, *Philosophie des Geldes*, Frankfurt/M., Suhrkamp, 1989.
Simon, Herbert, *Models of Man. Social and Rational*, New York, Wiley, ³1964.
Simon, Herbert, *Administrative Behavior. A Study of Decision Making in Administrative Organizations*, New York, The Free Press, ³1976.
Sohn-Rethel, Alfred, «Das Geld, die bare Münze des Apriori». In: Paul Mattick et al., *Beiträge zur Kritik des Geldes*, Frankfurt/M., Suhrkamp, 1976, p. 35-117.
Swedberg, Richard, *Max Weber and the Idea of Economic Sociology*, Princeton, Princeton University Press, 1998.
Temple, Dominique, Mireille Chabal, *La Réciprocité et la naissance des valeurs humaines*, Paris, L'Harmattan, 1995.
Testart, Alain, *Du Don et des dieux*, Paris, Colin, 1993.
Thurnwald, Richard, *Economics in Primitive Communities*, London, Oxford University Press, 1932.
Ulrich, Peter, *Transformation der ökonomischen Vernunft. Fortschrittsperspektiven der modernen Industriegesellschaft*, Bern et al., Haupt, ³1993.
Veblen, Thorstein, *Theorie der feinen Leute. Eine ökonomische Untersuchung der Institutionen,* München, DTV, 1972.
Weber, Max, *Gesammelte Aufsätze zur Religionssoziologie*, 3 vol., Tübingen, UTB, ⁹1988.
Weber, Max, *Wirtschaft und Gesellschaft. Grundriß der verstehenden Soziologie*, Tübingen, J.C.B. Mohr (Paul Siebeck), 1985.
Williamson, Oliver, *Markets and Hierarchies. Analysis and Antitrust Implications*, New York, The Free Press, ³1983.

Ausgewählte Literatur

Zipf, George Kingsley, *Human Behavior and the Principle of Least Effort. An Introduction to Human Ecology*, New York, Hafner, 1972.

Studien des Frankreich-Zentrums der Albert-Ludwigs-Universität Freiburg

Band 1   Joseph Jurt, Gerd Krumeich, Thomas Würtenberger (Hrsg.)
Wandel von Recht und Rechtsbewußtsein in Frankreich und Deutschland

Der Bogen der Einzelanalysen spannt sich von der Mentalitätsgeschichte als Ausgangspunkt über historische Analysen des Wandels des Rechtsbewußtseins, den Vergleich von Instituten des Verfassungsrechts und des Verwaltungsverfahrens mit unterschiedlichem rechtskulturellen Hintergrund bis zu den Abhängigkeiten des Zivil- und Erbrechts von tradierten kollektiven Wertvorstellungen. Außerdem wird verdeutlicht, welche vielfach unbewußten Grundwertungen der eigenen Rechts- und Gesellschaftsordnung zugrundegelegt werden.

1999, 268 S., kart., 62,– DM / 453,– ÖS / 56,50 SFr, ISBN 3-87061-806-X

Band 2   Hans-Josef Brink, Eric Davoine, Hermann Schwengel (Hrsg.)
Management und Organisation im deutsch-französischen Vergleich

Welche national-spezifischen und kulturellen Rahmenbedingungen beeinflussen die Art und Weise, mit der ein Unternehmen in einem bestimmten Land geführt wird? Mit welchen Mechanismen und mit welcher Intensität wirkt dieser Einfluß der nationalen Kultur auf die Unternehmensführung? Welche Unterschiede kommen durch einen systematischen Vergleich deutsch-französischer Managementpraktiken zum Vorschein? Diese Fragen stehen im Zentrum des Werkes.

1999, 172 S., kart., 38,– DM / 277,– ÖS / 35,50 SFr, ISBN 3-87061-805-1

Band 3   Ernst Ulrich Große, Udo Kempf, Rudolf Michna
Rhône-Alpes
Eine europäische Region im Umbruch

Das Gebiet Rhône-Alpes um Lyon und Grenoble bildet die zweitwichtigste Region Frankreichs nach der Ile-de-France um Paris. Der Band erläutert mit Karten und Diagrammen, die Aspekte dieses zukunftsorientierten Raumes: Geschichte, Geographie, Politik, Wirtschaft, Bildungswesen, regionale Identität, Außenbeziehungen.

1998, 290 S., kart., 64,– DM / 467,– ÖS / 58,– SFr, ISBN 3-87061-748-9

BERLIN VERLAG Arno Spitz GmbH
Pacelliallee 5 • 14195 Berlin • Tel. 030 / 84 17 70-0 • Fax 030 / 84 17 70-21
E-Mail: berlin-verlag.spitz@t-online.de • Internet: http://www.berlin-verlag.de